"十四五"职业教育国家规划教材

职业院校汽修专业通用教材
项目驱动、任务引领型教材

（微课版）

汽车空调系统检修

上海景格科技股份有限公司 编

华东师范大学出版社
ECNUP
·上海·

图书在版编目(CIP)数据

汽车空调系统检修/上海景格科技股份有限公司编.
—上海:华东师范大学出版社,2018
ISBN 978-7-5675-7662-9

Ⅰ.①汽… Ⅱ.①上… Ⅲ.①汽车空调-检修-职业教育-教材 Ⅳ.①U472.41

中国版本图书馆 CIP 数据核字(2018)第 188071 号

汽车空调系统检修

编　　者　上海景格科技股份有限公司
项目编辑　何　晶
责任校对　何　晶
装帧设计　庄玉侠

出版发行　华东师范大学出版社
社　　址　上海市中山北路 3663 号　邮编 200062
网　　址　www.ecnupress.com.cn
电　　话　021-60821666　行政传真 021-62572105
客服电话　021-62865537　门市(邮购)电话 021-62869887
地　　址　上海市中山北路 3663 号华东师范大学校内先锋路口
网　　店　http://hdsdcbs.tmall.com

印 刷 者　上海盛隆印务有限公司
开　　本　787 毫米×1092 毫米　1/16
印　　张　12.25
字　　数　256 千字
版　　次　2018 年 9 月第 1 版
印　　次　2023 年 7 月第 5 次
书　　号　ISBN 978-7-5675-7662-9/G·11079
定　　价　34.80 元

出 版 人　王　焰

(如发现本版图书有印订质量问题,请寄回本社客服中心调换或电话 021-62865537 联系)

内容简介

NEIRONGJIANJIE

本书根据职业教育理实一体化课程改革思想编写，强调以实践为主、理论为辅，筛选典型的工作任务，取材贴近生产实际的案例设计课程内容，让学生在做中掌握解决问题的方法和技能，是汽车运用与维修专业理实一体化项目课程教材。

本书以汽车空调典型维修项目为内容，主要包括汽车空调系统总体认知，空调的规范使用与常规检查，空调维修检测工具及安全操作，空调滤芯检查与更换，制冷剂的添加，空调管路压力检测，压缩机、冷凝器、鼓风机/蒸发器、通风系统及控制面板各传感器的检修及更换，以及空调系统常见故障诊断与排除。

本书主要供职业教育汽车运用与维修等专业教学使用，也可以作为汽车维修人员的岗位培训教材或自学用书。

前言

QIANYAN

党的二十大报告指出“加快建设制造强国、质量强国、航天强国、交通强国、网络强国、数字中国”,汽车产业是交通强国的重要组成部分,近几年汽车销售量不断提升,2022年我国汽车保有量达到3.02亿辆。按照一般数据统计,汽车保有量与后市场维修服务技术人员比例约为30∶1,根据我国汽车保有量的增长数据推算,至2030年前我国每年新增汽车维修类技能人才需求应在30万人以上,汽车后市场的技术技能人才需求量持续增加。职业教育承担为社会培养知识和能力兼备的技术技能型人才的重要任务,汽车技能型人才持续培养输出成为职业教育汽车相关专业建设的重要一环。本系列教材在汽车产业人才培养过程中将以市场为导向,以实践为驱动,旨在培养出高标准、高职业技能、高职业素养的优秀复合型人才。

根据《国家中长期教育改革和发展规划纲要》的精神,为了推进职业教育课程改革和教材建设进程,我们将理实一体化课程改革理念作为职业教育课程改革的主导理念,以工作任务为课程设置与内容选择的参照点,以任务为单位组织内容并以任务活动为主要学习方式,编写汽车运用与维修专业的系列课程教材。本教材既是汽车各专业必修的核心课程教材之一,也是上述系列课程教材之一。

本系列课程教材与项目课程教学软件的设计和编制同步进行,是任务课程教学软件的配套教材。

本项目课程教材的主要特色有:

1. 课程强调以实践为主,理论为辅。
2. 以能力为本位,以就业为导向,面向最贴近生产实际的教学任务。
3. 体现做中学的教学理念。

4. 目的在于教会学生对汽车故障现象的判断能力，表现为：①会做；②掌握为什么这样做。

5. 以在职业院校覆盖面较广的丰田卡罗拉车型教具为范例，以车间典型工作任务为教学内容，教会学生完成任务所需的知识与技能，其他车型车系可举一反三。

6. 课程设计采用文字、图像、动画，以及视频、虚拟仿真等多媒体教学形式，形成纸质教材、教学 PPT、教学资源包、虚拟仿真软件相互配套的课程包。

本课程是校企合作共同开发的课程，适应各地职业院校汽车运用与维修等专业教学。希望各校在选用本项目课程教材实施教学的过程中，及时提出意见和建议，以便我们在修订时改正和完善。

编者

2023 年 8 月

目录

项目一 汽车空调系统总体认知

项目导入

汽车空调的作用是把汽车车厢内的温度、湿度、空气清洁度及空气流动调整和控制在最佳状态，为乘员提供舒适的乘坐环境，减少旅途疲劳，为驾驶人创造良好的工作条件，对确保安全行车起到重要作用。

本项目的主要任务是使学生通过对汽车空调系统的整体认识，能够在车上找到空调系统各组成部件，并能描述汽车空调及各部件的功用及工作原理。

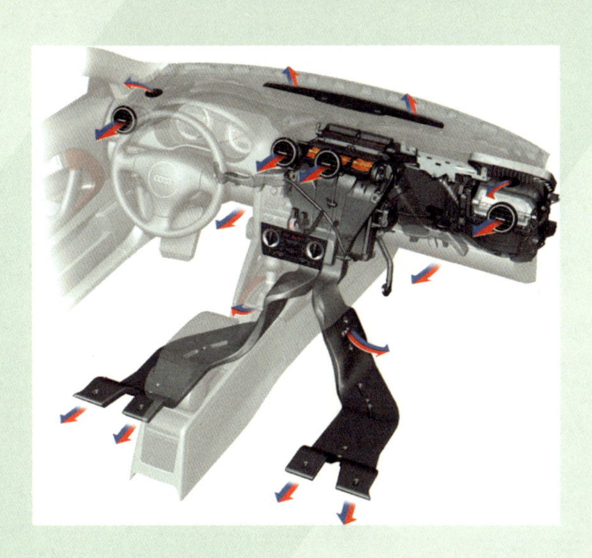

学习目标

素养目标

- 了解安全操作要求，养成安全文明操作的习惯。
- 养成组员之间互相协作的习惯。
- 操作结束后，清洁工具，并将工具设备归位，清洁场地。

技能目标

- 能准确地在车上找到空调系统各组成部件。

知识目标

- 描述汽车空调及各部件的功用及工作原理。
- 描述汽车空调基本电路及控制原理。

学习任务

学习任务 1

◇ **汽车空调系统组成及车身布置认知。**

学习任务 2

◇ **汽车空调系统工作原理认知。**

学习任务 3

◇ **汽车空调系统电路及控制原理认知。**

学习任务 1 汽车空调系统组成及车身布置认知

任务目标

任务目标

◎ 认识汽车空调系统的主要组成。

◎ 了解空调系统的基本作用。

◎ 描述空调系统各个部件之间的连接关系。

教学重点

◎ 汽车空调系统的主要组成及作用。

知识准备

1. 汽车空调系统的组成

汽车空调系统由通风系统、暖气系统、制冷系统和空气净化系统及控制系统组成。

(1) 通风系统

通风系统(图 1-1)的作用是在汽车行驶时保证室内通风,即对汽车室内不断加入新鲜空气,驱排混有尘埃、二氧化碳及来自发动机的有害气体。在寒冷的冬季,还应对新鲜空气进行加热,以保证室内温度适宜。汽车空调通风系统主要由鼓风机、风门、出风道、进风道和蒸发器等组成。

汽车空调的内循环和外循环介绍

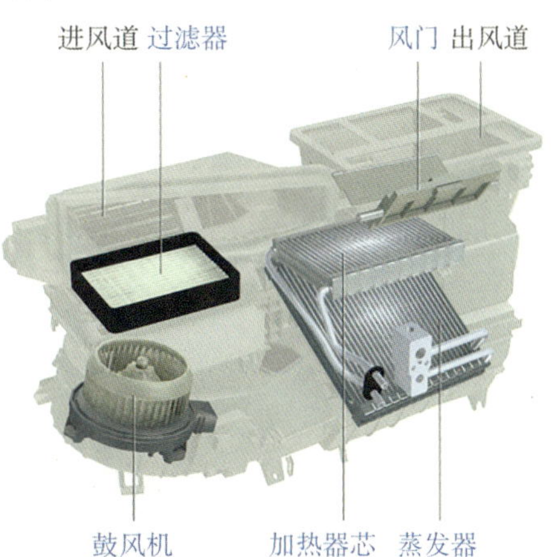

图 1-1 通风系统

空调暖风系统的认知

(2) 暖气系统

暖气系统的作用是对车室内的空气或由外部进入车室内的新鲜空气进行加热,达到取暖、除湿的目的。目前绝大部分汽车上都采用水暖式采暖系统。

水暖式采暖系统(图 1-2)的主要组成部件有发动机、回水管、鼓风机、热水阀、加热器芯和出水管。

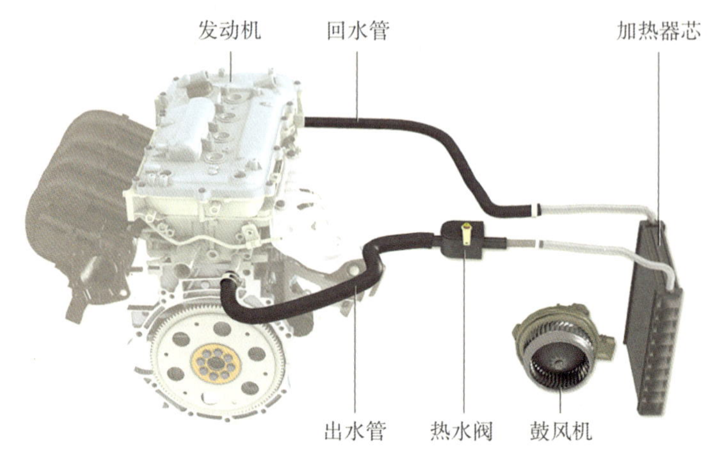

图 1-2 水暖式采暖系统组成

(3) 制冷系统

制冷系统的作用是当车外环境温度较高时降低车内温度,使乘客感到凉爽、舒适。

汽车空调制冷系统(图 1-3)由控制系统和制冷循环系统组成,汽车空调制冷循环系统主要由压缩机、冷凝器、蒸发器、膨胀阀、储液干燥器、制冷剂管路等组成。汽车空调分高压管路和低压管路,高压侧包括压缩机输出侧、高压管路、冷凝器、储液干燥器和膨胀阀;低压侧包括蒸发器、低压管路、压缩机输入侧。

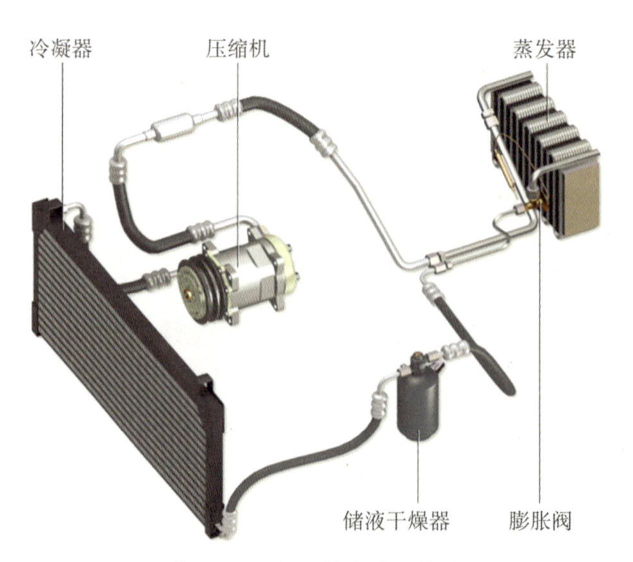

图 1-3 空调制冷系统组成

(4) 空气净化系统

空气净化系统(图 1-4)一般由烟雾传感器、滤清器鼓风机风扇、鼓风机电动机、调速电阻、放大器等组成。空气净化系统的作用是对引入的空气进行过滤,不断排除车室内的污浊气体,保持车内空气清洁。

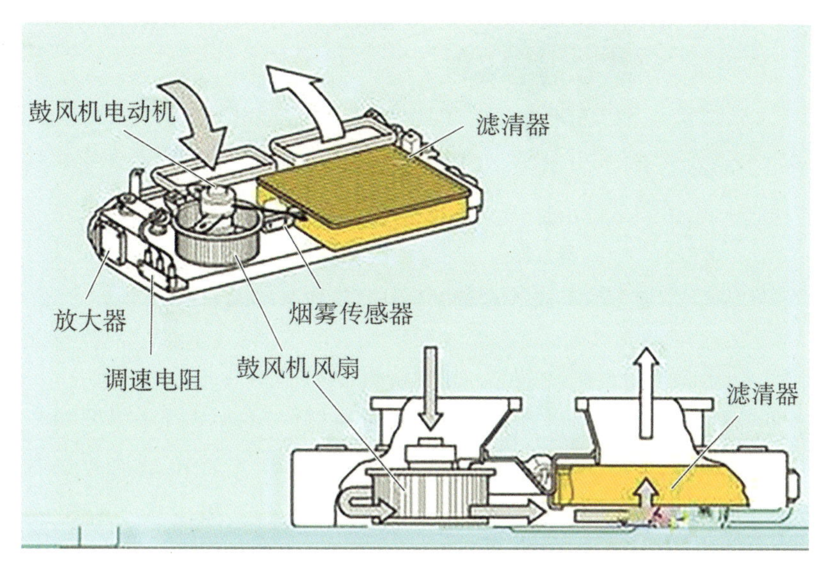

图 1-4 空气净化系统组成

(5) 控制系统

控制系统主要由电器元件、真空管路和操纵机构(图 1-5)组成。其作用一方面是用以对制冷和暖气系统的温度、压力进行控制,另一方面是对车室内空气的温度、风量、流向进行操纵,以完善空调系统的各项功能。

图 1-5 控制系统的操纵机构

2. 汽车空调系统的车身布置形式

对于不同的车辆类型和不同的空调类型,因其结构、性能和使用环境的不同,从而导致空调系统的布置形式也不尽相同。汽车空调系统车身布置的原则是在可靠运行的前提下尽可能简单紧凑,如图 1-6 所示。

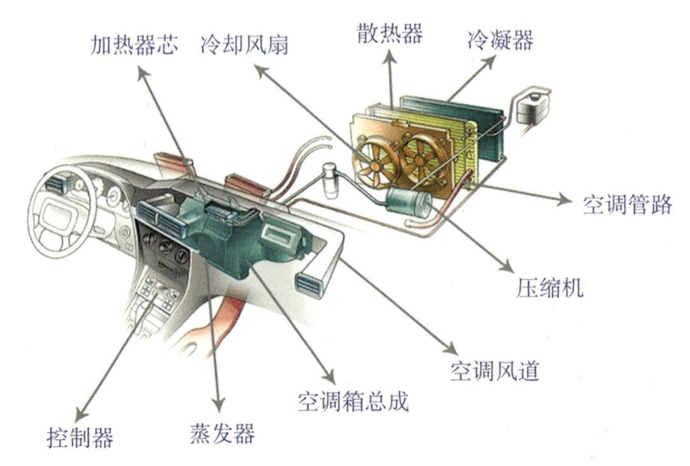

图 1-6　汽车空调系统的车身布置形式示例

① 轿车常常采用非独立式制冷装置，由发动机驱动制冷压缩机。

② 冷凝器通常放置在发动机散热器前部，靠散热器的风扇强迫冷凝器对流换热，当汽车行驶时还可借助迎面风强化换热。但是，这样安装冷凝器对发动机散热效果有不良影响，会使发动机冷却系统的散热器风量减少，而要使汽车正常运行其减少量不应超过 25%。为此，冷凝器与散热器之间的距离必须慎重确定。因而有的汽车在冷凝器前增设风扇，这样可以增大风量，而且冷凝器的冷却也不受汽车行驶速度的影响。风扇的驱动电源由蓄电池供电，只要安装位置方便，也可将冷凝器装在其他部位。

③ 蒸发器大多放在仪表板中间或者是下方，也有分置于前后部的，以利送风均匀。

④ 膨胀阀安装在蒸发器进口处。

⑤ 检视镜、干燥过滤器和储液器设计成一整体。

冷气装置各部件之间的连接管道都采用软管，这样既可抵抗汽车的振动和颠簸，又便于安装。

现代轿车多采用全空调方式，加热器芯与蒸发器芯置入一个壳体内，组成冷气、暖气、除湿为一体的空调系统，被安装在仪表板内。

任务实施

（一）实施方案

1. 质量要求

参照厂家的质量标准要求。

2. 组织方式

每四位同学一组，观察 2007 款卡罗拉 1.6 L/AT 轿车手动空调系统的组成，正确叙述它们的作用和相互位置关系，按照企业岗位操作规范进行作业。每组作业时间为 30 min。

3. 作业准备

(1) 技术要求与标准

① 作业时，维修人员应配备必要的安全防护设施，如：防护手套和防护眼镜等，避免接触或吸入制冷剂和冷冻机油的蒸气及气雾。

② 养成工具、零部件、油液“三不落地”的职业习惯，工具及拆下的零部件等都应整齐地放置在工具车及零件盘中。

(2) 设备器材

常用工具如图 1-7 所示。

(3) 场地设施

理实一体化教室、废气排放装置、消防设施等。

(4) 设备设施

2007 款卡罗拉 1.6 L/AT 轿车一辆、汽车空调实训台架一台、工具车、零件车。

(5) 安全防护

车轮挡块、室内三件套等。

(6) 耗材

染色剂、干净抹布、泡沫清洗剂。

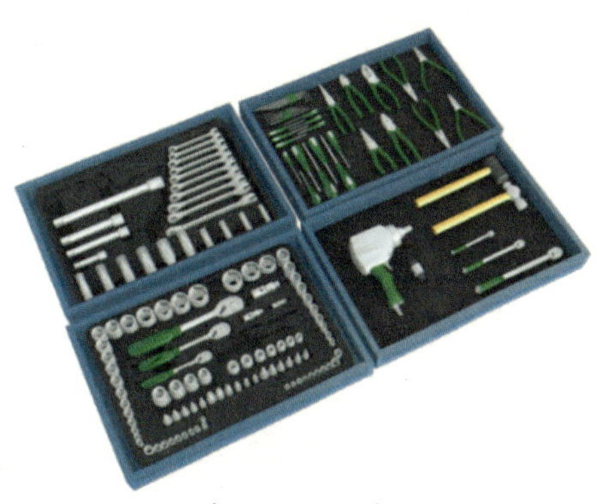

常用工具(一套)

图 1-7 设备器材

(二) 操作步骤

1. 认识空调通风系统

① 在车上找到空调通风系统。

② 描述通风系统的作用。

2. 认识空调暖气系统

① 在车上找到空调暖气系统。

② 描述暖气系统的作用。

3. 判别空调制冷系统

① 在车上找到空调制冷系统。

② 描述制冷系统的作用。

4. 辨别汽车空气净化系统

① 在车上找到空气净化系统。

② 描述空气净化系统的作用。

5. 识别汽车空调控制系统

① 在车上找到空调控制系统。

② 描述空调控制系统的作用。

任务小结

1. 汽车空调系统的组成

汽车空调系统主要由通风系统、暖气系统、制冷系统和空气净化系统及控制系统组成。

2. 汽车空调系统的作用

其中，通风系统的作用是保证车辆在行驶过程中车内空气的流通；暖气系统的作用是取暖和除湿；制冷系统的作用是使车内的温度变得凉爽、舒适；空气净化系统的作用是对进入车内的空气进行过滤和净化；控制系统的作用是控制空调出风的温度、风量、风速和风向。

3. 汽车空调系统的车身布置形式

汽车空调系统车身布置的原则是在可靠运行的前提下尽可能简单紧凑。其中，现代轿车常采用的是非独立式制冷系统，即全空调方式。

任务评价

（一）课堂练习

1. 汽车空调主要由________、________、________、________________和________等部分组成。
2. 汽车空调系统按驱动方式可分________汽车空调系统和________式汽车空调系统。
3. 空调制冷系统由压缩机、________、__________和________这四大部件组成。
4. 汽车空调系统按性能可分为________和________两种。
5. 汽车空调控制系统主要由________、________和________组成。

（二）技能评价（表1-1）

表1-1　技能评价表

序号	内　　容	分值	得分
1	在车上找到空调通风系统	10	
2	描述空调通风系统的作用	10	
3	在车上找到空调暖气系统	10	
4	描述空调暖气系统的作用	10	
5	在车上找到空调制冷系统	10	
6	描述空调制冷系统的作用	10	
7	在车上找到空气净化系统	10	

续　表

序号	内　　容	分值	得分
8	描述空气净化系统的作用	10	
9	在车上找到空调控制系统	10	
10	描述空调控制系统的作用	10	
总分		100	

（注：操作规范即得分，操作错误或未进行操作计 0 分）

学习任务 2 汽车空调系统工作原理认知

任务目标

任务目标

◎ 描述汽车空调制冷系统的工作过程。

◎ 找到空调系统主要元件并描述其工作原理。

教学重点

◎ 汽车空调系统主要元件及制冷系统的工作过程。

知识准备

空调制冷系统的功用是将驾驶室内的热量转移到车外，使驾驶室内凉爽舒适。

1. 汽车空调制冷系统组成及功用

空调制冷系统主要由压缩机、冷凝器、储液干燥器、膨胀阀、蒸发器、导管与软管、压力开关等组成，如图 1-8 所示。

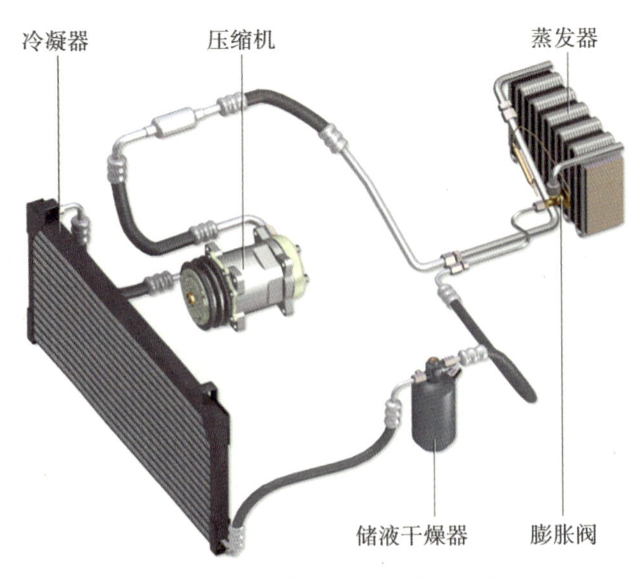

图 1-8 汽车空调制冷系统组成

① 压缩机俗称空调泵，其作用是使制冷剂保持循环。

② 冷凝器的作用是对压缩机排出的高温高压制冷剂蒸气散热降温，使其凝结为液态高压制冷剂。

③ 储液干燥器全称为储液干燥过滤器，主要作用为储存制冷剂、过滤水分与杂质、防止气态制冷剂进入蒸发器等。

④ 膨胀阀的作用有以下三点：

一是节流作用，膨胀阀节流小孔将改变流入的液态制冷剂的压力，从高压变到低压。

二是调节作用，安装在膨胀阀体上的恒温控制阀按照要求改变开启或关闭位置来控制通过节流孔的液态制冷剂流量。

三是控制作用，恒温膨胀阀必须快速地对热负载工况变化做出反应。

⑤ 汽车空调蒸发器属于直接风冷式结构，是制冷系统中的重要部件之一。

2. 汽车空调制冷系统的工作原理

(1) 热交换的基本概念

热交换是指热量从物体内温度较高的部分传递到温度较低的部分，或者传递到与之接触的温度较低的另一物体的过程。

液化是指物质由气态转变为液态的过程，会对外界放热。汽化是指物质由液态转变为气态的过程，该过程需要吸热。液化的典型方式是凝结，汽化的两种方式为蒸发和沸腾。

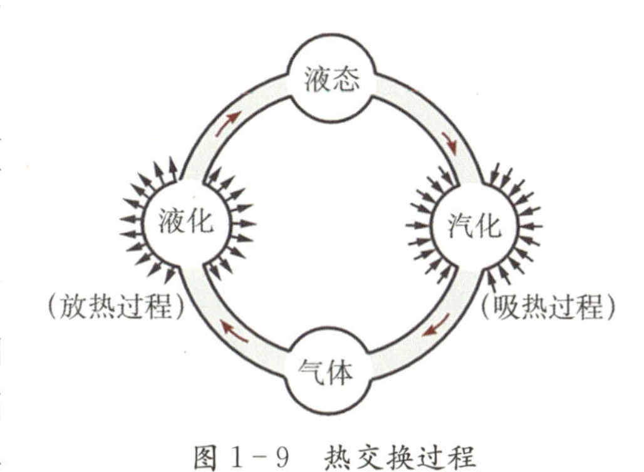

图 1-9　热交换过程

汽车空调和我们熟悉的家用空调制冷原理是一样的，都是制冷剂(汽车空调为 R134a)被压缩释放的瞬间，体积急剧膨胀，制冷剂由液态转化气态，汽化过程中吸收大量热能的原理来实现制冷的。汽车空调制冷系统就是不断地将制冷剂进行“液化——汽化——液化”的转换装置(图 1-9)。

(2) 汽车空调制冷系统的工作原理

汽车空调为什么能制冷

汽车空调制冷系统(图 1-10)都是采用 R134a(新型无氟环保制冷剂)为制冷剂的蒸气压缩式循环系统。制冷系统工作时，制冷剂以不同的状态在这个密闭系统内循环流动，每一循环需进行 4 个基本过程：

① 压缩过程：压缩机将蒸发器低压侧(温度约为 0℃、气压约为 0.15 MPa)的低温低压气态制冷剂压缩成高温(约 70～80℃)、高压(约 1.5 MPa)的气态制冷剂，送往冷凝器冷却降温。

② 冷凝过程：送往冷凝器的过热气态制冷剂，在温度高于外部温度很多时，

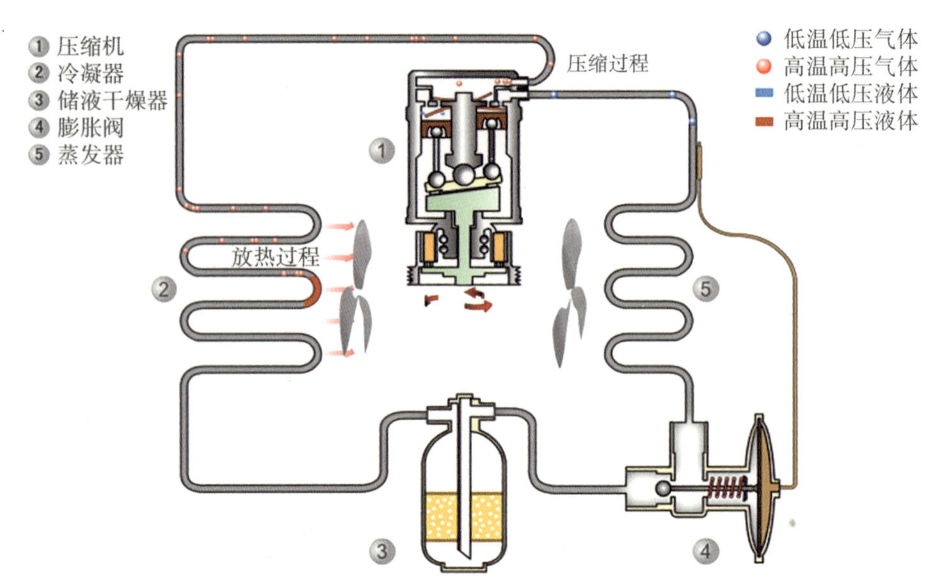

图 1-10 汽车空调制冷系统

向外散热进行热交换，制冷剂被冷凝成中温，压力约为 1.0～1.2 MPa 的液态制冷剂。

③ 膨胀过程：冷凝后的液态制冷剂经过膨胀阀使制冷剂流过空间体积增大，其压力和温度急剧下降，变成低温（约−5℃）、低压（约为 0.15 MPa）的湿蒸气，以便进入蒸发器中迅速吸热蒸发。在膨胀过程同时进行流量控制，以便供给蒸发器所需的制冷剂，从而达到控制温度的目的。

④ 蒸发过程：液态制冷剂通过膨胀阀变为低温低压的湿蒸气，流经蒸发器不断吸热汽化转变成低温（约为 0℃）、低压（约为 0.15 MPa）的气态制冷剂，吸收乘员室内空气的热量。从蒸发器流出的气态制冷剂又被吸入压缩机，增压后泵入冷凝器冷凝，进行制冷循环。

制冷循环就是利用有限的制冷剂在封闭的制冷系统中，周而复始地将制冷剂压缩、冷凝、膨胀、蒸发，在蒸发器中吸热汽化，对乘员室内空气进行制冷降温。

3. 汽车空调制热系统的工作原理

汽车空调的制热一般是利用发动机散热器提供的热量来实现的。此过程不需要起动车载空调系统。在蒸发器的旁边有一个铜质的暖风小水箱，又称为热交换器（或加热器），直接通过水管连接发动机散热器，当鼓风机吸进来冷风时通过热交换器的表面后，吸收了热量变成暖风进入驾驶室。

图 1-11 汽车后风窗玻璃除雾装置

在冬季，有时需要对车后的风窗玻璃进行除雾，其原理是利用后风窗玻璃上电阻丝通电后产生的热量，当玻璃的温度升高后自然能够除去玻璃上的霜或雾气，如图 1-11 所示。

任务实施

（一）实施方案

1. 质量要求

参照厂家的质量标准要求。

2. 组织方式

每四位同学一组，观察2007款卡罗拉1.6 L/AT轿车上的空调系统部件的工作过程，分别叙述各组成部件的工作原理，按照企业岗位操作规范进行作业。每组作业时间为20 min。

3. 作业准备

（1）技术要求与标准

① 作业时，维修人员应配备必要的安全防护设施，如：防护手套和防护眼镜等，避免接触或吸入制冷剂和冷冻机油的蒸气及气雾。

② 养成工具、零部件、油液“三不落地”的职业习惯，工具及拆下的零部件等都应整齐地放置在工具车及零件盘中。

（2）设备器材

本任务实施所需设备器材如图1-12所示。

（3）场地设施

理实一体化教室、废气排放装置、消防设施等。

（4）设备设施

2007款卡罗拉1.6 L/AT轿车一辆、汽车空调实训台架一台、工具车、零件车。

（5）安全防护

车轮挡块、室内三件套等。

（6）耗材

干净抹布。

常用工具一套

图1-12 设备器材

（二）操作步骤

1. 在车上找到空调的主要部件

（1）认识压缩机

在车上找到压缩机(图1-13)。

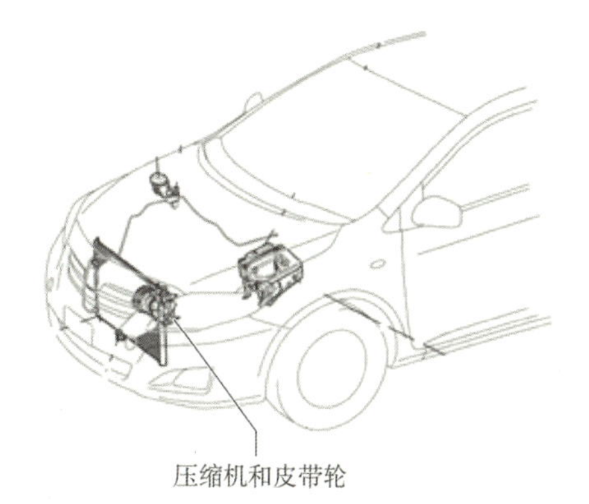

图1-13 压缩机在车上的位置

(2) 认识冷凝器

在车上找到冷凝器(图 1-14)。

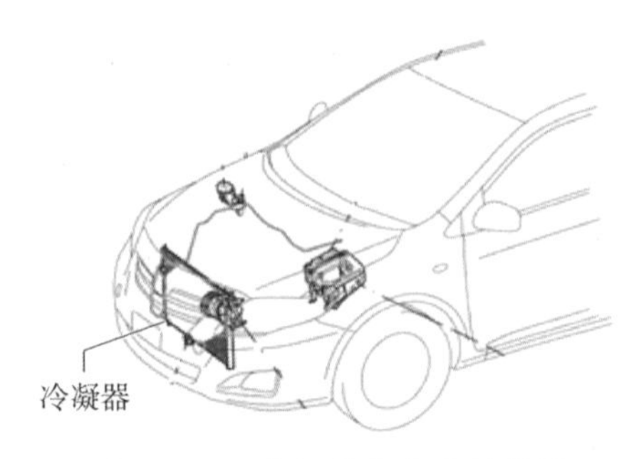

图 1-14 冷凝器在车上的位置

(3) 认识蒸发器

在车上找到蒸发器(图 1-15)。

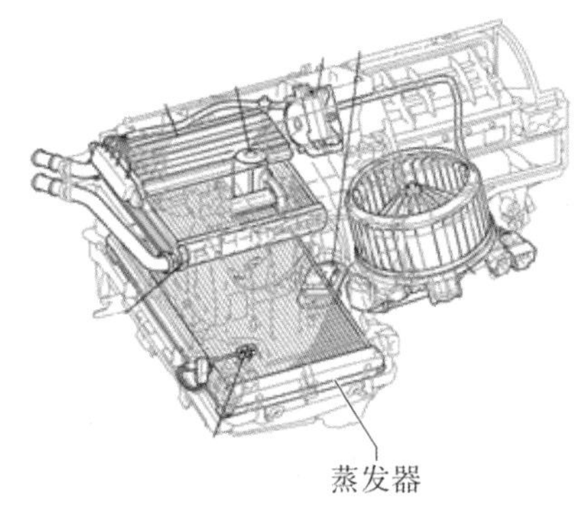

图 1-15 蒸发器在车上的位置

(4) 认识膨胀阀

在车上找到膨胀阀(图 1-16)。

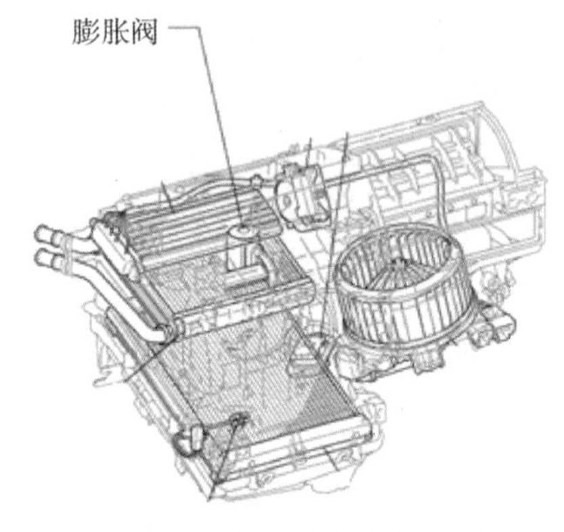

图 1-16 膨胀阀在车上的位置

(5) 认识储液干燥器

在车上找到储液干燥器(图 1-17)。

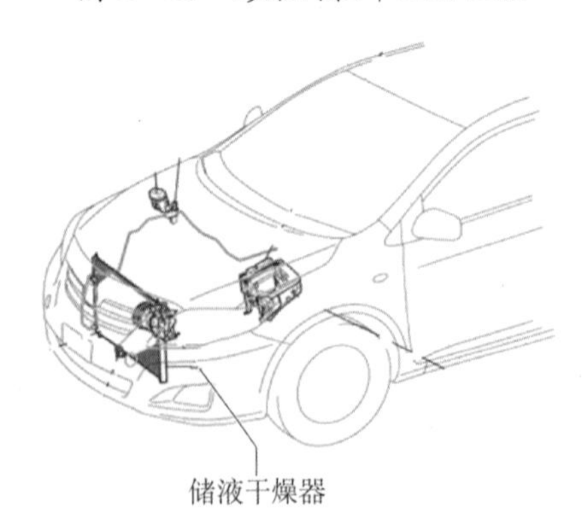

图 1-17 储液干燥器在车上的位置

2. 分析空调的工作过程

① 打开发动机舱盖(图 1-18)。

图 1-18 打开发动机舱盖

② 起动发动机,运行空调制冷系统(图 1-19)。

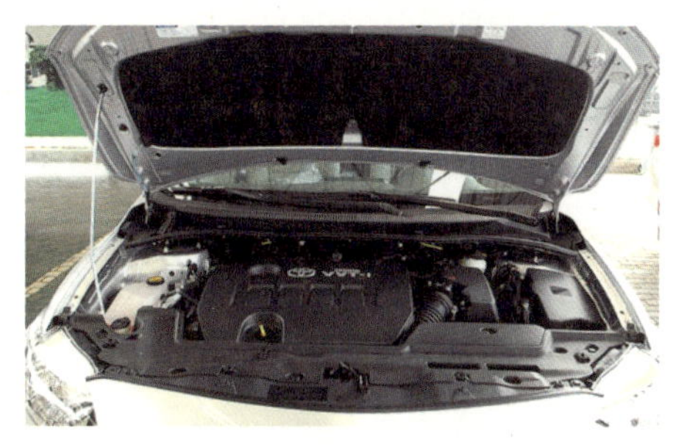

图 1-19 起动发动机

③ 分别找出空调的高、低压管路部分,并分析制冷剂在管路中的状态(图 1-20)。

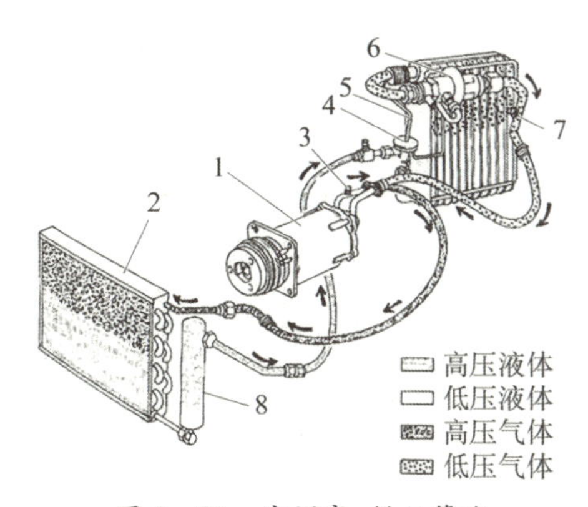

图 1-20 空调高、低压管路

任务小结

1. 汽车空调制冷系统组成

空调制冷系统主要由压缩机、冷凝器、储液干燥器、膨胀阀、蒸发器等组成。其中,压缩机的作用是保持制冷剂的循环;冷凝器的作用是使高温高压的气体制冷剂散热降温,凝结为液态制冷剂;储液干燥器的作用是储存液态制冷剂、过滤水分和杂质;膨胀阀的作用是节流、调节、控制制冷剂压力和流量;蒸发器的作用是使液态的制冷剂蒸发吸热。

2. 液化和汽化的概念

液化是指物质由气态转变为液态的过程，该过程中放热。汽化是指物质由液态转变为气态的过程，该过程会吸热。

3. 汽车空调制冷系统的工作原理

空调制冷系统的工作原理包括4个基本过程，依次是压缩过程、冷凝过程、膨胀过程和蒸发过程。

4. 汽车空调制热系统的工作原理

汽车空调的制热一般是利用发动机散热器提供的热量来实现的。

任务评价

（一）课堂练习

(　　)1. 制冷剂离开蒸发器后在管路中是什么状态？甲说是低压状态，乙说是蒸气状态。谁正确？

A. 甲正确　　B. 乙正确

C. 两人均正确　　D. 两人均不正确

(　　)2. 膨胀阀的功能是将________节流减压。

A. 高压制冷剂气体　　B. 高压制冷剂液体

C. 低压制冷剂气体　　D. 低压制冷剂液体

(　　)3. 空调系统中蒸发器的作用是________。

A. 控制制冷剂流量　　B. 吸收车厢中的热量

C. 散发制冷剂热量　　D. 以上都不是

(　　)4. 空调系统中冷凝器的作用是________。

A. 控制制冷剂流量　　B. 吸收车厢中的热量

C. 散发制冷剂热量　　D. 以上都不是

(　　)5. 汽车空调制冷循环四个工作过程的顺序是________。

A. 压缩、冷凝、膨胀、蒸发　　B. 压缩、膨胀、蒸发、冷凝

C. 蒸发、冷凝、压缩、膨胀　　D. 蒸发、压缩、膨胀、冷凝

（二）技能评价（表1-2）

表1-2　技能评价表

序号	内　　容	分值	得分
1	在车上找到压缩机	10	
2	描述压缩机的工作原理	10	

续 表

序号	内 容	分值	得分
3	在车上找到冷凝器	10	
4	描述冷凝器的工作原理	10	
5	在车上找到蒸发器	10	
6	描述蒸发器的工作原理	10	
7	在车上找到膨胀阀	10	
8	描述膨胀阀的工作原理	10	
9	在车上找到储液干燥器	10	
10	描述储液干燥器的工作原理	10	
总分		100	

（注：操作规范即得分，操作错误或未进行操作计 0 分）

学习拓展

汽车空调系统中主要部件的工作原理

（1）压缩机

以采用轴向柱塞式压缩机（图 1－21）为例，其主要由缸体、前后缸盖、活塞、吸排气阀片、斜盘及摇板等组成。斜盘与压缩机轴制成一体，摇板经连杆与活塞连接。气缸均匀地分布在缸体内部的圆周上。电磁离合器线圈固装在带盘内，当接通电源时，电磁离合器线圈中有电流流过，磁化铁心产生吸力，将衔铁吸附在带盘端面，经弹簧片，结合盘驱动压缩机轴旋转。当压缩机轴旋转时，斜盘驱动摇板轴向反复摇摆，从而带动活塞作轴向往复运动，驱动制冷剂流动。

图 1－21 压缩机

空调压缩机的认识

当切断电源时，电磁离合器线圈中电流消失，铁心吸力消失，衔铁在弹簧片作用下回位，压缩机停止工作，此时的压缩机带轮只是受发动机驱动而空转。

压缩机内各运动部件的润滑主要依靠润滑油随制冷剂一起循环，在吸气腔因压力和温度下降而释放出的润滑油来润滑。

（2）冷凝器

冷凝器（图 1－22）是由铜管（或铝管）制成芯管，并在芯管周围焊接散热片组成。多数汽车的冷凝器装在车前散热器的前方，利用发动机冷却风吹来的新鲜空气和行驶中迎面吹来的空气流进行冷却。为了保证良好的散热效果、提高制冷能力，常在冷凝器前装备有电控辅助风扇。当空调系统工作或发动机的冷却液温度上升到一定数值时，温控开关自动接通辅助风扇电路，加强冷凝器的散热效果。

图 1-22　冷凝器

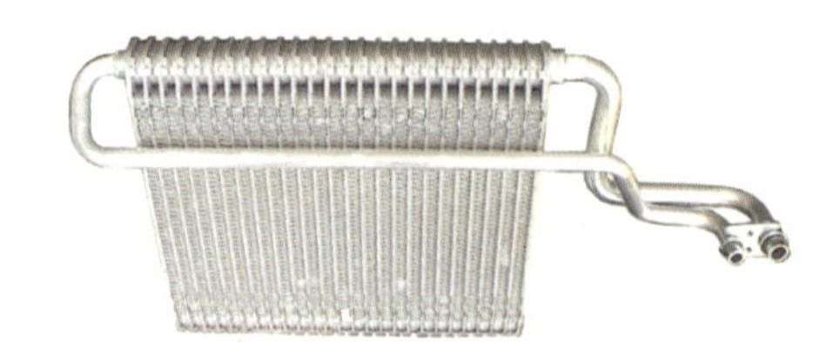
图 1-23　蒸发器

(3) 蒸发器

蒸发器(图 1-23)是汽车空调制冷系统中另一个热交换器，结构形式与冷凝器基本相同，其作用是经过节流降压后的液态制冷剂在蒸发器内沸腾汽化，吸收蒸发器表面周围的热量而使之降温，电动机驱动的鼓风机再将冷风吹入车室内，使进入其中的制冷剂与其外部空气完成热交换，蒸发器外部的空气放热冷却，达到降温的目的。

蒸发器是由铝制芯管和散热片组成。安装在前排乘员一侧杂物箱下方风道内。要求蒸发器具有制冷率高、尺寸小、质量轻等特点。

(4) 膨胀阀

汽车空调制冷系统使用的膨胀阀是一种感压和感温自动控制式膨胀阀(图 1-24)，膨胀阀安装在蒸发器入口管路上。其作用有：一是降低制冷剂压力，保证其在蒸发器内沸腾蒸发；二是调节流入蒸发器的制冷剂流量，以适应制冷负荷变化的需要。需要注意的是膨胀阀并不能控制蒸发器的温度。

图1-24　膨胀阀

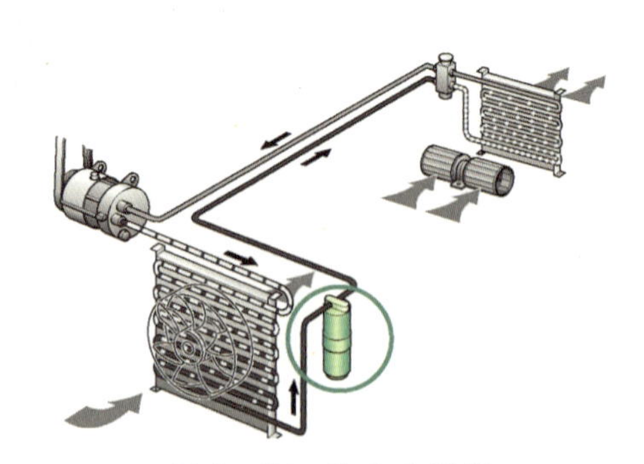
图 1-25　储液干燥器

(5) 储液干燥器

储液干燥器的作用是过滤、除湿、气液分离及临时性地储存一些制冷剂。储液干燥器是一个铝制瓶罐，被串联在冷凝器与膨胀阀之间的管路上，使从冷凝器中出来的高压制冷液体经过滤、干燥后流向膨胀阀，如图 1-25 所示。它通常安装在发动机前方冷凝器一侧。储液干燥器由储液罐、干燥剂、过滤器、引出管、视液镜、易熔塞及保护开关等组成。

储液干燥器的另一个功能是：储存液化后的高压液态制冷剂。根据制冷负荷的大小需要，随时向蒸发器提供制冷剂，同时还可以补充制冷系统因微量泄漏而损失的制冷剂。

干燥剂常用的有硅胶及分子筛，其作用是从气液制冷剂中去除潮气的固体物质，干燥目的是防止水分在制冷系统中造成堵塞。水分主要来自新添加的润滑油和制冷剂中所含的微量水分。当这些水分与制冷剂混合物通过膨胀阀时，由于压力和温度下降，水分容易凝结成冰被析出，造成膨胀阀堵塞，形成“冰堵”现象。

学习任务3 汽车空调系统电路及控制原理认知

任务目标

任务目标

◎ 了解汽车空调控制系统的组成。

◎ 描述汽车空调系统电路。

◎ 理解汽车空调电气系统的控制原理。

◎ 识别汽车空调电气元件在车上的位置。

教学重点

◎ 汽车空调系统电路与汽车空调电气系统的控制原理。

知识准备

1. 汽车空调控制系统的组成

汽车空调控制系统包括传感器及开关信号、空调放大器和执行元件三部分。其主要控制内容包括：压缩机电磁离合器控制、蒸发器温度控制、压力控制、冷却风扇控制、鼓风机控制、其他保护控制等。图1-26所示为2007款卡罗拉1.6 L/AT轿车手动空调的系统组成。

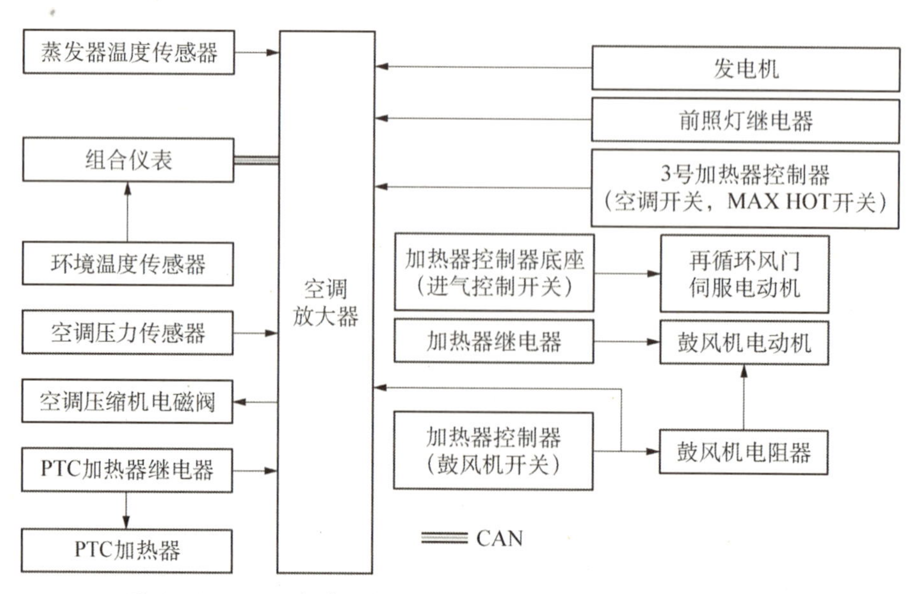

图1-26 2007款卡罗拉1.6 L/AT轿车手动空调系统组成图

2. 汽车空调系统电路

以 2007 款卡罗拉 1.6 L/AT 轿车手动空调为例，空调鼓风机转速控制、压缩机电磁离合器控制及各传感器控制的电路如图 1-27 所示。

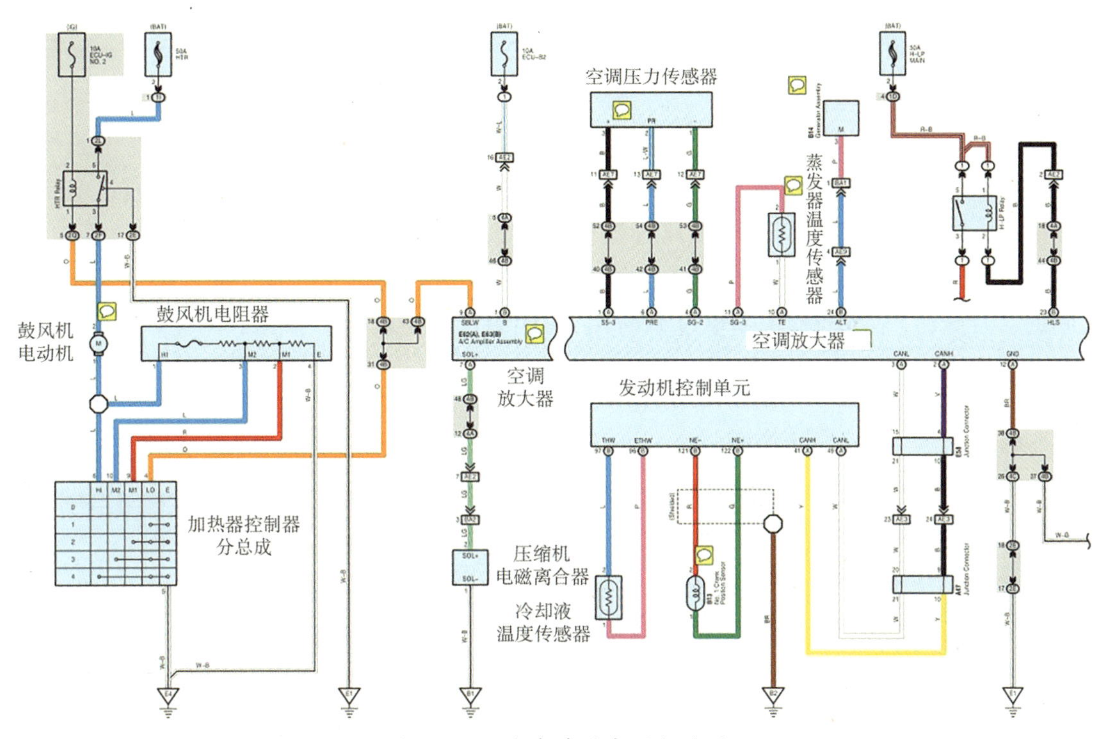

图 1-27 汽车手动空调电路图

(1) 鼓风机工作电路分析

如图 1-27 所示，鼓风机电动机由蓄电池电压经 HTR 继电器供电，电流经过鼓风机电阻器后改变大小，使电动机可以形成四种不同的转速。

① 鼓风机处于 0 挡时，没有电流流经鼓风机电动机，电动机不转。

② 鼓风机处于 1 挡时，其工作电路为：蓄电池正极→HTR 熔丝→HTR 继电器→鼓风机电动机→鼓风机电阻器(流经三段电阻)→搭铁→蓄电池负极。

③ 鼓风机处于 2 挡时，其工作电路为：蓄电池正极→HTR 熔丝→HTR 继电器→鼓风机电动机→鼓风机电阻器(流经两段电阻)→加热器控制器→搭铁→蓄电池负极。

④ 鼓风机处于 3 挡时，其工作电路为：蓄电池正极→HTR 熔丝→HTR 继电器→鼓风机电动机→鼓风机电阻器(流经一段电阻)→加热器控制器→搭铁→蓄电池负极。

⑤ 鼓风机处于 4 挡时，其工作电路为：蓄电池正极→HTR 熔丝→HTR 继电器→鼓风机电动机→加热器控制器→搭铁→蓄电池负极。

(2) 压缩机电磁离合器电路分析

压缩机电磁离合器是由空调放大器直接供电工作的。当空调系统运行时，空调放大器接收来自压力传感器、蒸发器温度传感器、环境温度传感器及冷却液温度传感器等信号，综合判定是否符合压缩机运行的条件，如果判定结果为是，则空调放大器通过端子 SQL＋输出蓄电池电压使电磁离合器工作。

其工作电路为：蓄电池正极→ECU－B2 熔丝→空调放大器→压缩机电磁离合器→搭铁→蓄电池负极。

3. 汽车空调电气系统的控制原理

（1）压缩机电磁离合器控制

在非独立式汽车空调制冷系统中，压缩机是由汽车发动机驱动的。为了使空调系统的开、停不影响发动机的工作，压缩机的主轴不是与发动机曲轴直接相连的，而是通过电磁离合器把动力传递给压缩机的。电磁离合器是发动机和压缩机之间的一个动力传递机构，受空调 A/C 开关、温控器、空调放大器、压力开关等控制，在需要时接通或切断发动机与压缩机之间的动力传递。另外，当压缩机过载时，它还能起到一定的保护作用。因此，通过控制电磁离合器的接合与分离，就可接通与断开压缩机。

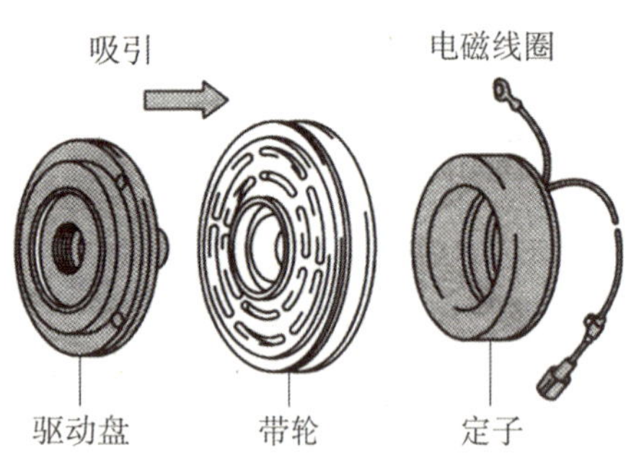

图 1－28　汽车空调电磁离合器

汽车空调电磁离合器一般都是由带轮、电磁线圈和驱动盘总成这三个部分组成，如图 1－28 所示。其中带轮装在轴承上，驱动盘和压缩机主轴花键连接，电磁线圈装在压缩机壳体上。

当接通空调开关使空调制冷系统进入工作状态时，电磁离合器的电磁线圈通电产生电磁吸力，将驱动盘吸向带轮，使两者接合在一起，发动机的动力便通过带轮传递到压力板，带动压缩机运转，如图 1－29a所示。

当空调制冷系统停止工作时，电磁离合器断电，电磁吸力消失，带轮空转，压缩机停止转动，如图 1－29b 所示。

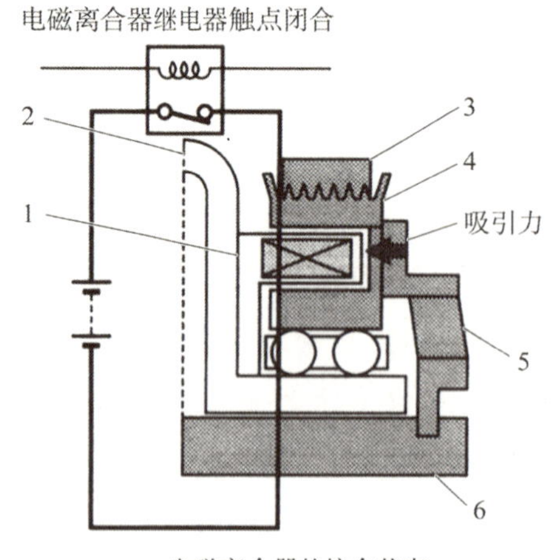

a. 电磁离合器的接合状态

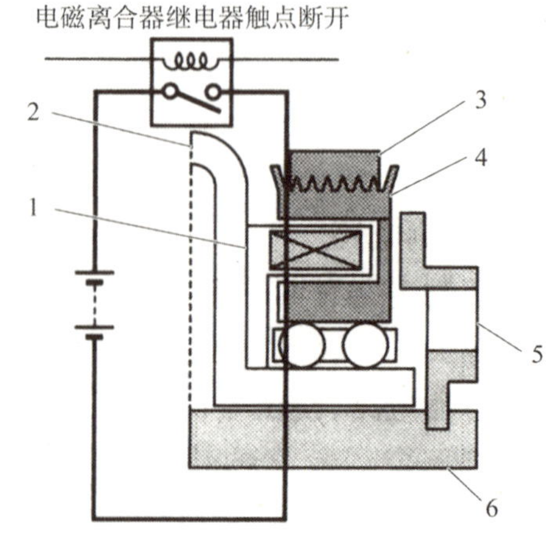

b. 电磁离合器的分离状态

1—前端壳体　2—定子　3—传动带　4—带轮　5—驱动盘　6—压缩机轴

图 1－29　电磁离合器的工作原理

(2) 蒸发器温度控制

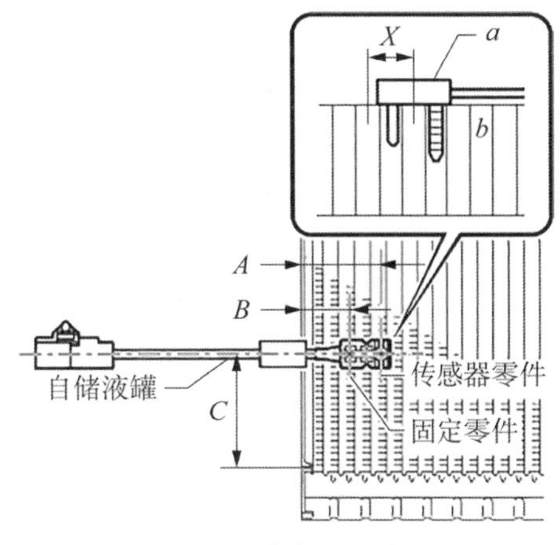

图 1-30 蒸发器温度位置

蒸发器温度控制是空调电气控制系统的基本任务。蒸发器温度传感器安装在空调蒸发器入口管道上,可测量制冷系统蒸发温度,为蒸发器温度的控制提供依据,其位置如图 1-30 所示。当汽车空调系统工作时,蒸发器表面温度逐渐降低,空气中的水分被析出,直至结冰,若蒸发器中的制冷不加控制,则蒸发器表面会逐渐全部结成冰块,以致蒸发器无法工作(风不能通过,无法进行热交换)。为控制蒸发器表面不结冰,系统的制冷效率又要达到较高水平,卡罗拉轿车采用变排量压缩机,即当蒸发器温度降低时压缩机排量随之降低,此时蒸发箱内的温度就会升高而避免蒸发器表面结冰。

(3) 制冷管路压力控制

在一些老款车型上通常装有各种形式的压力开关,用来感测空调制冷管路的工作压力,一旦压力异常的高或低,压力开关就会打开或闭合,这时空调系统会自动切断压缩机电路或控制冷却风扇以加强散热效果。卡罗拉轿车采用压力传感器来实时检测系统压力,当高压侧制冷剂压力过低(0.19 MPa 或更低)或过高(3.14 MPa 或更高)时,压力传感器将制冷剂压力信号输出至空调放大器。空调放大器根据传感器特性将该信号转换为压力,以控制压缩机。

(4) 环境温度控制

环境温度传感器安装在冷凝器前部,该传感器检测车外环境空气温度并将信号传递至汽车仪表系统,仪表系统通过 CAN 通信系统将相应的信号发送至空调放大器。当环境温度低于某一规定值时,空调放大器切断压缩机电磁离合器电路,使空调制冷系统不能工作。当环境温度高于此值时,制冷系统才能进入工作状态。

(5) 冷却风扇控制

空调制冷系统的冷凝器与发动机散热器共用风扇,冷却风扇的控制根据冷却液温度信号和空调压力开关组合控制。不开空调时,根据冷却液温度控制风扇的转速:当冷却液温度较低时,风扇不转;当冷却液温度升高到一定数值时,风扇以低速运转;当温度进一步升高到一定数值时,风扇高速运转。开启空调时,不管冷却液温度高低,风扇都运转,当系统压力正常时,风扇低速运转;当系统压力高于一定数值,风扇高速运转。

(6) 鼓风机转速控制

鼓风机转速的调节主要是通过改变串联在鼓风机电路中的外电阻来实现的。操作加热器控制器(鼓风机开关)时,HTR 继电器将起动以允许电流流向鼓风机电动机,然后电动机将开始转动。操作加热器控制器(鼓风机开关),切换鼓风机电阻器和车身搭铁之间的电流,以此来改变鼓风机电动机的转速。

任务实施

（一）实施方案

1. 质量要求

参照厂家的质量标准要求。

2. 组织方式

每四位同学一组，能对照实车整体描述空调系统的电路控制原理，找到工作页上指定的元件并描述其电路原理，按照企业岗位操作规范进行作业。每组作业时间为 20 min。

3. 作业准备

（1）技术要求与标准

① 作业时，维修人员应配备必要的安全防护设施，如：防护手套和防护眼镜等，避免接触或吸入制冷剂和冷冻机油的蒸气及气雾。

② 养成工具、零部件、油液“三不落地”的职业习惯，工具及拆下的零部件等都应整齐地放置在工具车及零件盘中。

（2）设备器材

本任务实施所需的设备器材如图 1－31 所示。

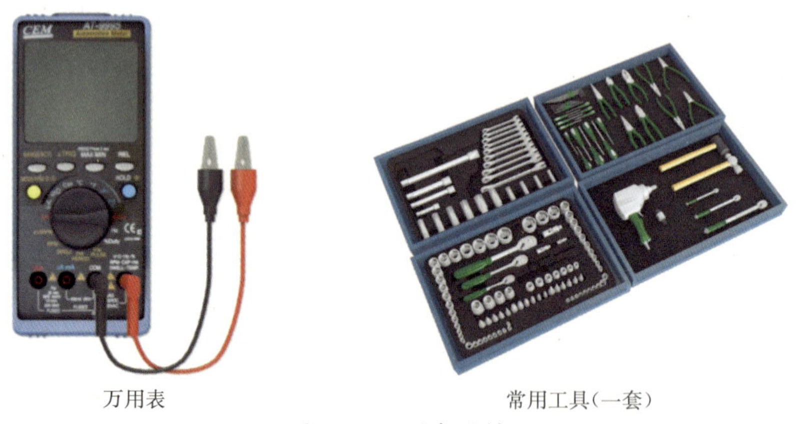

万用表　　常用工具（一套）

图 1－31　设备器材

（3）场地设施

理实一体化教室、废气排放装置、消防设施等。

（4）设备设施

2007 款卡罗拉 1.6 L/AT 轿车一辆、汽车空调实训台架一台、工具车、零件车。

（5）安全防护

车轮挡块、室内三件套等。

（6）耗材

干净抹布。

（二）操作步骤

1. 认识环境温度传感器

① 在车上找到环境温度传感器(图 1－32)。

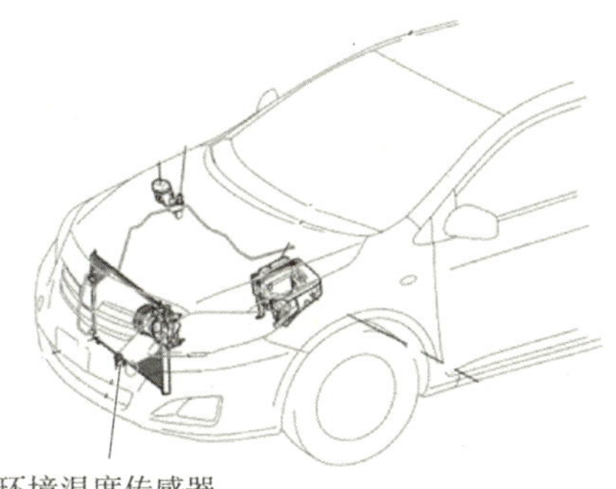

图 1－32　环境温度传感器在车上的位置

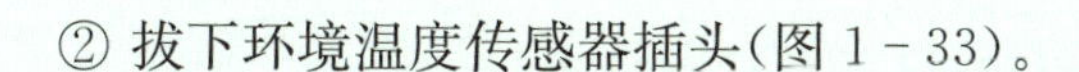

② 拔下环境温度传感器插头(图 1－33)。

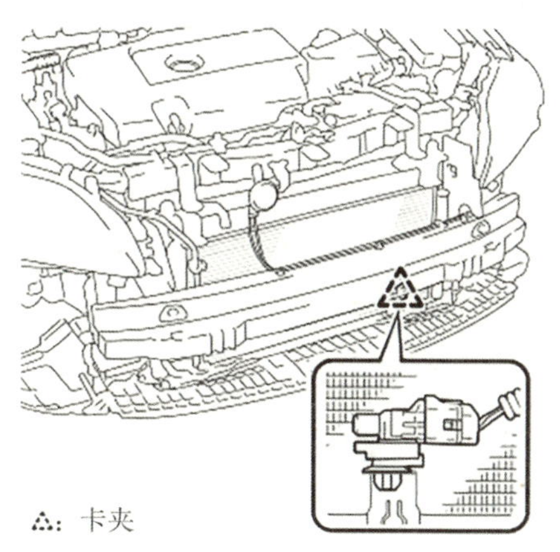

图 1－33　拔下环境温度传感器插头

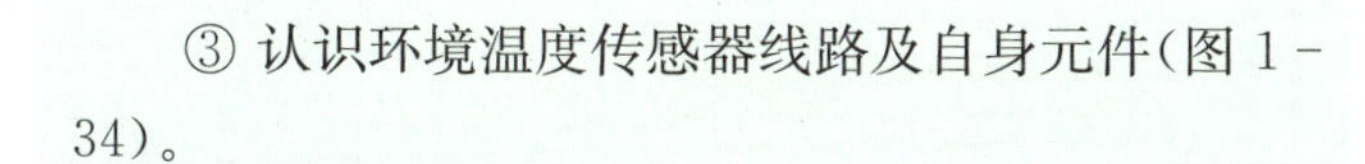

③ 认识环境温度传感器线路及自身元件(图 1－34)。

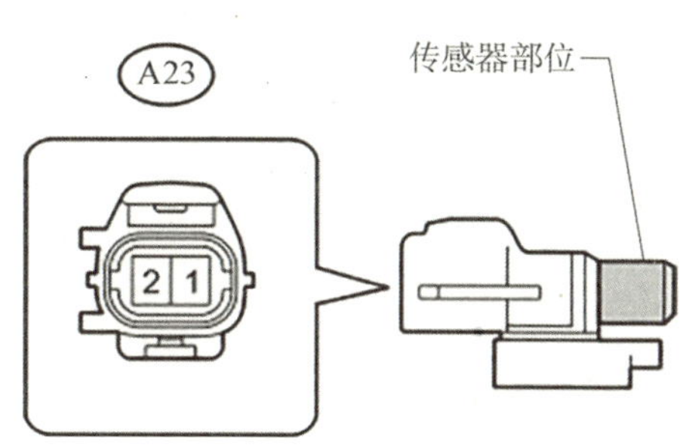

图 1－34　环境温度传感器

2. 认识蒸发器温度传感器

① 拆下仪表台相关附件(图 1－35)。

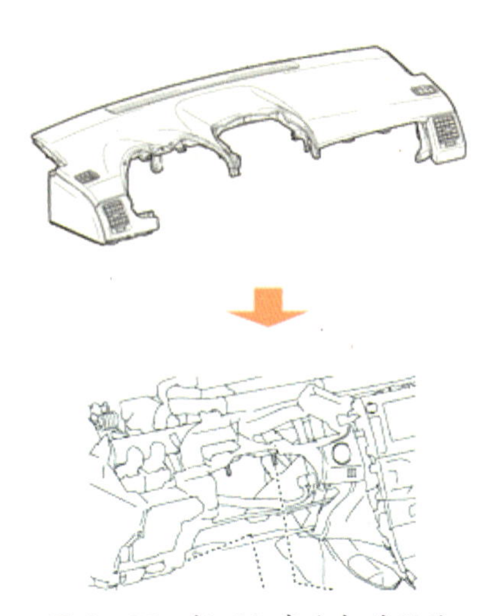

图 1－35 拆下仪表台相关附件

② 在蒸发箱中找到蒸发器总成(图 1－36)。

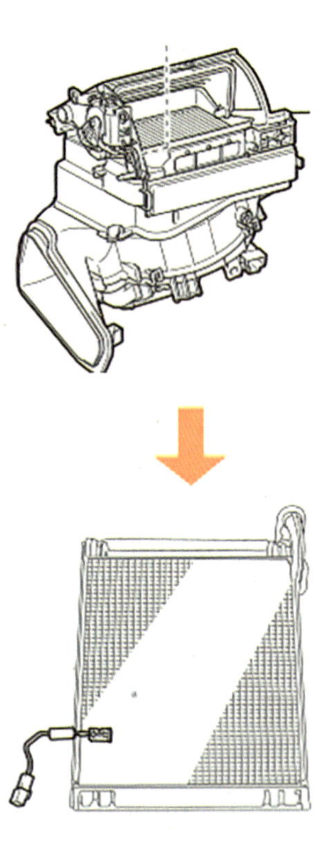

图 1－36 在蒸发箱中找到蒸发器总成

蒸发器温度传感器是插入蒸发器内部的一个热敏电阻。

③ 拔下蒸发器温度传感器线束插头，认识蒸发器温度传感器线路及自身元件(图 1-37)。

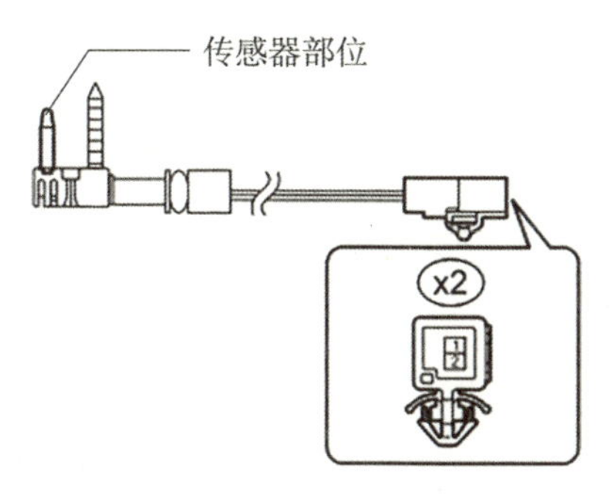

图 1-37 蒸发器温度传感器及线束插头

3. 认识制冷剂压力传感器

① 在车上找到制冷剂压力传感器(图 1-38)。

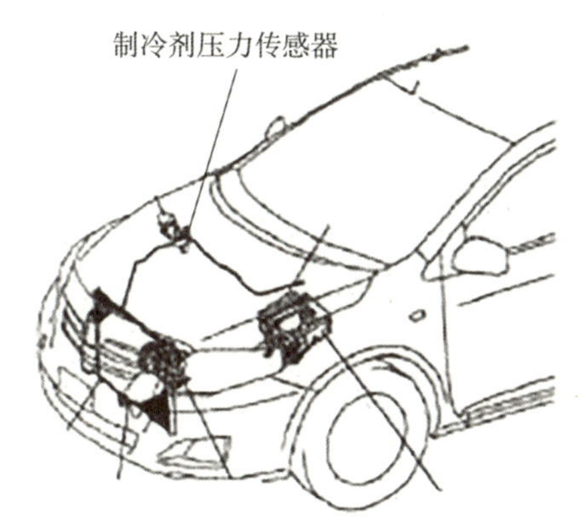

图 1-38 制冷剂压力传感器

② 拔下制冷剂压力传感器插头，认识制冷剂压力传感器线路及自身元件(图 1-39)。

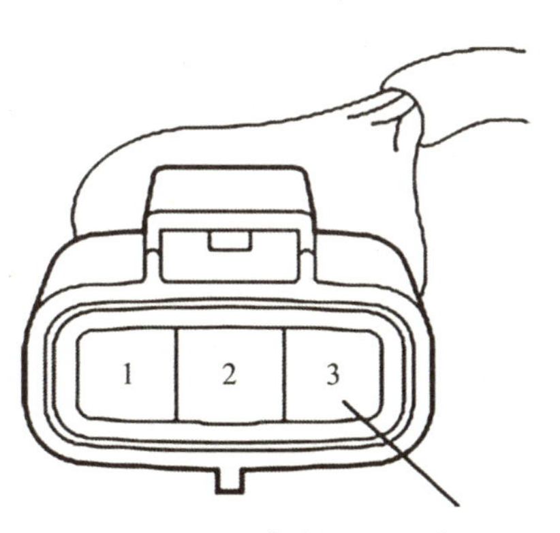

图 1-39 拔下制冷剂压力传感器插头

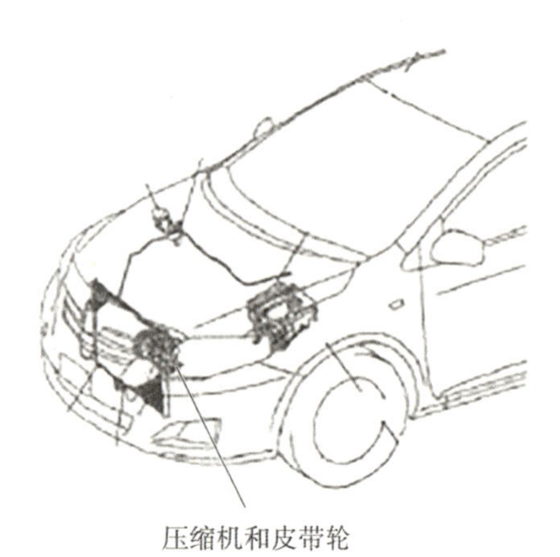

图1-40 压缩机电磁离合器在车上的位置

4. 认识压缩机电磁离合器

① 在车上找到压缩机电磁离合器(图1-40)。

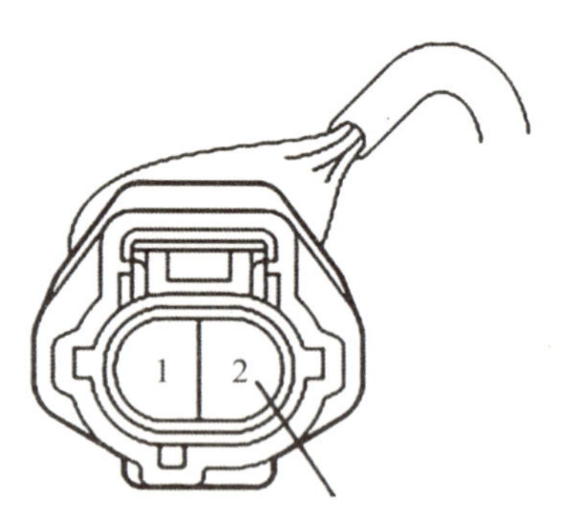

图1-41 拔下压缩机电磁离合器插头

② 拔下压缩机电磁离合器插头,认识压缩机电磁离合器线路及自身元件(图1-41)。

5. 认识鼓风机电路

① 拆下仪表台相关附件(图1-42)。

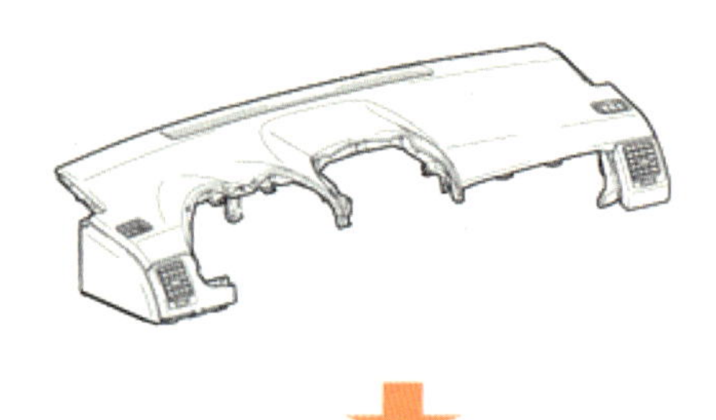

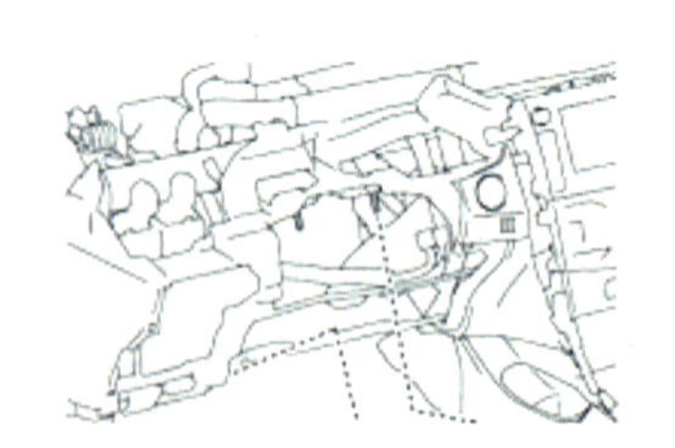

图1-42 拆下仪表台相关附件

② 在蒸发箱内找到鼓风机(图 1-43)。

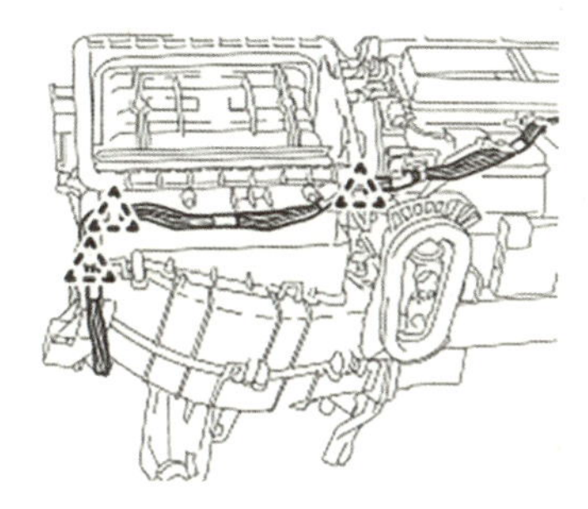

图 1-43 鼓风机在蒸发箱内的位置

③ 拔下鼓风机线束插头,认识鼓风机线路及自身元件(图 1-44)。

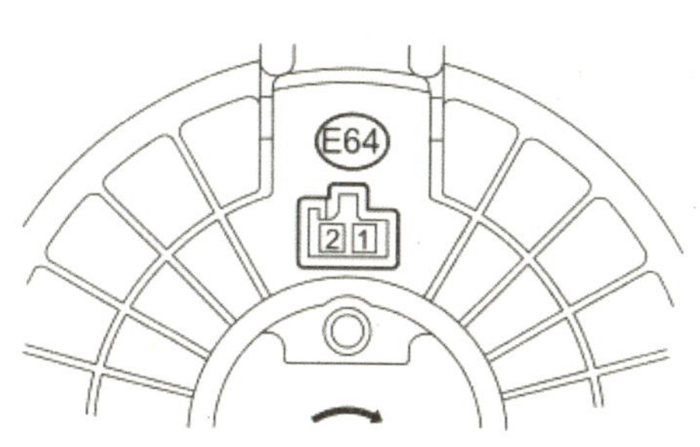

图 1-44 拔下鼓风机线束插头

6. 认识冷却风扇电路

① 在车上找到冷却风扇电动机(图 1-45)。

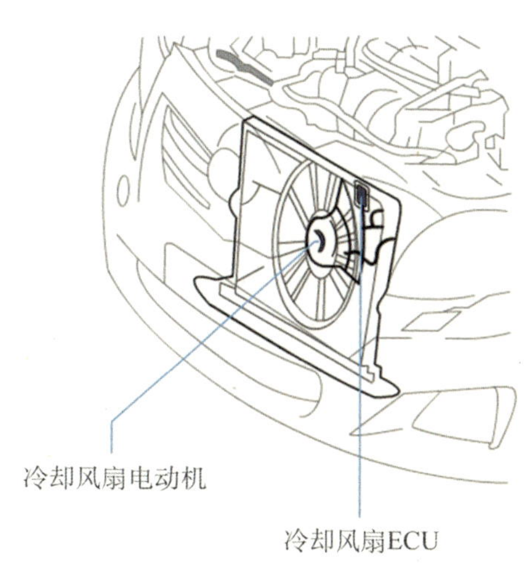

图 1-45 冷却风扇电动机在车上的位置

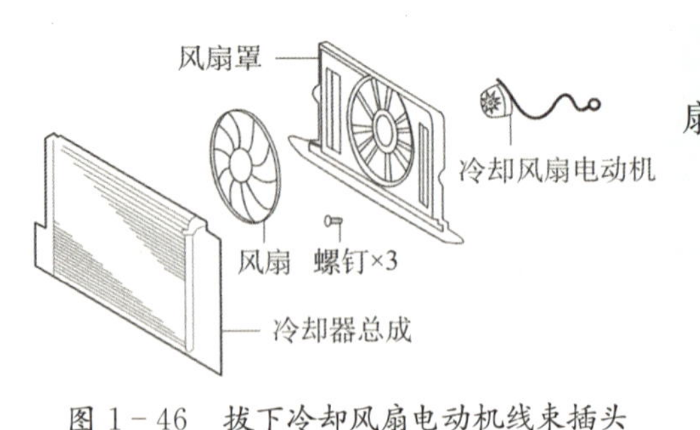

图 1-46 拔下冷却风扇电动机线束插头

② 拔下冷却风扇电动机线束插头，认识冷却风扇线路及自身元件(图 1-46)。

任务小结

1. 汽车空调电气系统的控制组成

汽车空调控制系统主要由传感器及开关信号、空调放大器和执行元件三部分组成。

2. 汽车空调电气系统的主要控制内容与原理

(1) 压缩机电磁离合器控制。通过控制电磁离合器的接合与分离，就可以使压缩机在工作状态和不工作状态之间切换。

(2) 蒸发器温度控制。通过蒸发器的温度传感器可以控制蒸发器表面不结冰，从而使制冷系统效率达到较高的水平。

(3) 制冷管路压力控制。通过制冷管路的压力传感器可以控制压缩机和冷却风扇的工作状态。

(4) 环境温度控制。通过环境温度传感器可以控制压缩机工作或不工作。

(5) 冷却风扇控制。不开空调时，冷却风扇转速是通过冷却液温度传感器控制；开空调时，冷却风扇转速是通过制冷管路压力传感器控制。

(6) 鼓风机转速控制。鼓风机的转速控制是通过改变串联在鼓风机电路中的外电阻来实现的。

任务评价

(一) 课堂练习

(　　)(1) 汽车空调使用的蒸发器温度传感器一般安装在________。

A. 前保险杆内或散热器前　　B. 仪表板后面

C. 仪表台上面(靠近风窗玻璃的底部)　　D. 暖风装置里面

(　　)(2) 汽车空调系统中________是发动机和压缩机之间的一个动力传递机构。

A. 鼓风机　　B. 电磁离合器　　C. 温控器　　D. 冷凝器风扇

(　　)(3) 鼓风机转速的调节主要是通过改变串联在鼓风机电路中的________来实现的。

A. 电容　B. 二极管　C. 电阻　D. 三极管

(　　)(4) 过热限制器的作用为________。

A. 保护冷凝器免受损坏　B. 保护压缩机免受损坏

C. 保护蒸发器免受损坏　D. 保护节流器免受损坏

(　　)(5) 汽车空调的压力传感器一般安装在________。

A. 高、低压管道上均可　B. 低压管道上

C. 高压管道上　D. 以上都不是

(二) 技能评价(表 1-3)

表 1-3 技能评价表

序号	内　容	分值	得分
1	能对照实车整体描述空调系统的电路控制原理	10	
2	通过相关附件找到环境温度传感器的位置	10	
3	描述环境温度传感器的电路原理	10	
4	通过拆卸仪表附件找到蒸发器温度传感器的位置	10	
5	描述蒸发器温度传感器的电路原理	10	
6	找到压力传感器并描述其电路原理	10	
7	找到压缩机电磁离合器并描述其电路原理	10	
8	通过拆卸仪表附件找到鼓风机的位置	10	
9	描述鼓风机的电路原理	10	
10	找到冷却风扇电动机并描述其电路原理	10	
总分		100	

(注：操作规范即得分，操作错误或未进行操作计 0 分)

学习拓展

1. 自动空调的组成

汽车自动空调系统由制冷系统、取暖系统、通风(配气)系统、电子控制系统和空气净化系统五部分组成。其中电子控制系统包括空调电控单元(ECU)、传感器、执行元件等。

2. 自动空调的分类

汽车自动空调按照控制系统分为：电控气动控制系统、全自动控制系统和微型计算机控

制系统三种。

（1）电控气动控制系统

当选好空调功能键时，各种温度传感器的信号经电子放大器处理后转变成电流信号，再通过真空换能器转变成真空度信号，作用于真空伺服驱动器上，使控制杆轴向移动，与其相连的风门开关、风机转速开关的位置也会发生改变，从而控制温度和风量。反馈电位计把控制杆移动量反馈给电子放大器进而不断调节，就能使车厢保持在预定温度内。

（2）全自动控制系统

此系统利用电桥比较计算器和电磁阀取代了放大器和换能器。电桥由车外温度传感器、车内温度传感器、阳光辐射传感器和调温键电阻组成，它和比较器组成控制系统。

（3）微型计算机控制系统

该系统的控制中枢为微型计算机，风门控制元件已较少采用真空执行器而改用伺服电动机进行控制。相比以上两种，微机控制系统更加精确、细致，调节也更为平顺。

3. 自动空调的工作原理

汽车自动空调是自行控制，它能根据车厢内外的各种传感器（车厢内温度、车厢外温度、日照强度、蒸发器出口温度、发动机冷却液温度等）的输出信号，由电子控制系统中的控制中枢进行运算，计算出所需要的送风温度，然后把信息传递给执行机构，对风门、热水阀、电磁离合器、鼓风机等进行自动控制，按照乘员的要求使车厢内的温度保持恒定。

4. 卡罗拉自动空调控制原理

2007 款卡罗拉 1.6 L/AT 轿车采用的自动空调系统由相关传感器、空调 ECU 及各种执行器等组成，系统根据车外温度、车内温度、日照传感器、蒸发器温度传感器等信号，依据驾驶人所设定的室内温度，自动对车内温度、鼓风机转速、进气、空气流动方式和空调压缩机进行控制，使车内温度保持在设定范围。

（1）车内温度控制

用空调面板上的“TEMP”键设定想要的温度，根据输入信号（车内温度传感器、车外温度传感器、冷却液温度传感器、蒸发器温度传感器和日照传感器）和温度设定信号，空调 ECU 控制空气流动和空气混合伺服电动机的输出信号，来保持车内温度在设定范围。

当空气混合伺服电动机接到从空调 ECU 来的信号时，开启或关闭空气混合风门，从而改变气流的温度。当车内温度低于设定温度值时，空气混合风门打到冷的一侧；当车内温度高于设定温度值时，空气混合风门打到热的一侧：当车内温度达到设定温度值时，空气混合风门位置传感器将信号送到空调 ECU，空调 ECU 停止该伺服电动机的动作。

空气流速的控制主要由鼓风机转速控制。当空调面板上的“AUTO”开关接通时，用空调面板上的“TEMP”键设定想要的温度，根据输入信号（车内温度传感器、车外温度传感器和日照传感器）和温度设定信号，空调 ECU 控制功率管的输出信号来控制鼓风机的转速。当车内温度高于设定度时，鼓风机提高转速，反之降低转速；当车外温度升高时，鼓风机的转速相应提高，反之相应降低转速；当太阳照射强度增强时，调高鼓风机的转速，反之相应降低转速。当功率管接到从空调 ECU 来的信号时，提高或降低鼓风机电动机的转速从而控制空气流量。

（2）空调压缩机的控制

空调压缩机是否工作由车外温度传感器、蒸发器温度传感器、制冷剂压力传感器、空调压缩锁止传感器等控制。将空调面板上的“AUTO”开关接通，空调 ECU 自动接通空调压缩机电磁离合器，空调压缩机工作。空调 ECU 根据车外温度或蒸发器温度与设定温度比较，反复接通或切断空调压缩机电路。当蒸发器表面温度低于 3℃、室外温度低于 10℃、高压压力高于高压限定值或低于低压限定值时，空调 ECU 关闭空调压缩机。

知识链接

汽车空调之发展趋势

目前，从汽车的发展方向来看，需要走智能化、轻量化和环保路线，汽车空调的舒适性和效率需要进一步地提高，降低其使用成本；另外，从市场需求方面来看，汽车空调的功能应该更加强大，操作更加简便及合理。

1. 向全自动方向发展

汽车电子化技术也应用到汽车空调上，使得空调设备的性能越来越高。传统的汽车空调多属于手动空调，需要人工调整温度、鼓风机风速以及出风模式等，为了调整空调使用的舒适性，需要进行频繁操作。汽车自动空调利用传感器检测车内外温度、太阳辐射等车内外环境的变化，自动调节鼓风机转速、出风模式及压缩机的工作，保持车内的温度和湿度达到最佳值，极大地提升了舒适性，同时还可以自动检测和诊断故障，缩短了检测和维修时间。

2. 向高效节能方向发展

汽车空调制冷系统的动力装置是压缩机。传统的空调压缩机属于定排量压缩机，其排气量是随着发动机的转速的提高而成比例的提高，它不能根据制冷的需求而自动改变功率输出，而且对发动机油耗的影响比较大。变排量压缩机可以根据设定的温度自动调节功率输出，因为其具有结构紧密、质量较轻及节省能耗的优势，能耗可减少 30%以上，故变排量压缩机逐渐成为车用空调压缩机最为主要的发展趋势。

3. 采用更加环保的材料

早期的汽车空调采用的制冷剂是 R12，其对臭氧层产生了极严重的破坏，自 2000 年以后被禁止使用，之后采用 R134a 代替 R12 作为汽车空调的制冷剂，并解决了汽车空调匹配和材料等一系列问题。就制冷剂的选择来看，总体应遵循符合相关法规的需求，不仅需要符合环保的需求，还需遵循安全稳定、控制成本的原则。制冷剂相对理想的状态应是 ODP（消耗臭氧潜能值）保持为 0，GWP（全球变暖潜能值）保持为 0，化学及物理相关性质属性较为稳定，无可燃性、毒性，热力学属性较为优越，原材料成本较为低廉且来源丰富广泛。

4. 新能源汽车空调

在我国的节能环保战略发展过程中，新能源汽车也是很重要的一项内容，其发展趋势是要不断地提高能源利用率，汽车空调作为新能源汽车能源消耗的主要部分也应该遵守该发展趋势。与传统的燃油汽车不同，新能源汽车尤其是纯电动汽车取消了发动机，故空调系统的能源来自动力电池组。制冷系统和取暖系统是新能源汽车空调系统的两大能源消耗部分。制冷系统的能源消耗主要在压缩机上，新能源汽车采用的是电动压缩机空调系统。

项目二 汽车空调的使用与维护

项目导入

空调作为现代汽车的必需装备，乘车人对它的依赖性越来越大。一台保养良好的汽车空调能够在短短几分钟内把车内温度调节到人体感觉舒适的温度。正确地保养汽车空调不但可以提高空调的使用寿命，而且还能保持空调系统良好的工作状态。所以我们应正确使用、维护汽车空调系统，以减少其故障，同时提高其使用寿命。

本任务通过描述如何规范使用汽车空调及其常规检查，使学习者能够进行空调滤芯检查与更换、制冷剂的添加以及管路压力检测的规范操作。

学习目标

素养目标

- 了解安全操作要求，养成安全文明操作的习惯。
- 养成组员之间互相协作的习惯。
- 操作结束后，清洁工具，并将工具设备归位，清洁场地。

技能目标

- 能够对汽车空调进行规范使用，并进行常规检查与维护。

知识目标

- 认知汽车空调使用与维护工艺。
- 描述汽车空调维修相关行业标准。

学习任务

学习任务 1

◇ 汽车空调的规范使用及常规检查

学习任务 2

◇ 汽车空调维修检测工具及安全操作

学习任务 3

◇ 汽车空调滤芯检查与更换

学习任务 4

◇ 汽车空调制冷剂的添加

学习任务 5

◇ 汽车空调管路压力检测

学习任务 1 汽车空调的规范使用及常规检查

任务目标

任务目标

◎ 熟悉并规范操作汽车空调操作面板。

◎ 对汽车空调进行规范使用。

◎ 对汽车空调系统进行常规检查。

教学重点

◎ 汽车空调的使用技能。

知识准备

1. 手动空调的规范使用

汽车空调基本分为手动空调和自动空调两类。手动空调的风量、出风模式和温度等一切均为手动调节，手动空调操作面板示例如图 2－1 所示。

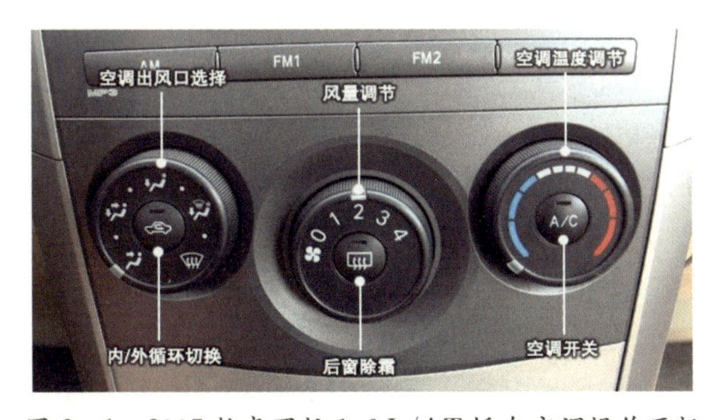

图 2－1　2007 款卡罗拉 1.6 L/AT 轿车空调操作面板

(1) 风窗及侧窗除霜

冬季，汽车在室外停放一夜，第二天风窗玻璃经常会出现结霜现象。此时建议对汽车空调作下列调节：

① 将出风模式选择旋钮调至前窗除霜(❄)。

② 鼓风机风量开至最大(4 挡)。

③ 温度调至最高(最右)。

(2) 风窗及侧窗除雾

由于空气潮湿致使玻璃和窗结雾时,建议对汽车空调作下列调节:

① 将出风模式选择旋钮调至除雾及吹脚模式( )。

② 根据温度情况,将温度调节钮旋至合适的位置(蓝色区域)。

③ 鼓风机风量开至最大(4 挡)。

④ 将空调开至制冷模式,使压缩机运行(开关上的信号灯亮起),从而能够快速有效地消除风窗及侧窗上的雾气,确保行车安全。

(3) 车内快速取暖

如果希望将车厢内的温度迅速升高至某一高温状态,建议对汽车空调作下列调节:

① 将出风模式选择旋钮调至吹脚模式( )。

② 温度调至最高(最右)。

③ 鼓风机风量开至最大(4 挡)。

④ 开启内循环。

(4) 车内舒适取暖

当车窗已明朗,所需温度已达到时,建议采用如下取暖方式:

① 将出风模式选择旋钮调至除雾及吹脚模式( )。

② 根据温度情况,将温度调节钮旋至合适的位置(蓝色区域)。

③ 鼓风机风量开至合适的挡位(1～3 挡)。

(5) 通风

暖风切断后,关闭内循环,进入外循环模式,此时各出风口输入的都是新鲜空气。

(6) 最大制冷

当车外环境温度较高,需要将车厢温度最大限度降低时,建议对汽车空调作下列调节:

① 关闭所有车门和窗户。

② 打开空调制冷模式,使压缩机运行(开关上的信号灯亮起)。

③ 将出风模式选择旋钮调至正面出风模式( )。

④ 温度调至最低(最左)。

⑤ 鼓风机风量开至最大(4 挡)。

⑥ 将正面出风口(图 2-2)拨叉调节至全开位置(最上)。

图 2-2 正面出风口

(7) 一般制冷

① 打开空调制冷模式，使压缩机运行(开关上的信号灯亮起)。

② 将出风模式选择旋钮调至正面出风模式( )。

③ 根据温度情况，将温度调节旋钮至合适的位置(蓝色区域)。

④ 鼓风机风量开至合适的挡位(1～3 挡)。

⑤ 正面出风口拨叉可以选择调节至合适的位置。但必须留一个出风口常开，否则制冷系统将会结冰，或导致压缩机频繁通断。

2. 自动空调的规范使用

自动空调的风量、出风模式、温度等一切均为自动调节。如果手动设定温度，那么其他都根据设定温度自动调节。自动空调操作面板示例如图 2-3 所示。

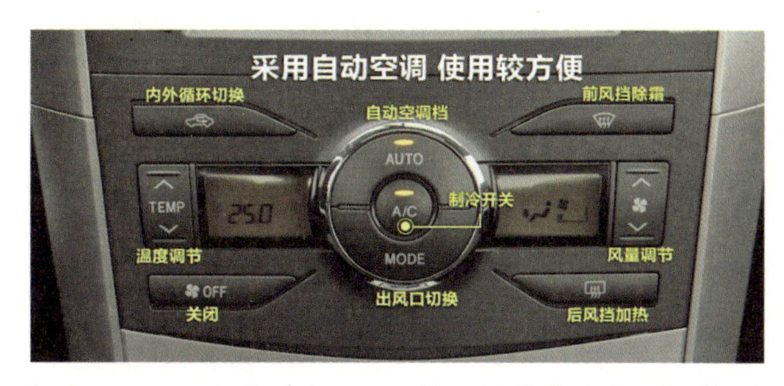

图 2-3 2007 款卡罗拉 1.8 L/AT 轿车自动空调操作面板

(1) 自动空调手动调节

出风口和鼓风机转速根据温度设置可自动进行调节。

① 调节温度设置：按下 TEMP 开关上的∧升高温度，∨降低温度。

② 调节鼓风机转速：按下 开关上的∧提高风扇转速，∨降低风扇转速，风扇转速显示在屏上。按下 OFF 关闭风扇。

③ 改变出风口：每按一下“MODE”按钮，即可切换一次出风口。显示屏上显示的气流说明如下：

：吹脸　　：吹脚

：吹脸/脚部　　：吹脚/除霜

④ 在车外空气模式和空气再循环模式之间切换时按下 ，每按一下此按钮，即可在车外空气模式(指示灯熄灭)和空气再循环模式(指示灯点亮)之间切换。如果长时间采用空气再循环模式，则车窗更容易起雾。

⑤ 给风窗玻璃除雾：在车窗需要除雾的情况下，空气再循环模式可能会自动切换至车外空气模式。

(2) 使用自动模式时，需按下“AUTO”键

鼓风机转速根据温度设置和环境状况自动进行调节。因此，可能发生下列情况：

① 在夏季，当选择最低温度设置时，系统将自动切换到空气再循环模式。

② 按下“AUTO”键后，鼓风机可能不会立即转动，直到暖气或冷气已准备妥当才会进行送风操作。

③ 加热器打开时，冷气可能会吹向上身周围。

3. 汽车空调的常规检查

作为专业汽车空调维护人员，对车辆空调系统进行常规检查时应做到一问、二听、三看、四摸和五检查。

(1) 问

询问车主在使用时是否发现和听到异常情况；上次维护的时间和维修过的地方及原因。这些对维修具有一定的帮助。

(2) 听

起动发动机并稳定至 1 500 r/min 左右转速，打开 A/C 开关，用听来判断压缩机和鼓风机工作是否有异响。

(3) 看

看冷凝器表面是否清洁、空调器的蒸发器进风口处空气滤清器是否有脏堵，制冷系统管路的连接处是否有油渍，压缩机轴封、前后盖板的密封轴有无油渍。

(4) 摸

用手触摸正在工作着的空调系统管路及各部件的温度。低温区是从膨胀阀出口→蒸发器→压缩机进口处；高温区是从压缩机出口→冷凝器→储液干燥器→膨胀阀入口处。若不符合，说明制冷循环存在异常。

(5) 检查

检查的具体内容如下：

① 检查空调滤清器。

② 检查带轮的张力。

③ 检查电磁离合器。

④ 检查暖气系统。

⑤ 检查鼓风机及调速器。

⑥ 检查制冷剂观察孔。

(一) 实施方案

1. 质量要求

参照厂家的质量标准要求。

2. 组织方式

每四位同学一组,对2007款卡罗拉1.6 L手动GL型轿车的变速器变速传动机构进行检查,按照企业岗位操作规范进行作业。每组作业时间为90 min。

3. 作业准备

(1) 技术要求与标准

根据厂家规定,2007款卡罗拉1.6 L/AT轿车每运行1万km空调滤清器需进行清洁,每3万km需要进行更换。观察制冷剂量,基本症状可对照下表。

项目	症 状	制冷剂量	纠 正 措 施
1	有气泡	不足	1. 检查有无漏气,必要时进行维修 2. 重新加注适量制冷剂
2	不存在气泡(输出DTC76)	空、不足或过量	参见3和4
3	压缩机的进气口和出气口没有温差	空或很少	1. 检查有无漏气,必要时进行维修 2. 排空空调系统,重新加入适量的制冷剂
4	压缩机进气口和出气口有明显温差	适量或过量	参见5和6
5	空调关闭后,制冷剂立即变清澈	过量	1. 重新加注制冷剂 2. 排空空调系统,重新加入适量的制冷剂
6	空调关闭后,制冷剂立即起泡,然后变得清澈	适量	

(2) 设备器材

本任务实施需要用到的设备器材有:传动带张紧计。

(3) 场地设施

理实一体化教室、废气排放装置、消防设施等。

(4) 设备设施

2007款卡罗拉1.6 L/AT轿车、常用工具、工具车、零件车、标保工具车、垃圾桶等。

(5) 安全防护

车轮挡块、室内三件套等。

(6) 耗材

干净抹布。

(二) 操作步骤

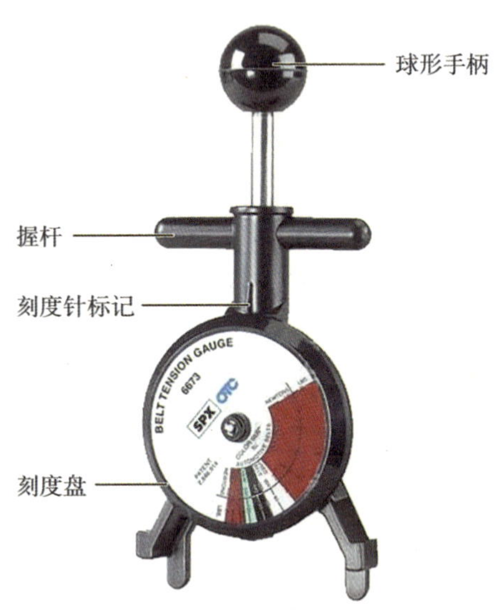

图 2-4 传动带张紧计

1. 检查空调滤清器

(1) 关闭发动机。

(2) 打开杂物箱,滑下阻尼器。

(3) 向里推开杂物箱的两边,脱开卡爪。

(4) 拆下滤清器盖。

(5) 如果滤清器过脏,则通过从底侧吹入压缩空气进行清洁;或拆下更换新的滤清器。

2. 检查带轮的张力

汽车压缩机传动带的张力一般为 392～588 N,传动带张力过大,易造成压缩机带轮轴承早期失效;导致压缩机噪声大。如不及时修理会造成离合器损坏。传动带张力过小易造成传动带打滑,导致压缩机转速下降,制冷效果差。检测压缩机传动带的张力使用传动带张紧计,如图 2-4 所示。

3. 检查电磁离合器

接通 A/C 开关,压缩机应立即工作;断开空调 A/C 开关,压缩机应立即停止工作。在短时间内断开、接通几次,可检查电磁离合器工作是否正常。如果不正常,应先检查电路是否有故障,然后再检查电磁离合器是否正常。

4. 检查暖气系统

首先应该保证有足够的冷却液,看看散热器和膨胀水箱中的冷却液是否足够,然后起动发动机,使其怠速运转 5 min 后,打开鼓风机开关,拨动调温键,看看出口的温度是否有变化,操纵机构是否移动自如。如果温度不变,操纵吃力,则应该修理。最后观察暖气系统是否漏水等。

5. 检查鼓风机及调速器

按下鼓风机开关后,检查鼓风机工作时是否有异常声响；然后按从低挡到高挡的顺序拨动调速开关，检查其每挡吹出的风量是否有变化。若无风或风速没有变化，则可能是调速器损坏或调速电阻损坏，应更换。

6. 检查制冷剂观察孔

汽车制冷剂观察孔位于空调管和附件上，将观察孔中所看见的情况与对照表进行比较。

任务小结

1. 2007 款卡罗拉 1.6 L/AT 轿车手动空调的功能

① 风窗及侧窗除霜。

② 风窗及侧窗除雾。

③ 车内快速取暖。

④ 车内舒适地取暖。

⑤ 通风。

⑥ 最大制冷。

⑦ 一般制冷。

以上功能可以通过相应的按键和旋钮实现。

2. 2007 款卡罗拉 1.8 L/AT 轿车自动空调两种模式的操作

① 自动空调手动调节。可以通过旋钮或按键实现。

② 自动空调自动调节。可以通过按下“AUTO”键实现。

3. 汽车空调的常规检查方法

作为专业汽车空调维护人员，对车辆空调系统进行常规检查时应做到“一问、二听、三看、四摸和五检查”。

4. 对汽车空调进行常规检查

① 检查空调滤清器。

② 检查带轮的张力。

③ 检查电磁离合器。

④ 检查暖气系统。

⑤ 检查鼓风机及调速器。

⑥ 检查制冷剂观察孔。

任务评价

（一）课堂练习

1. 选择题

（　　）（1）汽车空调控制按键“AUTO”表示________。

A. 自动控制　　B. 停止　　C. 风速　　D. 温度控制

（　　）（2）汽车空调控制面板中，________模式可将车外新鲜空气导入车内。

A. FRESH　　B. RECIRC　　C. NORM　　D. DEFROST

2. 填空题

（1）作为专业汽车空调维护人员，对车辆空调系统进行常规检查时应做到“一问、二听、三________、四________和五________”。

（2）根据“冷空气下沉、热空气上升”的原理，正确的做法应该是，开冷气时调节出风口向________，开暖气时调节出风口向________。

（3）冬季不使用空调时，也应定期开启空调压缩机运行一下，以避免压缩机________处由于油干而咬死。

（二）技能评价（表2-1）

表2-1　技能评价表

序号	内　　容	分值	得分
1	能正确使用手动空调进行制冷	10	
2	能正确使用手动空调进行取暖	10	
3	能正确对自动空调进行手动调节	10	
4	能正确使用自动空调的“AUTO”功能	10	
5	检查空调滤清器	10	
6	检查带轮的张力	10	
7	检查电磁离合器	10	
8	检查暖气系统	10	
9	检查鼓风机及调速器	10	
10	检查制冷剂观察孔	10	
总分		100	

（注：操作规范即得分，操作错误或未进行操作计0分）

学习拓展

空调的合理利用

① 夏季使用车内空调时不要把温度调到24℃以下。一般车厢内外温差在10℃以内为宜。既舒适又不影响健康的室温应该是26～27℃。当外界环境和温度较适宜时，不必打开空调系统，也可使车内保持空气清新。

② 根据“冷空气下沉、热空气上升”的原理，正确的做法应该是，开冷气时调节出风口向上，开暖气时调节出风口向下。

③ 在炎热的夏天，若车在烈日下停放时间较长，车内的温度会比车外温度高许多，所以刚进入车内的时候，应该先开窗通风，并开启外循环，把热气都排出去。等车厢内温度下降之后，再换成内循环。不应频繁开启和关闭空调，以防损坏空调系统。

④ 开空调时，最好不要在车内吸烟。吸烟时需将空调的通风控制调到“外循环”位置。

⑤ 空调使用时会吸进很多灰尘，定期开大风能将空调风道表面的浮尘吹出来，这是保持空调清洁的一种简单的方法。另外，也可使用专用的风道清洗液进行杀菌、清理和除异味。

⑥ 长时间使用空调会使冷凝器压力过大，这会对制冷系统造成损耗，而且制冷过程中，压缩机的运转将会消耗发动机功率并影响燃油消耗，所以为了带来更好的动力和更经济的油耗，应该尽可能减少压缩机的运转时间。如果车内温度已经达到舒适的温度，就可以把空调关掉，隔一会儿再开。

⑦ 在停车前几分钟关掉冷气，稍后开启自然风，使空调管道内的温度回升，消除与外界的温差，保持空调系统的相对干燥，可避免因潮湿造成管道内大量霉菌的繁殖。

⑧ 发动机大负荷时，应暂时关闭空调。否则，发动机一旦过热，既影响汽车行驶，也会影响空调的使用。

⑨ 每次停车后应先关闭空调再熄火，而且也应该在车辆起动两三分钟、发动机得到润滑后，再打开空调。

⑩ 停车时要避免以怠速工况在夏日高温下长时间使用空调。由于空调无法得到有效冷却，容易因系统温度和压力过高而造成损坏。长时间停车开空调对乘员的生命安全也有威胁，因为混入的汽车废气有可能使人中毒。尤其躺在开着空调的停驶车里睡觉，可能会因为发动机排出的一氧化碳渗漏而导致生命危险。

⑪ 在空气进气口附近不要堆放物品，以防进气口被堵，致使空调系统的空气流通受阻。

⑫ 应经常清洗冷凝器。清洗时使用压缩空气或冷水冲洗，不可用热蒸气冲洗。

⑬ 在空调运行过程中，若听到空调装置异响或发现其他异常情况，应立即关闭空调系统，并及时请有关维修人员进行检修。

⑭ 冬季不使用空调时，也应定期开启空调压缩机(每两周一次，每次 10 min 左右)以避免压缩机轴封处由于油干而咬死。如果气温过低，空调系统中温控保护起作用而使压缩机不能起动，此时可将保护开关短接或用一根导线直接给离合器通电，使压缩机工作，待保养运行结束后，再将电路恢复原样。

学习任务 2 汽车空调维修检测工具及安全操作

任务目标

任务目标

◎ 认知汽车空调维修的常用工具。

◎ 认知汽车空调维修的安全注意事项。

◎ 能正确使用汽车空调维修的专用工具。

教学重点

◎ 汽车空调维修常用工具使用方法。

知识准备

汽车空调维修是现代汽车维修常见的作业项目，维修中所采用的检测工具既包括通用工具，也包括一部分专用检测工具。

1. 通用工具

汽车空调维修包括活扳手、开口扳手、套筒扳手、内六角扳手、鲤鱼钳、尖嘴钳、十字槽螺钉旋具、一字槽螺钉旋具、汽车内饰桥板、汽车专用万用表、低压测电笔等。

2. 专用工具

(1) 制冷剂鉴别仪

由于汽车空调系统中所使用的制冷剂有 R-12、R-134a、R-22 等多种成分，各种替代制冷剂的开发进一步使得技术人员依据温度—压力关系判定制冷剂纯度的能力复杂化，所以维修人员需要借助仪器来辨别制冷剂的种类以及纯度。制冷剂鉴别仪(图 2-5a)的作用就是测定制冷剂储瓶内制冷剂的种类及纯度，或直接测定车辆空调系统内制冷剂的种类及纯度。

制冷剂鉴别仪通常采用非分光红外(NDIR)技术来测定制冷剂 R-12、R-134a、R-22、碳氢化合物和空气的重量浓度。对于制冷剂 R-12 和 R-134a，仪器可以自动测定其制冷剂纯度，从而杜绝人为错误。纯制冷剂被定义为按重量计算含有 98%或以上的 R-12 或 R-134a 的制冷剂混合物。

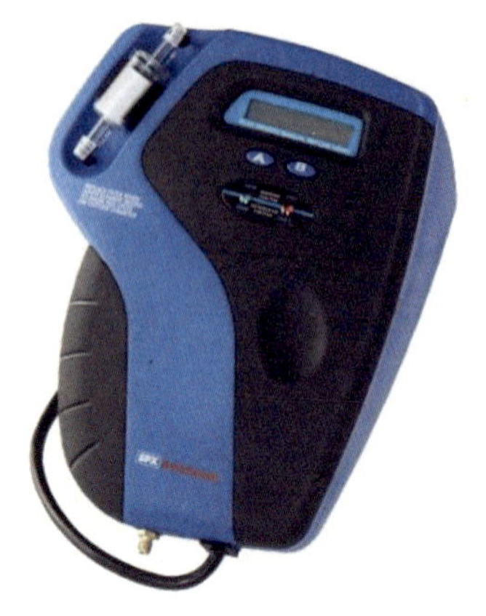

a. 制冷剂鉴别仪

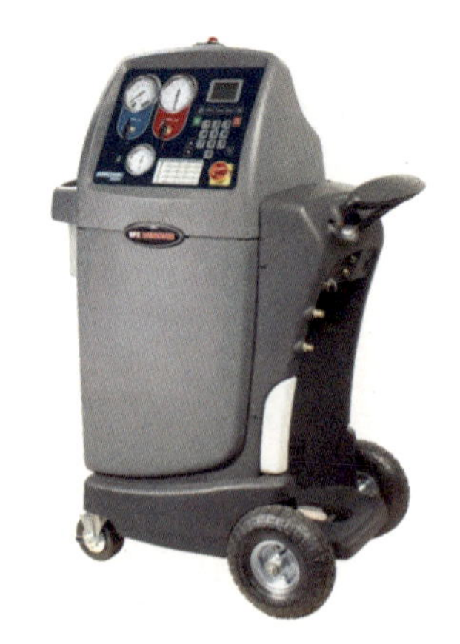

b. 制冷剂回收加注机

图 2－5 专用工具

(2) 制冷剂回收加注机

制冷剂回收加注机(图 2－5b)是歧管压力表、真空泵、制冷剂储液罐等设备的替代产品，能够集制冷剂回收、再生、抽真空、加注、检漏等多功能于一体，近年来得到广泛应用。

其主要功能如下：

制冷剂回收：依靠本机系统内部的压缩过滤装置把空调管路内的制冷剂回收到工作罐内。

制冷剂再生：可分离空调系统内的冷冻机油和水分，达到再利用的标准，保证制冷剂的纯净，从而使制冷剂可循环使用。

制冷剂加注：设定加注制冷剂量，向车辆加入相应量的同类型制冷剂。

空调检漏：检测空调制冷剂管路是否存在泄漏，确保制冷剂管路密封良好。

抽真空：给空调管路及设备管路抽真空。

加注冷冻机油：设定冷冻机油量，向空调系统加入冷冻机油。

(3) 风速仪

风速仪(图 2－6)用于检测车厢内空调各出风口以及冷凝器前部的风速，风速测量柄与机身分开，方便测量。它具有高灵敏度和精确测量、数据保持、最大值和最小值保持等功能。

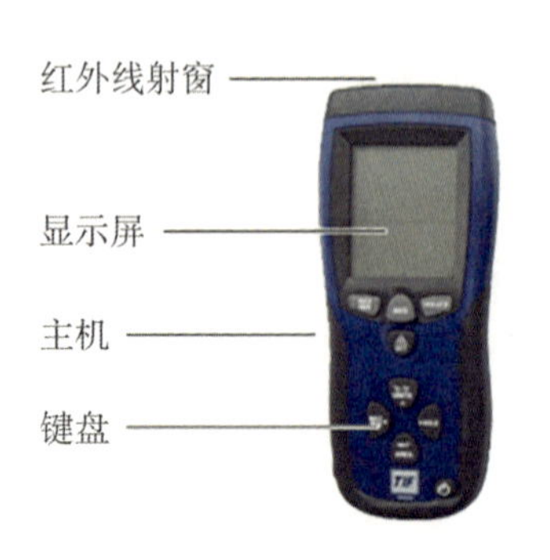

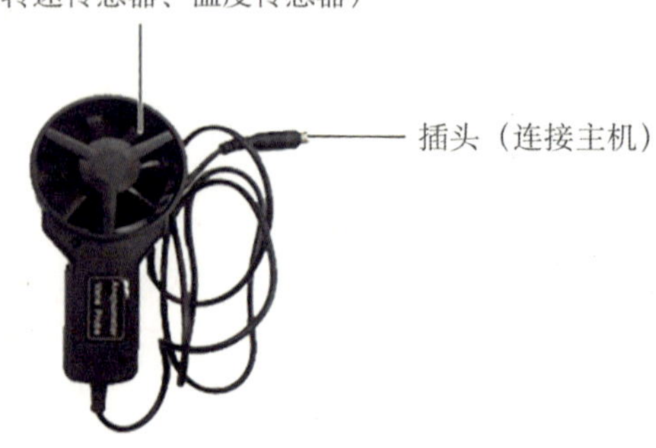

图 2－6 风速仪

(4) 电子式卤素检漏仪

电子式卤素检漏仪(图 2-7)与其他检漏设备相比的优点是使用方便、不需点火、不产生有毒物质、预热时间短、灵敏度高、质量小、体积小、检测范围广等特点,可以探测到微量泄漏。

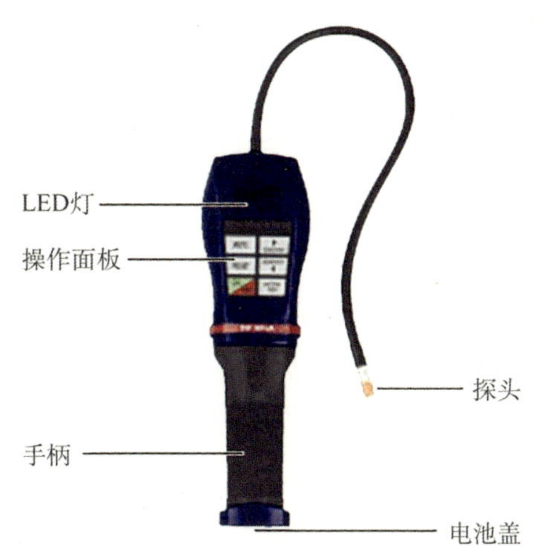

图 2-7 电子式卤素检漏仪

3. 安全操作注意事项

(1) 维修汽车空调的安全操作规程

① 如果汽车检修时必须打开制冷回路,则首先应将制冷回路排空,而且避免与液态制冷剂或制冷剂蒸气接触。如果尽管遵守了安全措施还是有制冷剂逸出,则切勿将产生的制冷剂与空气混合物吸进体内。

② 打开现场的抽气装置时,务必戴上橡胶手套及护目镜,做好防护。其原因是制冷剂接触身体裸露部位会产生强烈的冷冻效应。制冷剂是无色无臭的。其密度大于空气,能将氧气排开,而人则毫无感觉。

③ 建议准备好一个眼睛冲洗瓶,如果液态制冷剂溅到眼睛内,必须彻底清洗眼睛大约 15 min,然后滴上眼药水,即便眼睛不疼痛,也要立刻找医生治疗,必须告诉医生,冻伤是由何种制冷剂造成的。

④ 如果尽管遵守了安全操作规程,制冷剂还是接触到身体其他部位,则同样要用冷水立刻进行彻底冲洗,至少 15 min。

⑤ 尽管制冷剂不可燃,也不得在有制冷剂的场所进行焊接或者软、硬钎焊。其原因是火焰或灼热物体的高温会使制冷剂气体发生化学分解,产生的毒性分解物会刺激人的呼吸系统,出现咳嗽和恶心症状。

⑥ 制冷剂不得排放到周围环境中,需要处理时应用吸液泵或制冷剂填充机从制冷剂回路中抽出。抽出的制冷剂可在当地重新处理,其原因是制冷剂 R134a 如果进入地球大气层,会强化温室效应。

(2) 汽车空调制冷回路操作须知

① 制冷回路操作只允许在通风良好的场所对制冷回路进行维修。应注意周围 5 m 以内不得有维修地沟、井或地下室走道,同时应打开现场的排气装置。

② 空调系统中损坏或泄漏的部件不得用焊接或钎焊方法修复,应当更换。

③ 对空调系统进行维修操作时,应将空调系统的所有打开的部件和管道接口重新封闭。

④ 维修中进行喷漆操作时,烘箱或者其预热区内工件的最高温度不得超过 80℃。由于加热会在系统内产生很高的正压力,所以会导致系统爆裂。

⑤ 制冷剂容器(例如制冷剂填充机的填充缸)绝不能被强烈升温或者直接置于阳光辐射下。储存容器内不得充满液态制冷剂。容器如果没有足够的膨胀空间(气体腔),则在温度升高时会产生严重的后果。

⑥ 制冷剂添加装置和容器内不得有空气存在。装置和容器在充入制冷剂前都要抽真空。

⑦ 在充有制冷剂R134a的空调系统内绝不能加入制冷剂R12。同样也不得将制冷剂R134a加到采用制冷剂R12的空调系统内,因为在制冷回路中的零件材料均是按照所采用的制冷剂选择的。制冷剂R12的空调系统在更换特定的零件后,也可以采用制冷剂R134a。

⑧ 为各种制冷回路专门开发的制冷润滑油也不得相互混合。

⑨ 采用制冷剂R134a的空调系统的零件上均标有符号和绿色贴签,或者其结构(例如采用不同的螺纹)设计成无法与采用制冷剂R12的零件相混淆。

⑩ 在发动机舱、锁梁或者散热器上一般都设有一个标示牌注明所使用的是何种制冷剂。不同的制冷剂不允许相互混合在一起。

(一) 实施方案

1. 质量要求

参照厂家的质量标准要求。

2. 组织方式

每四位同学一组,按照工作页要求规范使用制冷剂鉴别仪和制冷剂回收加注机,按照企业岗位操作规范进行作业。每组作业时间为45 min。

3. 作业准备

(1) 技术要求与标准

根据《汽车空调制冷剂回收、净化、加注工艺规范(JT/T 774—2010)》相关要求,作业时,维修人员应配备必要的安全防护设施,如:防护手套和防护眼镜等,避免接触或吸入制冷剂和冷冻机油的蒸气及气雾。

(2) 设备器材

本任务实施需要用到的设备器材具体如图2-8所示。

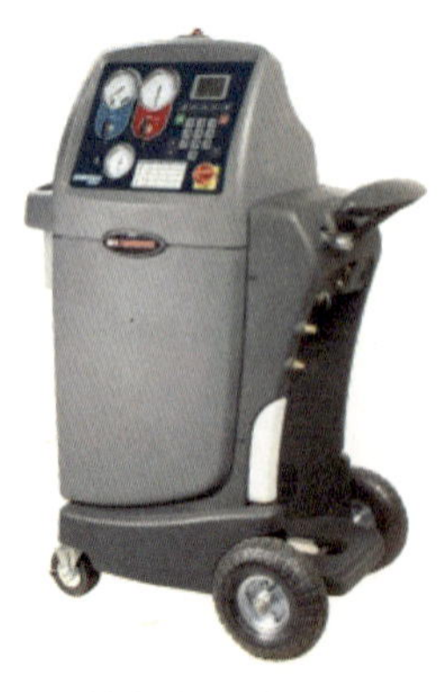

制冷剂回收加注机

电子式卤素检漏仪

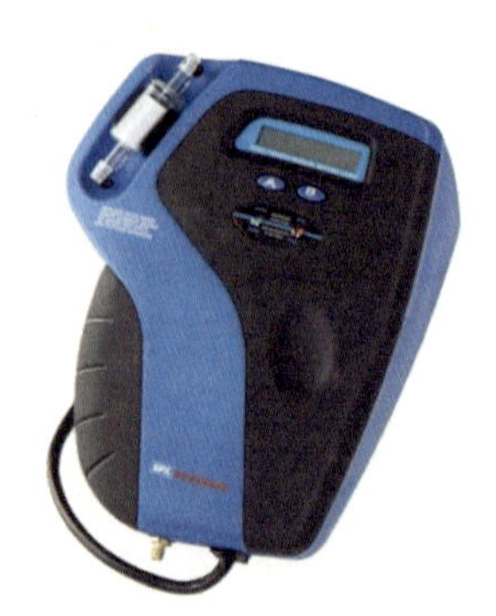

制冷剂鉴别仪

图2-8 设备器材

(3) 场地设施

理实一体化教室、废气排放装置、消防设施等。

(4) 设备设施

2007 款卡罗拉 1.6 L/AT 轿车、常用工具、工具车、零件车、标保工具车、垃圾桶等。

(5) 安全防护

车轮挡块、室内三件套等。

(6) 耗材

干净抹布。

(二) 操作步骤

1. 制冷剂鉴别仪(图 2-9)操作步骤(以 ROBINAIR 16910 为例)

(1) 操作前程序

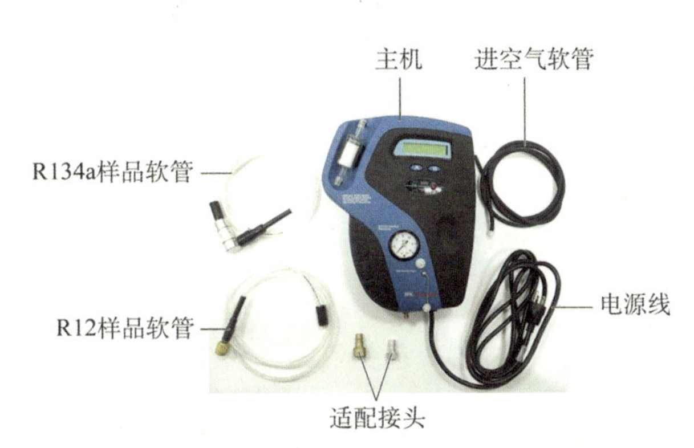

图 2-9 制冷剂鉴别仪

① 检查采样过滤器(图 2-10)滤芯白色外径上任何地方是否有红斑或变色的迹象。如果发现红斑或变色,使用仪器前应更换过滤器。

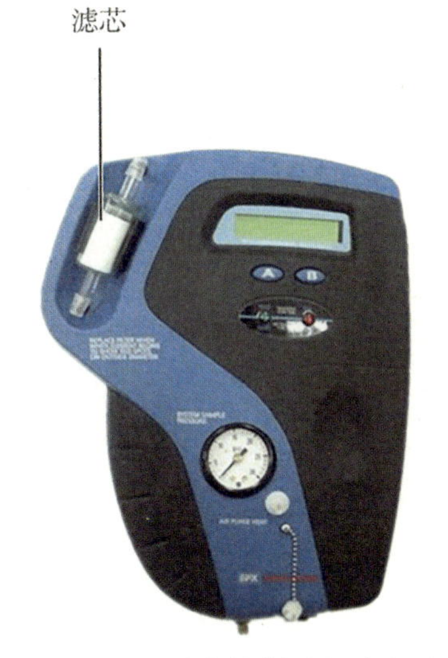

图 2-10 制冷剂鉴别仪过滤器

注意事项

◇ 当红斑或变色迹象开始出现在滤芯白色外径上时,应更换过滤器。采样过滤器维护不当可能会导致仪器出现严重损坏。

图 2-11 安装采样软管

② 根据应用状况，选择使用 R-12 或 R-134a 采样软管。检查软管是否有磨损痕迹，如：开裂、磨断或缠绕在一起。确认软管未堵塞，软管内无油液。如果软管出现磨损、堵塞或管内有油的迹象，在使用仪器前必须更换(或清洁干净)。

③ 把采样软管安装到仪器的入口上。只需用手拧紧软管接头即可实现气密(图 2-11)。

④ 检查仪器的进气口、采样排放口和箱子排放口，确保通畅，不阻塞。

⑤ 确认净化排放口防护帽被牢固安装在净化排放口上。

注意事项

◇ 净化排放口上的防护帽安装不当将导致制冷剂鉴定过程中制冷剂过度流失，有害健康。在允许进行空气净化程序前，仪器会始终执行制冷剂鉴定。

⑥ 检查待测制冷剂储瓶或车辆空调系统的采样口。确认采样口处于 LOW SIDE(低压侧)或 VAPOR(蒸气)口。

(2) 制冷剂鉴定操作程序

① 将仪器的电源线插入合适的电源插座。仪器的各项参数出现在显示屏上，并开始预热。

② 预热过程持续 90 s。显示屏显示"SYSTEM WARMING - CHECK FILTER"(系统预热—检查过滤器)"，提醒用户检查仪器的采样过滤器。

③ 在预热期间，将当地的海拔信息输入仪器内存中。仪器对 500 in(152 m)的海拔变化较敏感；首次使用时，必须将当地海拔输入仪器内存。当地海拔输入仪器内存后，如果仪器移动到一个新的海拔，需要再次输入。将海拔输入仪器内存时，根据仪器显示屏提示的步骤进行。

第一，在预热期间，同时按住"A"和"B"按钮，直到显示屏显示"USAGEELEVATION ,400 FEET"

(使用海拔,400 in)的信息。这是出厂设置值,默认为海拔 400 in(122 m)。

第二,使用“A”和“B”按钮按以 100 in(30 m)为单位增量调整海拔。按“A”按钮将以 100 in 为单位增加海拔设定值。按“B”按钮将以100 in为单位减少海拔设定值。设定值在 0～9 000 in(0～2 743 m)范围内可调,并且边调整边显示。

第三,当海拔的设定后,静置仪器 20 s 不要按任何按钮。仪器自动回到预热阶段,海拔的设定保存在内存中。

④ 预热过程完成后,仪器进行自校准。环境空气通过进气口被吸入,然后被送到检测装置进行校准。校准时间大约为 20 s。

⑤ 校准完成后,仪器显示“READY: CON. HOSE, PRESS A TO START”(准备就绪: 连接软管,按 A 开始)的信息,绿色 LED 指示灯闪烁。将采样软管的使用端连接到待测制冷剂储存容器或车辆空调系统的低压侧或蒸气口。软管固定到位后,按仪器上的按钮“A”开始进行处理。

⑥ 分析制冷剂小样以测定 R－12、R－134a、R－22、碳氢化合物和空气的浓度时,仪器显示“SAMPLING IN PROGRESS”(正在取样)信息。分析完成后,将显示 R－12、R－134a、R－22、碳氢化合物和空气的浓度百分比。按下“A”打印结果,按“B”退出(没有空气),或按“B”继续进行净化功能(有空气)。

注意事项

◇ 制冷剂鉴别完成,将采样管从低压加注阀芯取下后,需要使用检漏仪对阀芯进行检漏。

2. 制冷剂回收加注机(图 2－12)操作步骤(以 ROBINAIR AC350C 为例)

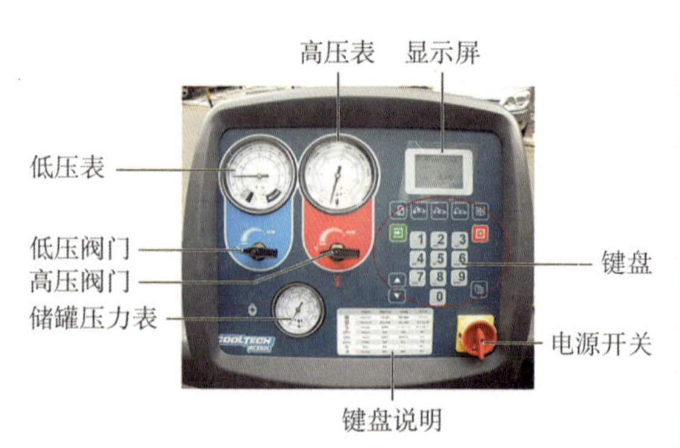

图 2－12　制冷剂回收加注机控制面板

(1) 排气

① 电源插入合适的有地线的电源插座上,并开启设备。

排气 回收 抽真空 充注 菜单

正在排气2秒。。。

0:01

② 按“排气”键,即开始排气 2 s。显示屏显示同左。

排气 回收 抽真空 充注 菜单

请观察罐压表，如压力过高需继续排气，请按确认键

0:02

确认　取消

2 s 完成后显示屏显示同左。

按“确认”键继续排气操作,按“取消”键退出排气操作。

图 2－13　快速接头

(2) 回收制冷剂

① 将红、蓝色软管上的快速接头连接到汽车空调对应的接口上(图 2－13)。

◇ 红色软管连接空调系统的高压接口,蓝色软管连接空调系统的低压接口。

② 打开控制面板上红、蓝色高低压两个阀门(手柄箭头指向左边为开)(图 2－14)。

图 2－14 打开阀门

③ 按“ ”键直到显示屏上显示同右。

可以通过数字键盘设定所需的回收重量。回收前清理管路 1 min。

排气 回收 抽真空 充注 菜单

回收重量 0.000kg

请先接上红蓝岐管
然后打开高低压阀

设定回收重量

④ 按“ ”键，压缩机起动，系统将进行清理管路，时间为 1 min(在此过程中按系统将退回主界面)。清理管路完成后，开始回收，显示屏显示同右。

排气 回收 抽真空 充注 菜单

正在回收...

已回收 XX.XXkg

停止

回收完成后，屏幕显示同右。

排气 回收 抽真空 充注 菜单

回收完成

已回收 XX.XXkg

下一步，排油？

⑤ 按“ ”键，进行排油程序，显示屏显示同右。

排气 回收 抽真空 充注 菜单

正在排油...

已排油 X:XX

排气 回收 抽真空 充注 菜单
排油完成...
已排油 X:XX
下一步，抽真空？

排油完成后，屏幕显示同左。

回收所有制冷剂并排油之后，空调系统抽真空。

(3) 空调系统抽真空

① 在控制面板上，打开红、蓝两个阀门。

排气 回收 抽真空 充注 菜单
抽真空时间 15：00
请设定抽真空时间

② 按“ ”键，直到屏幕上出现抽真空状态同左。

可以通过数字键盘设定所需的抽真空时间：当光标在“15：00”字符处闪动时，选择数字键，程序将切换到抽真空时间设置界面。

③ 按“ ”键开始抽真空操作。显示屏上原来显示的 mm：ss 值开始计时。

注意事项

◇ 操作抽真空之前，必须检查压力表。只有在低压小于 0 kPa 时才可进行抽真空操作，否则将会损坏真空泵。如果压力大于 0 kPa，应先运行回收功能。

排气 回收 抽真空 充注 菜单
抽真空完成
已抽真空 X:XX
下一步，保压？

抽真空完成后，屏幕显示同左。

排气 回收 抽真空 充注 菜单
保压3分钟
请观察高低压表查看是否泄漏
X:XX
停止

④ 按“ ”键，保压显示同左。

⑤ 3 min 保压完成后，观察压力表的变化是否泄漏，如果泄漏请查明泄漏原因并着手解决，如不泄漏，选择下一步操作。

排气 回收 抽真空 充注 菜单
系统泄漏
保压完成
X:XX
停止

⑥ 保压完成观察压力表不泄漏情况后，按“➡”键显示屏显示同右。

具体根据当时的情况来定或者进入数据库进行查询或者向零部件生产商咨询。进入数据库的具体操作参考操作里的数据库项。空调零部件更改后需多加注一定量的冷冻油。

排气 回收 抽真空 充注 菜单
注油量 100g
请同时观察注油瓶液体
可进入数据库查看车型参数
确认 取消

⑦ 按“➡”键显示屏显示同右。

排气 回收 抽真空 充注 菜单
正在注油…
请同时观察注油瓶液体
按确认键可暂停
按取消键退出
暂停 退出

⑧ 再按“➡”键显示屏显示同右。

排气 回收 抽真空 充注 菜单
注油暂停…
按确认键可继续
按取消键退出
确认 退出

⑨ 按“X”键退出，或按“➡”键继续注油。

注油完成后，下一步进入充注流程。

◇ 为避免空气进入空调系统，不要去除注油瓶中所有的油液。

排气 回收 抽真空 充注 菜单

充注重量　　0.500kg
请关闭低压阀进行单管充注
可进入数据库查看车型参数

请设定充注重量

(4) 充注空调系统制冷剂

① 把低压手动阀关闭，进行单管充注。

② 按控制面板上的“”，直到显示屏上显示同左。

在默认情况下，充注程序可以自动判断工作状态，也可以通过数字键盘设定所需的充注重量。

◇ 为避免空气进入空调系统，不要去除注油瓶中所有的油液。

排气 回收 抽真空 充注 菜单

正在充注

已充注　　XX.XXkg

停止

设置新充注量请参考车辆制造商的详细说明或设备的数据库。

③ 打开控制面板高压阀门，关闭低压阀门。

④ 按“”键充注开始。屏幕上显示已充注制冷剂的重量。

排气 回收 抽真空 充注 菜单

充注完成，请取下红蓝管
并按“确认”进行管路清理

0.000kg

下一步，管路清理？

充注完成后，屏幕显示同左。

⑤ 按“”键，系统进行自动管路清理。

1. 汽车维修工具

汽车维修工具分为通用工具和专用工具。

通用工具包括活扳手、开口扳手、套筒扳手、内六角扳手、鲤鱼钳、尖嘴钳、十字槽螺钉旋具、一字槽螺钉旋具、汽车内饰桥板、汽车专用万用表、低压测电笔等。

专用工具包括制冷剂鉴别仪、制冷剂回收加注机、风速仪和电子式卤素检漏仪。

2. 专用工具的功能

(1) 制冷剂鉴别仪可用来检测制冷剂的种类和纯度。

(2) 制冷剂回收加注机主要可用来回收制冷剂、使制冷剂再生、空调检漏、抽真空、加注冷冻油。

(3) 风速仪可用来检测车厢内空调各出风口以及冷凝器前部的风速。

(4) 电子式卤素检漏仪主要是用来检测空调制冷系统是否有制冷剂泄漏。

3. 安全操作基本注意事项

(1) 如果汽车检修时必须打开制冷回路,则首先应将制冷回路排空。

(2) 检查空调系统时,务必戴上橡胶手套及护目镜,做好防护。

(3) 制冷剂不得排放到周围环境中。

(4) 不得在有制冷剂的场所进行焊接或者软、硬钎焊。

(5) 只允许在通风良好的场所对制冷回路进行维修。

(6) 对空调系统进行维修操作时,应将空调系统所有打开的部件和管道接口重新封闭。

(7) 根据制冷剂的类型选用相应的冷冻机油,不能混用。不同的制冷剂也不能混用。

任务评价

(一) 课堂练习

(　　)1. 在把软管接在压力表上时,下列说法正确的是________。

A. 红、蓝、黄管分别接在低压、高压和中间接头上

B. 红、蓝、黄管分别接在中间、高压和低压接头上

C. 红、蓝、黄管分别接在高压、低压和中间接头上

D. 红、蓝、黄管分别接在低压、中间和高压接头上

(　　)2. 对制冷系统抽真空时,压力表的高压手阀和低压手阀的状态是________。

A. 都打开　　B. 都关闭

C. 高压手阀打开、低压手阀关闭　　D. 高压手阀关闭、低压手阀打开

(　　)3. 歧管压力表中的蓝色软管是与________连接的。

A. 制冷剂罐　　B. 真空泵

C. 高压检修阀　　D. 低压检修阀

(　　)4. 制冷剂过滤回收机内的湿度显示器呈现黄色说明________。

A. 回收机内的过滤器堵塞　　B. 回收器已满

C. 制冷剂可以再用　　D. 制冷剂的湿度超标

(　　)5. 歧管压力表组的组成不包括________。

A. 低压表　　B. 注入阀

C. 软管　　D. 高压手动阀

（二）技能评价（表2-2）

表2-2　技能评价表

序号	内　　容	分值	得分
1	能正确对制冷剂鉴别仪进行检查与连接	10	
2	规范执行制冷剂鉴定操作程序	10	
3	能正确对制冷剂回收加注机进行检查并连接高低压管	10	
4	对制冷剂回收加注机排气	10	
5	使用制冷剂回收加注机回收制冷剂	10	
6	分离废旧冷冻机油	10	
7	空调系统抽真空	10	
8	充注冷冻机油	10	
9	充注空调系统制冷剂	10	
10	制冷剂回收加注机管路清理	10	
总分		100	

（注：操作规范即得分，操作错误或未进行操作计0分）

学习任务 3 汽车空调滤芯检查与更换

任务目标

任务目标

◎ 描述空调滤清器的作用及分类。

◎ 认知空调滤清器对空调系统的影响。

◎ 对汽车空调滤清器进行检查与更换。

教学重点

◎ 汽车空调滤清器进行检查与更换。

知识准备

1. 汽车空调滤清器简介

汽车空调滤清器的作用是保持车内空气清洁，保持风扇、加热器和仪表板相关部件的清洁，使风窗玻璃不易雾化。空调滤清器的主要组成部分是滤芯和机壳，其中滤芯是过滤的核心部分，承担着气体的过滤工作。

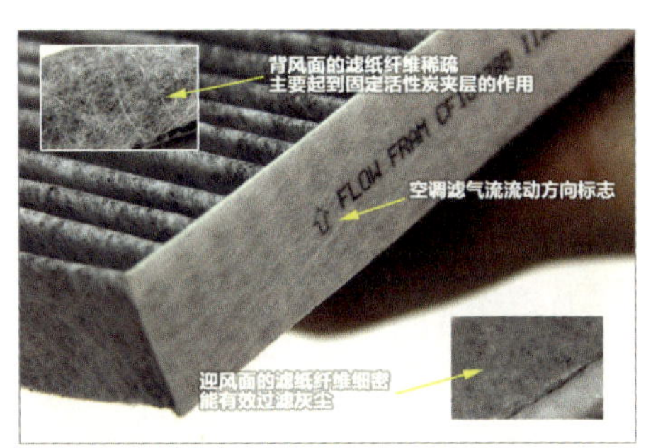

图 2-15 活性炭空调滤清器

汽车空调滤清器的认识

空调滤清器一般分两类，即普通型空调滤清器和活性炭系列空调滤清器。活性炭系列空调滤清器采用三层结构——两层滤纸夹杂着一层活性炭。空调滤清器的两层滤纸材质是不一样的。迎风面一侧的滤纸纤维细密，能有效过滤车内空气中的杂质（这里所提到的杂质是指颗粒大小为 5～100 μm 的粉尘）。而背风面一侧的滤纸纤维较为稀疏，主要在不降低空气流量的情况下起到固定活性炭夹层的作用。

活性炭系列空调滤清器能在空气经过阻流的短时间里利用颗粒活性炭本身的物理性能，吸附空气中其他的微小物和多数对人体有害的物质。而普通型的空调滤清器就只能起到抑制灰尘和颗粒物进入的作用，所以活性炭系列空调滤清器的效果要比普通的滤清器好很多。空调滤清器的更换时间和周期一般为汽车行驶 8 000～10 000 km时更换，也可根据行车的外部环境来定，如果环境干湿度差异大，或常年气候干燥、风沙大，应提前进行更换。

2. 空调滤清器对空调系统的影响

如果发现空调系统有异常，应综合考虑的因素有：

① 空调的挡位已经开到了够大，但是制冷或制热的出风量还是很小，可能的原因是使用的空调滤清器通风效果差，或是空调滤清器使用时间过长，未及时更换。

② 空调工作时吹出的风有异味，原因可能是空调系统久未使用，内部系统和空调滤清器因受潮发霉。建议清洗空调系统，更换空调滤清器。

③ 即使刚更换了空调滤清器，开启内循环也无法去除来自外界和内部的空气异味，原因可能为使用的是普通型空调滤清器，建议改用活性炭系列的空调滤清器。

德国汉诺威医学院的研究人员经过研究发现，汽车空调系统能够除去来自车外的 80% 以上的细菌、真菌孢子和颗粒物，对于有呼吸道疾病和过敏症状的人来说颇有益处。但研究人员同时强调，实验对象内的空调系统一直得到合理的维护、保养，空气过滤器定期得到更换。他们建议车主在闻到可疑气味时尽快检查空调系统。

（一）实施方案

1. 质量要求

参照厂家的质量标准要求。

2. 组织方式

每四位同学一组，按照工作页要求对空调滤清器进行检查与更换，按照企业岗位操作规范进行作业。每组作业时间为 30 min。

3. 作业准备

（1）技术要求与标准

根据厂家规定，2007 款卡罗拉 1.6 L/AT 轿车空调滤清器每 1 万 km 需进行清洁，每 3 万 km 需要进行更换。

根据保养计划检查、清洁、更换空调滤清器。在灰尘较多或交通繁忙的地区，更换的时间和周期可能会缩短。

如果通风口的气流明显减弱，滤清器可能堵塞，检查滤清器，并在必要时进行更换。

（2）设备器材

本任务实施需要用到的设备器材如图 2－16 所示。

吹尘枪

图 2－16　设备器材

(3) 场地设施

理实一体化教室、废气排放装置、消防设施等。

(4) 设备设施

2007款卡罗拉1.6 L/AT轿车、常用工具、工具车、零件车、标保工具车、垃圾桶等。

(5) 安全防护

车轮挡块、室内三件套等。

(6) 耗材

干净抹布。

(二) 操作步骤

1. 拆卸空调滤清器

① 关闭发动机(图2-17)。

图2-17 关闭发动机

② 打开杂物箱,滑下阻尼器(图2-18)。

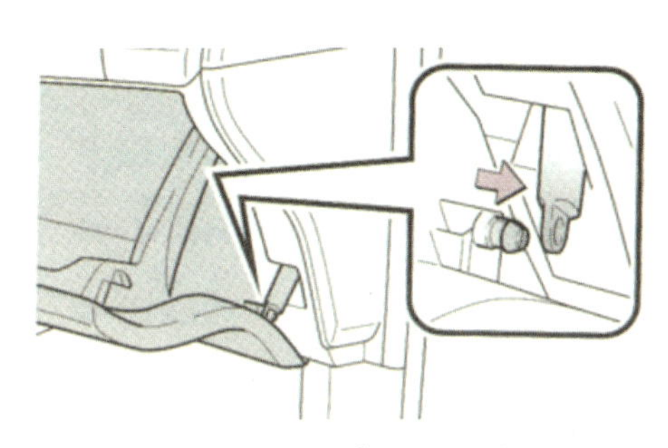

图2-18 滑下阻尼器

③ 向里推动杂物箱的两边,脱开卡爪(图2-19)。

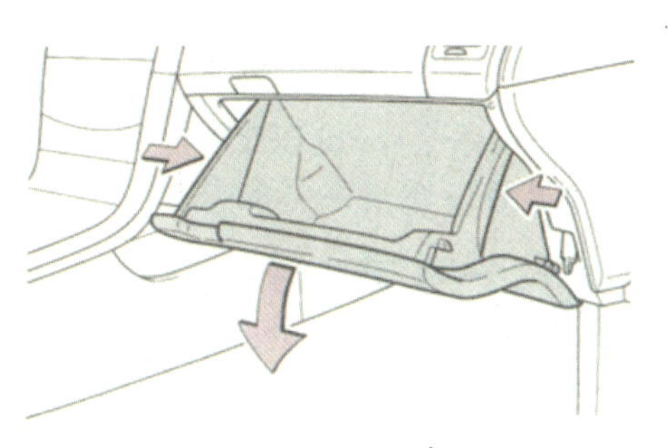

图2-19 脱开卡爪

④ 拆下空调滤清器盖(图 2－20)。

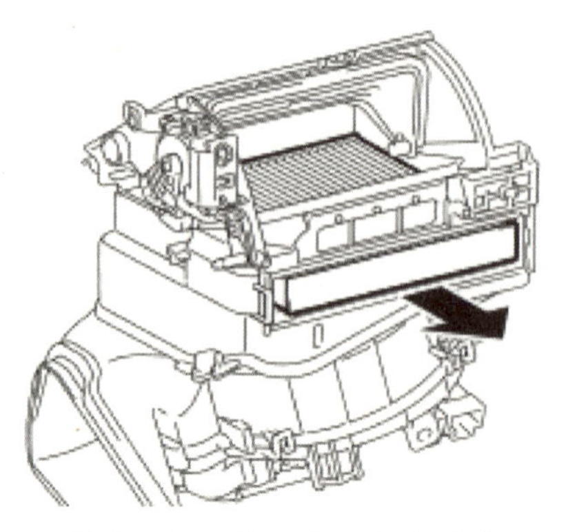

图 2－20　拆下空调滤清器盖

⑤ 取出空调滤清器(图 2－21)。

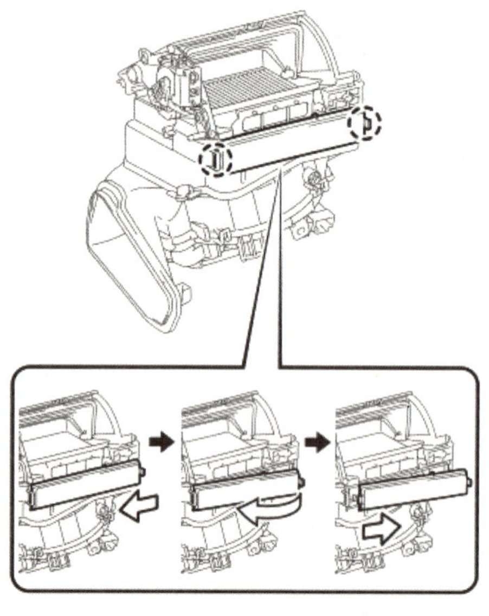

图 2－21　取出空调滤清器

2. 检查拆下的空调滤清器

(1) 清洁空调滤清器

使用压缩空气从底侧向滤清器方向吹气(图 2－22)。

图 2－22　清洁空调滤清器

注意事项

◇ 如果当前使用的滤清器在汽车行驶里程数不足 3 万 km 并且滤清器表面有少量灰尘覆盖，可以考虑清洁空调滤清器。

◇ 使吹尘枪与滤清器保持 5 cm 距离，用 500 kPa 的压缩空气吹 2 min。

(2) 更换空调滤清器

① 检查新的空调滤清器的零件号是否正确(图 2-23)。

图 2-23 空调滤清器上的零件号

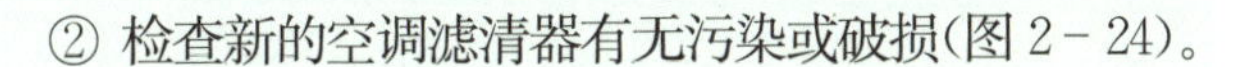

② 检查新的空调滤清器有无污染或破损(图 2-24)。

图 2-24 新的空调滤芯

3. 安装空调滤清器

① 按照图 2-25 指示的方向安装空调滤清器。

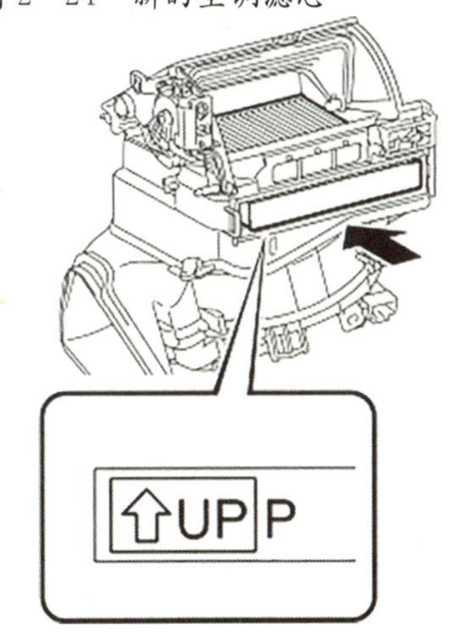

图 2-25 安装空气滤清器外盖

注意事项

◇ 如果当前使用的滤清器在汽车行驶里程数超过 3 万 km 或者滤清器表面过脏，可以考虑更换空调滤清器。

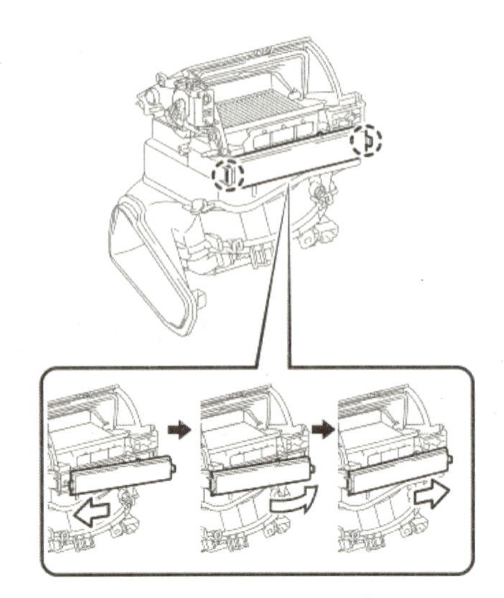

图 2-26 安装空调滤清器盖

② 安装空调滤清器盖(图 2-26)。

③ 安装前排乘员座前的杂物箱。

1. 汽车空调滤清器的类型和作用

空调滤清器一般分两类,即普通型空调滤清器和活性炭系列空调滤清器。

汽车空调滤清器的作用是保持车内空气清洁,保持风扇、加热器和仪表板相关部件的清洁,使风窗玻璃不易雾化。

2. 空调滤清器的组成

空调滤清器的主要组成部分是滤芯和机壳,其中滤芯是过滤部分,承担着气体的过滤工作。

3. 空调滤清器对空调系统的影响

① 长时间未更换空调滤清器,滤清器可能会被灰尘等杂物堵塞,造成空调出风量变小。

② 长时间未更换空调滤清器,滤清器会因杂质或潮湿发生霉变等不良现象,会造成出风有异味。

③ 如果普通滤清器无法清除出风时的异味,建议更换为活性炭系列的空调滤清器。

4. 空调滤清器更换注意事项

① 如果当前使用的滤清器在汽车行驶里程数不足 3 万 km 并且滤清器表面少量灰尘覆盖,可以考虑清洁空调滤清器。

② 使用吹尘枪清洁滤清器时,应与滤清器保持 5 cm 距离,用 500 kPa 的压缩空气吹 2 min。

③ 安装空调滤清器时,注意装配标记。

(一)课堂练习

1. 选择题

(　　)(1) 以卡罗拉车辆为例,更换空调滤芯的规定维护里程为________。

A. 1 万 km　　B. 3 万 km　　C. 4 万 km　　D. 5 万 km

(　　)(2) 以卡罗拉车辆为例,在拆卸杂物箱步骤中,将杂物箱右侧的缓冲器拉杆下端向________拉动,使其与杂物箱锁销分离。

A. 左　　B. 右　　C. 上　　D. 下

(　　)(3) 以卡罗拉车辆为例,在安装空调滤清器滤芯步骤中,安装空调滤清器时,将空调滤清器按照侧面________指示的方向,水平装入空调滤清器壳。

A. UP　　B. DOWN　　C. ↑　　D. ↓

2. 填空题

(1) 空调滤清器俗称____________,其作用是过滤从外界进入车厢内部的空气,使空气的________提高。

(2) 空调滤清器过滤物质包括空气中所包含的________,微小颗粒物、________、细菌、工业废气和灰尘。

(3) 空调滤清器一般分两类,即____________滤清器和____________空调滤清器。

(二)技能评价(表 2-3)

表 2-3 技能评价表

序号	内　容	分值	得分
1	拆卸前排乘员座前的杂物箱	10	
2	拆下空调滤清器盖	10	
3	检查空调滤清器	10	
4	能准确判断空调滤清器清洁或更换	10	
5	清洁空调滤清器	10	
6	检查新的空气滤清器的零件号	10	
7	检查新的空调滤清器有无污染或破损	10	
8	按照侧面指示的朝上方向安装空调滤清器	10	

续 表

序号	内　　容	分值	得分
9	安装空调滤清器盖	10	
10	安装前排乘员座前的杂物箱	10	
总分		100	

（注：操作正确即得分，操作错误或未进行操作计 0 分）

学习拓展

1. 汽车空调的清洗

（1）汽车空调清洗的必要性

由于夏季让空调长期处于超负荷运转的阶段，空调冷凝器和散热器冷凝网上都聚积了不少杂质，造成空调使用寿命缩短，细菌容易滋生，引发车内异味生成霉斑。冬季暖风与春秋季节的自然风或夏季的凉风，风道路径不同，一个季节风道内积留的灰尘较多，同时风道内会滋生一定的细菌，因此换季时有必要清洁空调滤清器滤芯和空调风道。如果空调滤芯太脏，最好更换新的，空调效果会大为增强。在南方雨季，车辆在雨水中行驶，潮湿的天气容易滋生细菌，对车内进行防潮，首要的任务是对空调清洗，对车辆空调滤清器进行清洗或更换工作，对空调蒸发器及管道进行杀菌清洗。

（2）汽车空调清洗项目

清洗汽车空调包括对灰尘滤清器的清洗和汽车空调管路的清洗。清洗灰尘滤清器时，应根据灰尘滤清器被污染的程度，分别采用更换滤清器滤芯、使用清洗剂进行清洗或整个更换灰尘滤清器等方法。其中更换整个灰尘滤清器的方法最简便，稍有机械常识的人都可以自己动手更换。一般情况下每 5 000 km 或 3 个月（以先达到者为准）对空调滤清器进行一次清洁，每 20 000 km 或 12 个月（以先达到者为准）更换空调滤清器。

（3）清洗方法

① 拆下空调滤清器滤芯，多数小型汽车的灰尘滤清器都安装在汽车前风窗玻璃的下边并被流水槽盖住。更换灰尘滤清器时，要先把发动机盖掀开，取下固定流水槽的卡子，拆下流水槽就可以看见灰尘滤清器了，根据情况可以用高压空气吹尘枪从过滤的反方向吹空调滤清器滤芯 2～3 遍或者更换灰尘滤清器。

② 发动汽车，打开空调，鼓风机转速调至最高，将进气模式切换到外循环模式，打开车门及车窗，关闭空调出风口。

③ 将一张餐巾纸放在空调进风口附近，确认一下哪里是吸力最大的位置。

④ 把空调清洗剂充分摇匀后，在进风口吸力最大的位置，将导管插入。

⑤ 将泡沫涂在进风口处。

⑥ 大约 15～20 min 后，关闭空调。在空调关闭大约 10 min 后，我们可以看到脏水从位于底盘的空调管道系统流出。

⑦ 重复上述动作 2～3 次，直至清洗结束。

2. 汽车空气净化系统的组成

空气净化系统由负离子发生器、鼓风机、空调滤清器组成。其中负离子发生器的主要作用包括：

① 制造活性氧：负氧离子能有效激活空气中的氧分子，使其更加活跃而更易被人体所吸收，有效预防“空调病”。

② 改善肺功能：人体吸入携氧负离子后，肺可增加吸收氧气 20%，而多排出 15%的二氧化碳。

③ 促进新陈代谢：激活肌体多种酶，促进新陈代谢。

④ 增强抗病能力：可改变肌体反应能力，活跃网状内皮系统的机能，增强肌体免疫力。

⑤ 杀菌功能：负离子发生器在产生大量负离子的同时会产生微量臭氧，二者合一更易吸附各种病毒、细菌，使其产生结构的改变或能量的转移，导致其死亡。除尘灭菌，减轻二手烟危害更有效。环保健康看得见。

⑥ 清新空气、消烟除尘：带负电荷的负离子与漂浮在空气中带正电荷的烟雾粉尘进行电极中和，使其自然沉积。

汽车空调加注完成后需要验证空调是否达到厂家要求的制冷能力，此时需要借助空调专用诊断仪来完成。汽车空调诊断仪是 R134a 汽车空调系统的基本诊断工具，能够对汽车空调系统运行时的压力、温度和湿度值进行测量、监测，并能自动诊断系统故障。

3. 汽车空气净化系统的原理

空气净化系统原理是在空调滤清器前加装了一个专用的空气质量传感器，通过传感器对外部将进入到车厢内的空气质量进行分析，在发现外部空气中污染物含量超标时，系统会自动将通风方式切换到内循环模式，阻止外部污染物进入。在空气净化系统把关的同时，汽车空调系统也带有多重过滤器，可以过滤掉包括颗粒物和花粉在内的空气悬浮物。多种过滤器可以滤除 95%以上 0.1 μm 直径的颗粒物，这个标准相当于 PM1，比我们常说的空气中污染物含量的标准 PM2.5 还要小 0.15 μm。这一过滤器可以在很大程度上降低道路灰尘、柴油烟尘、花粉颗粒物等物质的浓度，同时滤芯中的活性炭过滤器可以有效降低对人体有害的二氧化氮、氢氧化物和臭氧浓度。

学习任务 4 汽车空调制冷剂的添加

任务目标

任务目标

◎ 认知汽车空调制冷剂。

◎ 描述汽车空调制冷剂回收和加注的注意事项。

◎ 使用 AC350 对空调进行制冷剂回收和加注。

教学重点

◎ 汽车空调制冷剂回收和加注的注意事项。

知识准备

1. 汽车空调制冷剂简介

汽车空调制冷剂的认识

制冷剂又称制冷工质，是制冷循环的工作介质，利用制冷剂的相变来传递热量，制冷剂在蒸发器中汽化时吸热，在冷凝器中凝结时放热。

汽车空调制冷剂主要采用 R134a(1，1，1，2－四氟乙烷)。R134a 是一种不含氯原子、对臭氧层不起破坏作用、具有良好的安全性能(不易燃、不爆炸、无毒、无刺激性、无腐蚀性)的制冷剂，其制冷量和效率与 R－12(二氯二氟甲烷，氟利昂)非常接近，所以被视为优秀的长期替代制冷剂。R－134a 是目前国际公认的 R－12 最佳的环保替代品。完全不破坏臭氧层，是当前世界绝大多数国家认可并推荐使用的环保制冷剂，也是目前主流的环保制冷剂，广泛用于新制冷空调设备上的初装和维修过程中的再添加。R134a 的毒性非常低，在空气中不可燃，安全类别为 A1，是很安全的制冷剂。

R134a 主要的物理性质如下表所示：

分子式	CH_2FCF_3
沸点(101.3 kPa)/℃	−26.1
临界温度/℃	101.1
临界压力/kPa	4 066.6

续 表

液体密度/(kg/m)	1 188.1
饱和蒸气压(25℃)/kPa	661.9
汽化热/蒸发潜能(沸点下,1 atm)/(kJ/kg)	216
破坏臭氧潜能值/(ODP)	0
全球变暖潜能值/(GWP, 100 yr)	1 300
ASHRAE 安全级别	A1(无毒不可燃)
饱和液体密度 25℃/(g/m)	1.207
液体比热 25℃/[kJ/(kg·℃)]	1.51
溶解度(水中,25℃)(%)	0.15
全球变暖系数值/(GWP)	0.29
临界密度/(g/cm)	0.512
沸点下蒸发潜能/(kJ/kg)	215.0

2. 制冷剂的回收

(1) 制冷剂的回收条件

满足下列条件之一时,应对废旧制冷剂进行回收:

① 制冷装置制冷剂不足,需要补充制冷剂时。

② 制冷装置存在泄漏,需要通过气密性试验查找漏点时(装置中有部分制冷剂)。

③ 视镜有气泡、泡沫、润滑油条纹、污浊迹象,吸、排气压力不正常时。

④ 制冷装置发生故障,需要通过拆换零部件或拆卸零部件进行维修时。

⑤ 在汽车维修过程中,需拆卸制冷装置时(制冷装置指制冷剂循环时所流经的零部件,如:压缩机、高低压管道、阀件、冷凝器、蒸发器、过滤器、储液器等)。

(2) 制冷剂回收前的准备工作

① 起动发动机。

② 打开空调开关。

③ 以大约 1 000 r/min 的发动机转速运行冷却器压缩机 5~6 min,使制冷剂循环。这使得空调系统不同部件中的压缩机机油大部分都被收集到空调压缩机中。

④ 关闭发动机。

⑤ 使用制冷剂回收装置从空调系统中回收制冷剂(回收前应明确空调管路中的制冷剂成分是否与加注机储液罐中制冷剂成分一致,另外要保证制冷剂的纯度达到 96% 以上)。

空调系统抽真空认识

3. 制冷剂的加注

汽车空调系统加注制冷剂最重要的一步是抽真空，抽真空的工作质量好坏直接关系到空调的使用寿命。

抽真空前，检查压力表示值。制冷装置中的压力应低于70 kPa，如超过该压力值，应重新进行回收操作，直到压力达到要求。抽真空时，如果在高压加注口附近有很多冷冻机油，应先缓慢地打开低压阀，防止开启速度过快，造成制冷系统中的冷冻机油被抽出；抽了几分钟后，再缓慢打开高压阀；在抽真空至系统真空度低于−90 kPa时（如果真空度达不到规定值，可能是系统泄漏或者是设备真空泵损坏），继续抽真空操作，持续时间应不少于15 min，以充分排除制冷装置中的水分。因为水分会吸附在冷冻机油及干燥剂中，在长时间的负压下，水分才能被蒸发出来。如果在潮湿的气候条件下，应适当延长抽真空的时间。抽的时间越长，抽得越彻底。抽完真空时，将设备上的高低压阀完全关闭后，才能关闭真空泵。否则有可能真空泵单向阀关闭不严，导致空气重新进入制冷系统。

抽真空完成后，可以进行制冷剂的加注。加注时，发动机不能起动，并关闭空调。如果起动发动机，开了空调，压缩机运行后，制冷系统压力就会大于储液罐内的压力，导致无法继续进行加注。如过高的压力进入仪器低压表或倒流进入储液罐，将造成严重的安全事故。

任务实施

（一）实施方案

1. 质量要求

参照厂家的质量标准要求。

2. 组织方式

每四位同学一组，按照工作页要求对空调系统制冷剂进行回收及加注，按照企业岗位操作规范进行作业。每组作业时间为45 min。

3. 作业准备

（1）技术要求与标准

根据《汽车空调制冷剂回收、净化、加注工艺规范（JT/T 774—2010）》相关要求，作业时，维修人员应配备必要的安全防护设施，如：防护手套和防护眼镜等，避免接触或吸入制冷剂和冷冻机油的蒸气及气雾。

2007款卡罗拉1.6 L/AT轿车制冷系统要求充注的制冷剂量为410～470 g。

（2）设备器材

本任务实施需要用到的设备器材具体如图2-27所示。

制冷剂回收加注机　电子式卤素检漏仪

图 2-27 设备器材

(3) 场地设施

理实一体化教室、废气排放装置、消防设施等。

(4) 设备设施

2007 款卡罗拉 1.6 L/AT 轿车、常用工具、工具车、零件车、标保工具车、垃圾桶等。

(5) 安全防护

车轮挡块、室内三件套等。

(6) 耗材

干净抹布。

(二) 操作步骤

1. AC350 仪器的检查与空调管路的连接

(1) AC350 的面板检查(图 2-28)

① 检查仪器面板上仪表、显示屏、按键是否正常,有无破损。

② 检查面板上高低压阀门是否处于关闭位置。

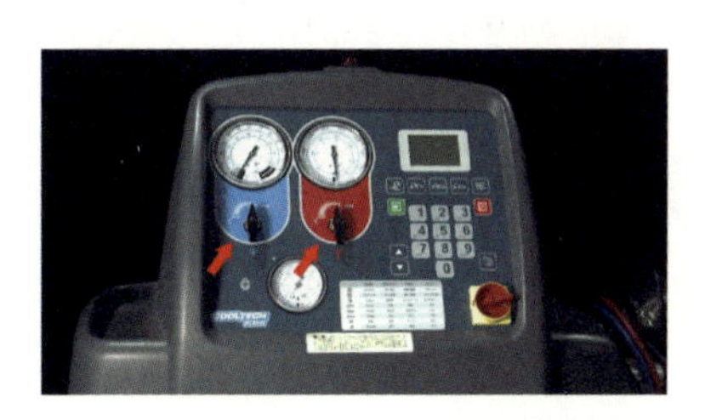

图 2-28 检查面板

AC350 仪器的检查与空调管路的连接

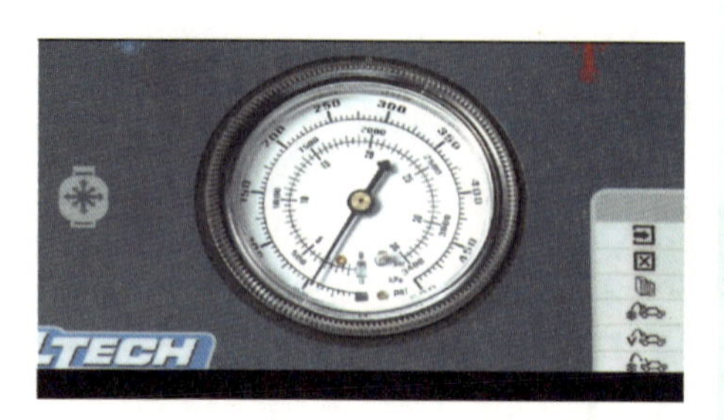

图 2－29　检查制冷剂压力

③ 检查罐内制冷剂压力是否在 7 bar 以上(图 2－29)。

图 2－30　检查制软管接头

④ 检查高低压软管接头处是否连接正常，快速接头是否处于关闭位置(图 2－30)。

图 2－31　检查冷冻机油

⑤ 检查注油瓶内的冷冻机油是否清洁、充足、是否过满(图 2－31)。

◇ 要保证注油瓶内的油量充足，在接下来补充冷冻机油的环节就不会把空气带入制冷管路。

◇ 检查发现排油瓶油量过满时，要进行排油环保处理。

图 2－32　打开 AC350

(2) AC350 管路排气

① 打开 AC350(图 2－32)。

② 按下操作面板中的排气键，排除管路内气体（图 2－33）。

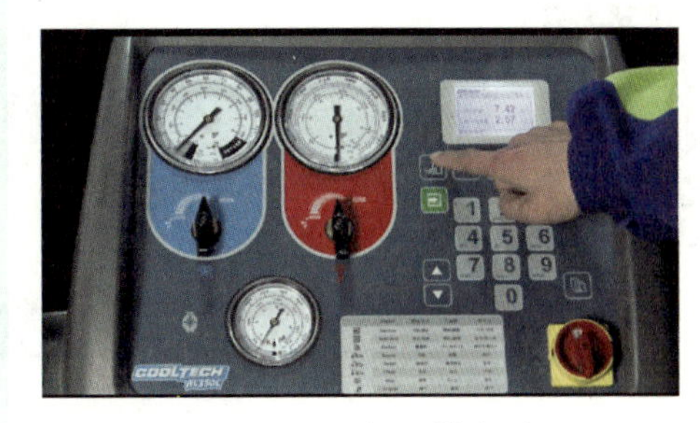

图 2－33　按下排气键

◇ 排气键是手动压力过载保护装置，不能一直按着排气键不放，这样会造成罐内的制冷剂排出过量，造成环境污染。

③ 听到工作罐有排气的声音，说明排气成功。

(3) 连接仪器与空调制冷的管路

① 佩戴防护目镜和橡胶防护手套。

② 分别用手按逆时针方向拧下高低压阀盖，将高低压阀盖放在工具车上。

③ 用压缩气体清洁高低压阀口（图 2－34）。

图 2－34　清洁高低压阀口

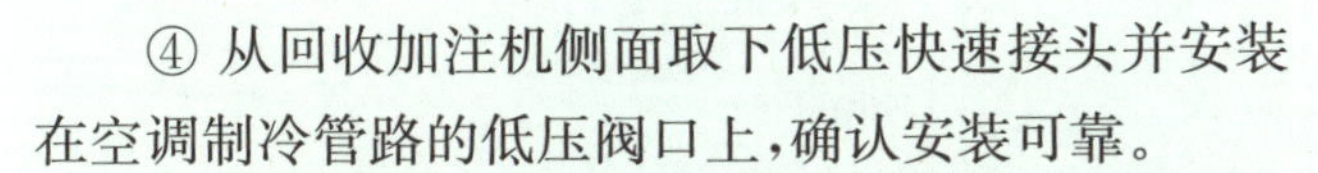

④ 从回收加注机侧面取下低压快速接头并安装在空调制冷管路的低压阀口上，确认安装可靠。

⑤ 按顺时针方向慢慢拧开低压快速接头阀门，观察到低压表有压力指示时，继续拧阀门直到完全打开为止（图 2－35）。

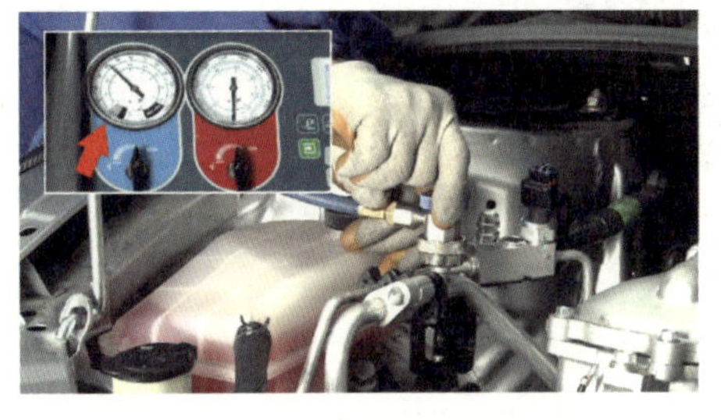

图 2－35　拧开低压接头阀门

⑥ 从回收加注机侧面取下高压快速接头并安装在空调制冷管路的高压阀口上（图 2－36）。

⑦ 按顺时针方向慢慢拧开高压快速接头阀门，观察到高压表有压力指示时，继续拧阀门直到完全打开为止。

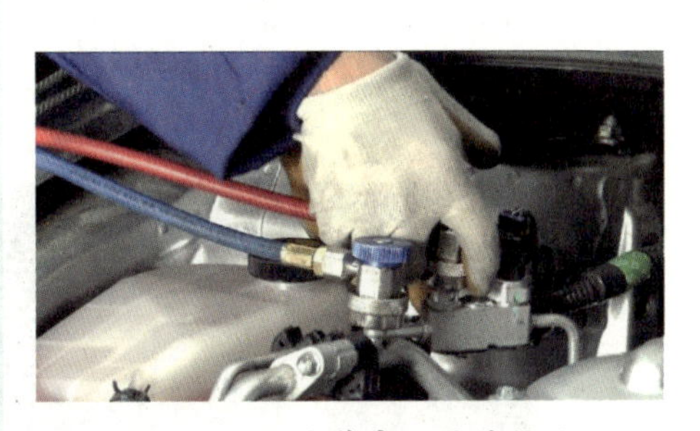

图 2－36　安装高压快速接头

(4) 记录罐内制冷剂量

回收制冷剂

图 2-37　打开低、高压阀

2. 回收制冷剂

(1) 回收制冷剂

① 点击操作面板上的回收按钮。

② 打开面板上的低压阀和高压阀(图 2-37)。

③ 按下“开始/确认”键开始回收。

④ 管路自清理 1 min 自动进行。

⑤ 管路清理完成后自动开始回收制冷剂(图 2-38)。

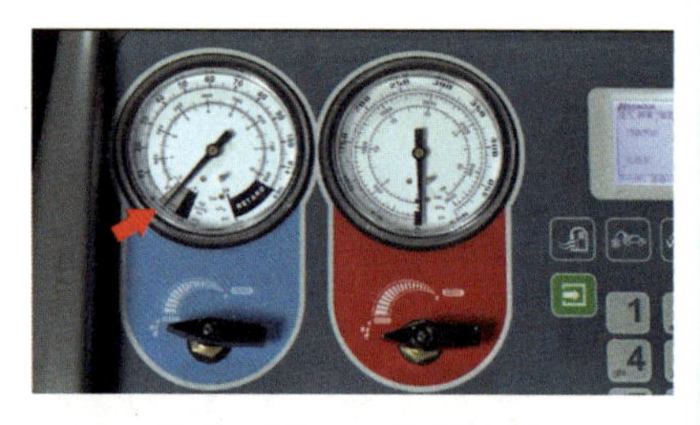

图 2-38　回收制冷剂

⑥ 回收的标准是低压表指针降到(负) −10 psi(1 psi=1 lbf/in^2≈6.67 Pa)后，等待 5～10 s 按下“停止/取消”键停止回收。

⑦ 关闭面板上的高低压阀开关。

注意事项

◇ 制冷剂回收没有达到 −10 psi 压力时，不能进行抽真空作业。

系统抽真空

3. 系统抽真空

(1) 排油

排油量=排油后的瓶内油量−排油前的瓶内油量。

注意事项

◇ 刚排出的冷冻机油通常带有气泡，所以要等待 30 s 后记录，才能得到真实的排油量。

◇ 记录排油量的正确方法是俯下身，使视线与排油瓶的液位齐平。

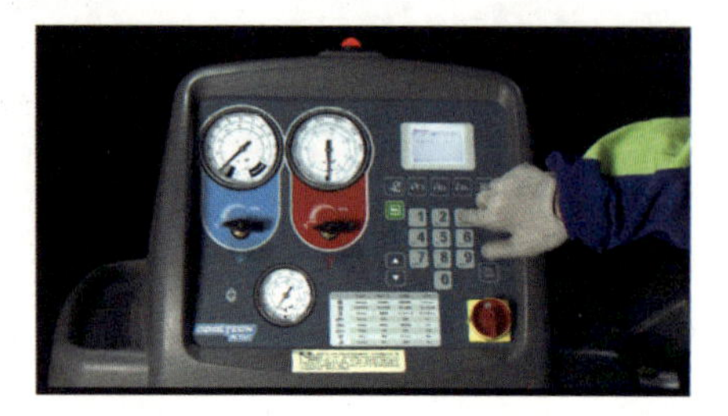

图 2-39　第一次抽真空

(2) 第一次抽真空(图 2-39)

第一次抽真空时需要打开高、低压面板阀，真空时间为 3 min，完成后压力值应显示为 −90 kPa。

(3) 加注冷冻机油(图 2-40)

① 打开高压阀,关闭低压阀。

② 当操作界面出现“下一步,注油”,按下绿色的“开始/确认”键,开始注油。

③ 垂直观察冷冻机油的下降量。

④ 按经验公式,设定注油量为排出量加 20 mL,按下绿色的“开始/确认”键进行注油。

⑤ 当注油瓶内的液位接近设定的注油量时,按下绿色的“开始/确认”键停止注油。按下红色的“取消”键,返回初始界面。

⑥ 关闭仪器面板上的高低压阀。

(4) 第二次抽真空

第一次抽真空时需要关闭高压面板阀。打开低压面板阀,抽真空时间为 5 min,完成后压力值应显示为－90 kPa。

(5) 保压

保压时间为 1 min,同时观察高、低压表,指针应无回升,表示系统无泄漏。

图 2-40 加注冷冻机油

4. 充注制冷剂

(1) 空调系统充注制冷剂

① 查看维修手册,查阅制冷剂的型号和充注量。

② 点击“充注”菜单键,按数字键设定充注量。

③ 打开面板高压阀,关闭低压阀(图 2-41)。

④ 关闭管路上的低压快速连接阀门,确认高压管上快速阀门处于打开的位置(图 2-42)。

充注制冷剂

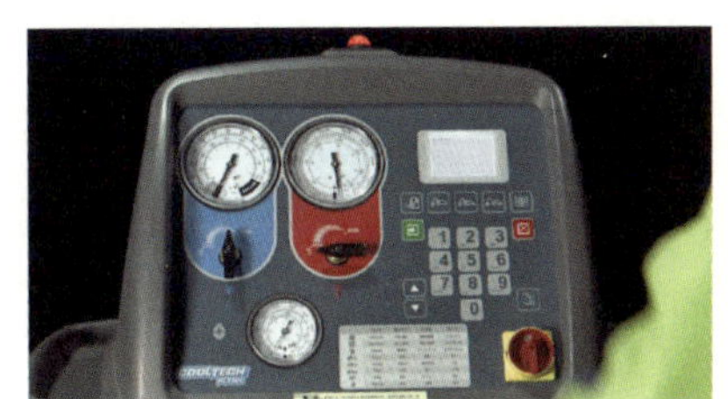

图 2-41 打开高压阀关闭低压阀

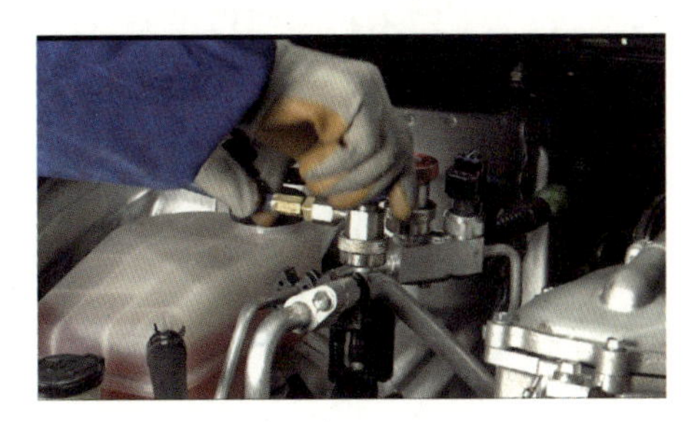

图 2-42 关闭低压连接阀门

图 2-43 关闭高低压阀

⑤ 按下绿色的“开始/确认”键，自动开始按量充注。

⑥ 充注完成后，关闭仪器面板上的高低压阀（图 2-43）。

（2）管路清理

充注完成后，关闭管路上的高压手动阀。从管路上取下高、低压手动阀，打开高、低压面板阀，开始管路清理。

2 min 后，管路清理完成，关闭高、低压面板阀，此时，确认管路清理结果，高、低压表压力应显示为负压。

5. 对高低压维修阀口进行检漏作业

选用电子检漏仪依次对高、低压维修阀口进行检漏作业。

◇ 检测时电子检漏探头离阀口的距离应小于 30 mm，且探头不能碰到接口。

◇ 用吹气枪吹入压缩气体依次清洁高低压快速接口与保护盖，并用手拧紧到位。

1. 汽车空调制冷剂简介

制冷剂又称制冷工质，是制冷循环的工作介质，利用制冷剂的相变来传递热量，即制冷剂在蒸发器中汽化时吸热，在冷凝器中凝结时放热。

汽车空调制冷剂主要采用 R134a（1,1,1,2-四氟乙烷）。R134a 是一种不含氯原子的制冷剂，对臭氧层不起破坏作用，具有良好的不易燃、不爆炸、无毒、无刺激性、无腐蚀性等安全性能。

2. 制冷剂的回收与加注

（1）制冷剂回收。

（2）抽真空。

（3）真空保压检漏。

（4）制冷剂加注。

3. 汽车空调制冷剂的回收和加注注意事项

（1）检查冷冻机油时，要保证注油瓶内的油量充足，在接下来补充冷冻机油环节就不会把空气带入制冷管路。

（2）检查发现排油瓶油量过满时，要进行排油环保处理。

（3）排气键是手动压力过载保护装置，不能一直按着排气键不放，这样会造成罐内的制冷剂排出过量，造成环境污染。

（4）制冷剂回收没有到达－10 psi压力时，不能进行抽真空作业。

（5）刚排出的冷冻机油通常带有气泡，所以要等待30 s后记录，才能得到真实的排油量。

（6）记录排油量的正确方法是俯下身，使视线与排油瓶的液位齐平。

（7）检测时电子检漏探头离阀口的距离应小于30 mm，且探头不能碰到接口。

任务评价

（一）课堂练习

1. 填空题

（1）目前制冷剂中代替R12且得到广泛应用的是________。

（2）氟利昂制冷剂R12的危害是________________。

（3）汽车空调制冷剂的加注方法____________和____________。

2. 判断题

（1）用于R－12和R－134a制冷剂的干燥剂是不相同的。（　　）

（2）使用R－12制冷剂的汽车空调制冷系统，可直接换用R－134a制冷剂。（　　）

（3）在向压缩机加注冷冻机油时，可通过抽真空的方式加注，其加注量可随意。（　　）

（4）制冷剂注入量越多，则制冷效果越好。（　　）

（二）技能评价（表2－4）

表2－4　技能评价表

序号	内　容	分值	得分
1	AC350的面板检查	10	
2	连接仪器与空调制冷的管路	10	
3	回收制冷剂	10	
4	排放冷冻机油	10	
5	第一次抽真空	10	

续　表

序号	内　　容	分值	得分
6	加注冷冻机油	10	
7	第二次抽真空	10	
8	系统保压 1 min	10	
9	充注制冷剂	10	
10	AC350 管路清理与空调管路检漏	10	
总分		100	

(注：操作正确即得分，操作错误或未进行操作计 0 分)

学习任务5 汽车空调管路压力检测

任务目标

任务目标

◎ 描述制冷剂充加数量的检查方法。

◎ 就车检查制冷剂的量。

◎ 通过歧管压力表读数判断空调制冷系统故障。

教学重点

◎ 能通过歧管压力表读数判断空调制冷系统故障。

知识准备

1. 检查制冷剂的充加数量

空调制冷系统中，若制冷剂不足，蒸发器将“停止汽化”，压缩机进气压力也随之下降，导致即使制冷系统仍在运行，车厢中空气温度也将回升。如果空调系统制冷剂过多的话，空调压缩机工作压缩制冷剂需要的能量就会更大，增加了发动机的运转负荷，同时导致管道、压缩机内压过大而压缩机会出现粗暴工作(压缩机内部出现明显的金属敲击声音)，这样也会降低空调的制冷效果及压缩机的使用寿命。所以，检查制冷剂的充加数量也是空调系统常规维护的一项重要工作，通常检查制冷剂的充加数量的方法有以下两种。

(1) 利用观察孔检查

汽车空调大多数装配有观察孔来观察制冷系统内部工质流动的情况，观察孔大多数安装在高压管路或储液干燥器上，如图2-44所示。

图2-44 观察孔位置

一般来讲，观察孔内有大量气泡说明制冷剂量不足；如果看不到气泡，则说明制冷剂量正常(图2-45)。但是特别要注意的是：

① 如果没有制冷剂或制冷剂过多，则是看不到气泡的。

② 对于过冷系统式冷凝器，当气泡消失时仍需

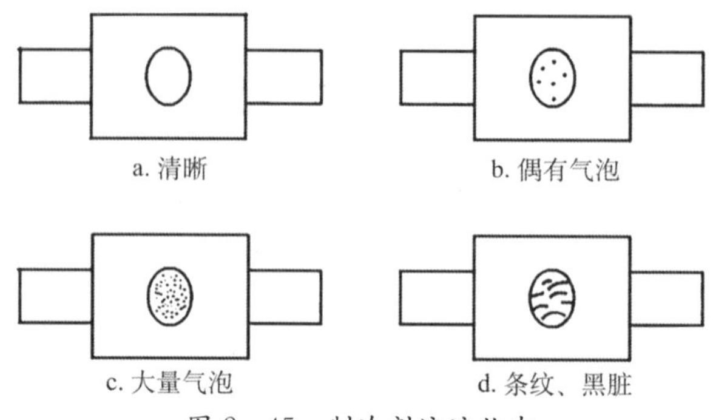

图 2-45　制冷剂液流状态

加注制冷剂，这样通过观察孔检查时看起来是正常的，但实际上制冷剂量仍可能不足。

③ 即使制冷剂量正常，由于一定的转速和制冷剂压力状态，有时也能观察到气泡。

(2) 利用歧管压力表检查

歧管压力表(图 2-46)是由高压表、低压表、高压手动阀(HI)、低压手动阀(LO)、阀体及三个软管接头组成。歧管压力表组配有三根不同颜色的连接软管，一般规定蓝色软管用于低压侧(接低压工作阀)，红色软管用在高压侧(接高压工作阀)，黄色(也有的是绿色)软管用在中间，接真空泵或制冷剂罐。

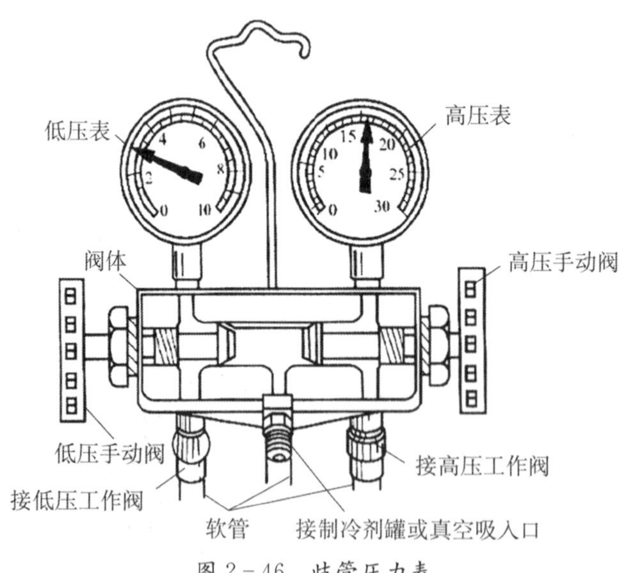

图 2-46　歧管压力表

制冷系统的各种情况都可从压缩机高、低压力表上判断出来。首先在制冷系统管路的高、低压阀座分别上安装测量高、低压的检修表，如图 2-47 所示，排除管内的空气(否则管内空气会跑到制冷系统内)，然后起动发动机，并使发动机转速保持在 1 500 r/min；将鼓风机控制开关置于“高速”的位置，温度控制开关置于“最冷”的位置，打开所有车门，用大风量对准冷凝器吹风；在空调系统工作至少 15 min 后开始进行测试，测试结果应符合下列要求：

当环境温度为 21～32℃ 时，高压表指示值为 1.37～1.57 MPa，压缩机开始运转后，低压表指示值开始下降，当下降至约为 0.15 MPa 时，空调放大器切断压缩机电磁离合器电路，压缩机停止工作，随之低压表指示值又回升至 0.207～0.217 MPa，空调放大器接通压缩机电磁离合器电路，压缩机又开始工作，低压表指示值又下降，系统周而复始地进行循环。空调冷风温度为 1～10℃。

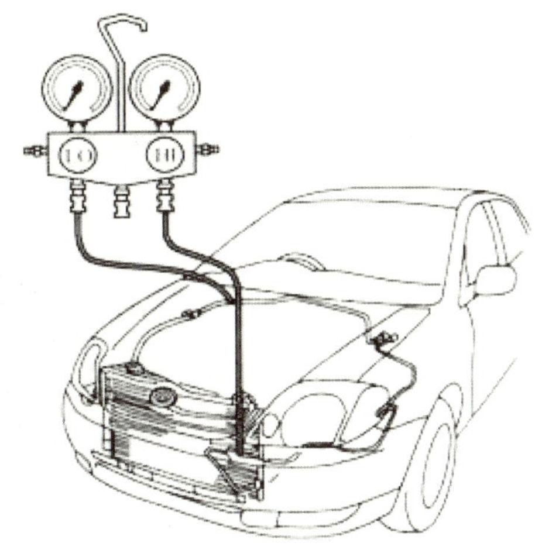

图 2－47 利用歧管压力表进行检查

应该注意的是，利用歧管压力表检查制冷系统管路的高、低压压力后，应使用电子式卤素检漏仪对制冷系统管路的高、低压阀座进行检漏，在保证其无泄漏后再盖回防护帽。

任务实施

（一）实施方案

1. 质量要求

参照厂家的质量标准要求。

2. 组织方式

每四位同学一组，按照工作页要求对空调制冷剂量进行就车检查，并通过歧管压力表组件读取空调系统高、低压侧的压力值，查找空调系统相关故障，按照企业岗位操作规范进行作业。每组作业时间为 30 min。

3. 作业准备

（1）技术要求与标准

根据《汽车空调制冷剂回收、净化、加注工艺规范(JT/T 774—2010)》相关要求，作业时，维修人员应配备必要的安全防护设施，如防护手套和防护眼镜等，避免接触或吸入制冷剂和冷冻机油的蒸气及气雾。

（2）设备器材

本任务实施需要用到的设备器材具体如图 2－48 所示。

（3）场地设施

理实一体化教室、废气排放装置、消防设施等。

（4）设备设施

2007 款卡罗拉 1.6 L/AT 轿车、常用工具、工具车、零件车、标保工具车、垃圾桶等。

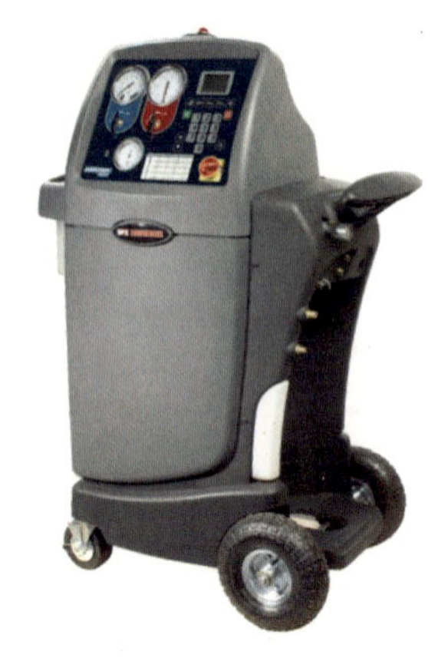
制冷剂回收加注机

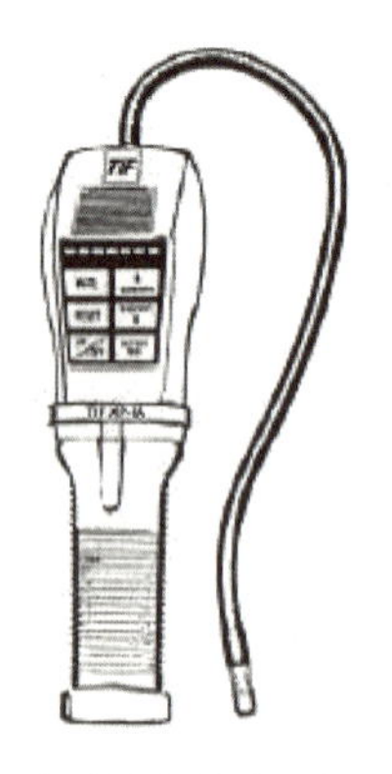
电子式卤素检漏仪

图 2-48 设备器材

(5) 安全防护

车轮挡块、室内三件套等。

(6) 耗材

干净抹布。

(二) 操作步骤

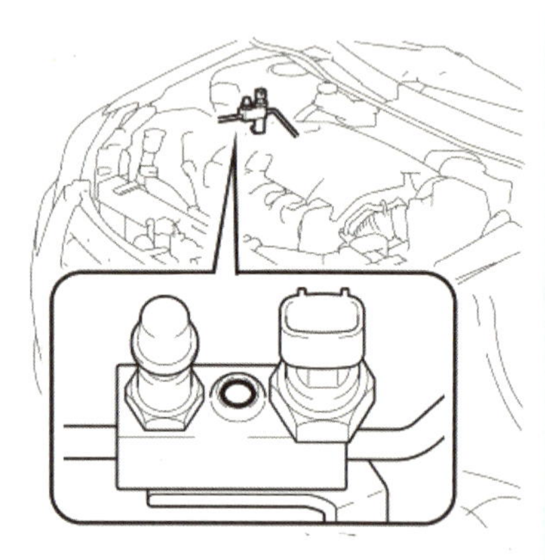
图 2-49 准备工作

1. 就车检查制冷剂的量(图 2-49)

① 将车辆所有车门打开。

② 起动发动机,打开空调开关。

③ 将鼓风机调至风量最大位置。

④ 将温度设定为最低状态。

⑤ 检查空调管和附件上的观察孔,将观察孔中所看见的情况与对照表进行比较。

项目	症状	制冷剂量	纠正措施
1	有气泡	不足	1. 检查有无漏气,必要时进行维修 2. 重新加注适量制冷剂
2	不存在气泡(输出DTC76)	空,不足或过量	参见3和4

续 表

项目	症状	制冷剂量	纠正措施
3	压缩机的进气口和出气口没有温差	空或很少	1. 检查有无漏气，必要时进行维修 2. 排空空调系统，重新加入适量的制冷剂
4	压缩机进气口和出气口有明显温差	适量或过量	参见5和6
5	空调关闭后，制冷剂立即变清澈	过量	1. 重新加注冷却液 2. 排空空调系统，重新加入适量的制冷剂
6	空调关闭后，制冷剂立即出现气泡，然后变得清澈	适量	

◇ 当车内温度高于35℃时，如果出风口温度较低，则观察孔中有气泡可视为正常。

2. 根据表压力判断故障情况

通过歧管压力表（图2-50）组件读取空调系统高、低压侧的压力值，维修人员可以查找空调系统相关故障。检测前，做好以下准备工作：

① 将车辆所有车门打开。

② 起动发动机，打开空调开关，使发动机以1 500 r/min的转速运转。

③ 将鼓风机调至风量最大的位置。

④ 将温度设定为最低状态。

⑤ 将通风模式设定为内循环时，进气口的温度为30～35℃。

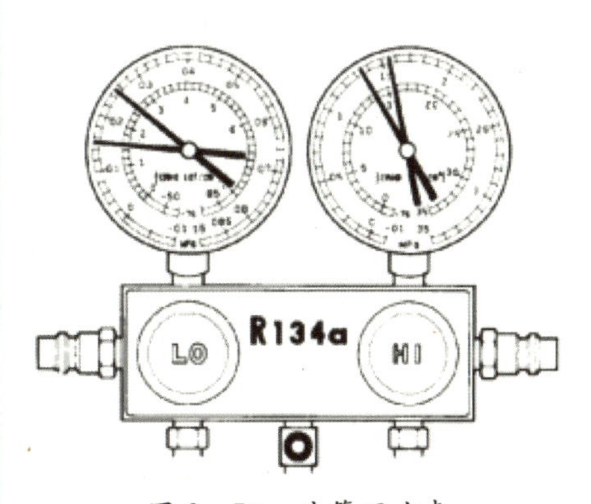

图2-50 歧管压力表

（1）压力表读数正常范围

如果制冷系统工作正常，仪表的读数应为：

压力侧	制冷剂量
低	0.15～0.25 MPa(1.5～2.5 kgf/cm², 21.3～35.5 psi)
高	1.37～1.57 MPa(14～16 kgf/cm², 199.1～227.5 psi)

(2) 低压表读数处于真空

如果在空调运行期间，低压侧的压力在正常和真空之间切换，则制冷系统中可能出现了湿气，系统会间断性工作，最终导致系统不制冷。仪表的读数如图 2-51 所示。

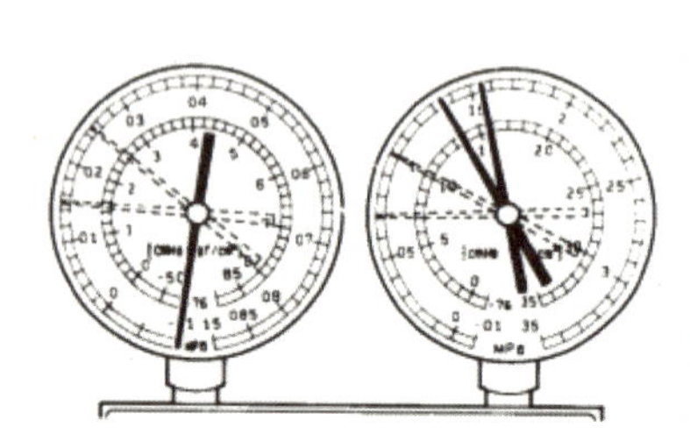

图 2-51 仪表读数

对检测结果的分析如下：

症状	制冷剂量	诊断	纠正措施
操作期间，低压侧的压力在正常和真空之间切换	➢ 空调系统中的湿气在膨胀阀节流孔处冻结，导致制冷剂循环暂时停止 ➢ 系统停止后重新暖机，冰融化且暂时恢复正常操作	➢ 冷却器干燥器(集成在冷凝器内)处于过饱和状态 ➢ 制冷系统内的湿气会在膨胀阀节流孔处冻结，阻碍制冷剂的循环	1. 更换冷却器干燥器 2. 通过反复抽出空气，除去系统中的湿气 3. 加注适量的新制冷剂

(3) 低压侧和高压侧的压力均低—1

如果在空调运行期间，低压侧和高压侧的压力均低于正常范围，通过空调观察孔可以不断地看到气泡，并且系统不能有效制冷，则说明系统制冷剂不足或有泄漏。仪表的读数如图 2-52 所示。

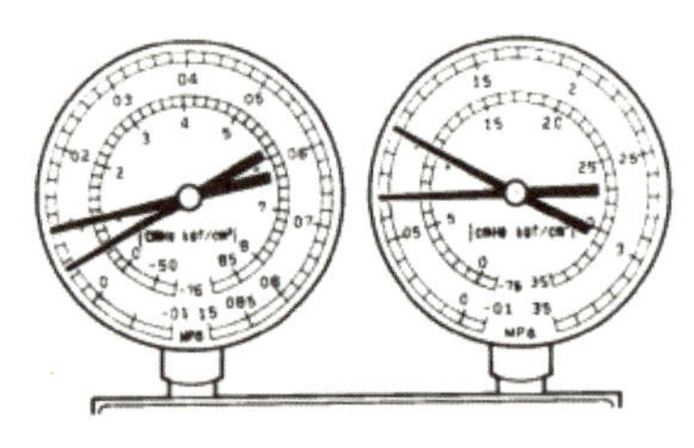

图 2-52 仪表读数

对检测结果的分析如下：

症状	可能原因	诊断	纠正措施
➢ 低压侧和高压侧的压力均低 ➢ 通过观察孔可不断地看到气泡 ➢ 制冷性能不足	制冷系统漏气	➢ 制冷剂不足 ➢ 制冷剂泄漏	1. 检查有无漏气，必要时进行维修 2. 加注适量的新制冷剂 3. 如果仪表指示压力接近于 0，则有必要在修复泄漏后抽空系统

(4) 低压侧和高压侧的压力均低—2

如果在空调运行期间，低压侧和高压侧的压力均低于正常范围，并且冷凝器至制冷装置的管道结霜，则说明制冷剂循环不良导致系统不能有效制冷。仪表的读数如图 2－53 所示。

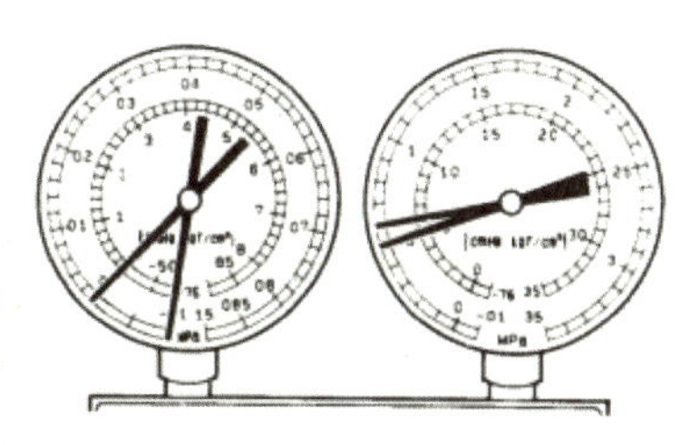

图 2－53　仪表读数

对检测结果的分析如下：

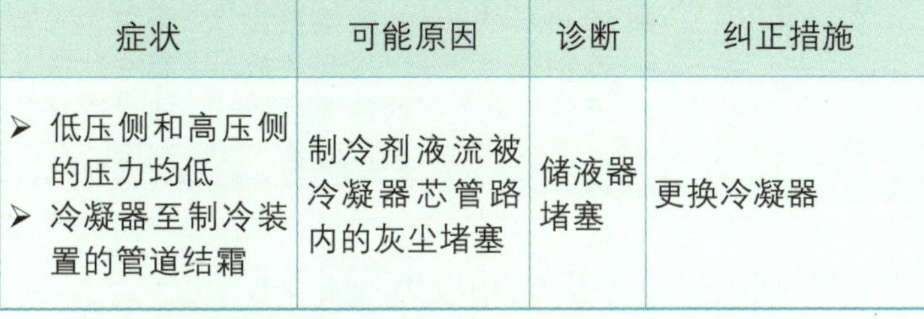

症状	可能原因	诊断	纠正措施
➢ 低压侧和高压侧的压力均低 ➢ 冷凝器至制冷装置的管道结霜	制冷剂液流被冷凝器芯管路内的灰尘堵塞	储液器堵塞	更换冷凝器

(5) 低压侧显示真空，高压侧显示压力非常低

如果在空调运行期间，低压侧显示真空，高压侧显示压力非常低，并且在储液器/干燥器或膨胀阀的两侧管路上均能看到结霜或冷凝现象，则说明制冷剂不循环导致制冷系统不工作或偶尔工作。仪表的读数如图 2－54 所示。

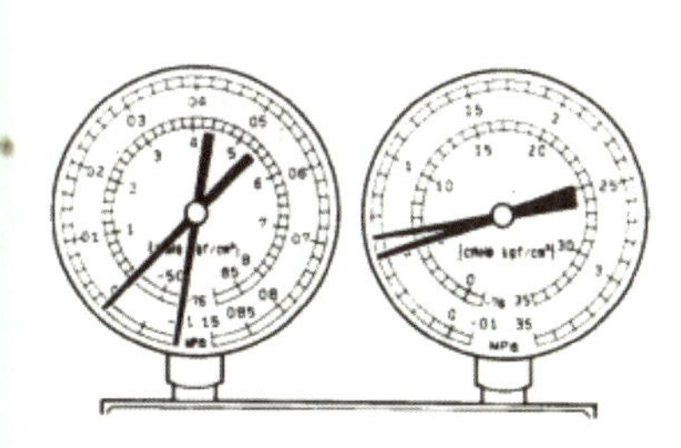

图 2－54　仪表读数

对检测结果的分析如下：

症状	可能原因	诊断	纠正措施
➢ 低压侧显示真空，高压侧显示压力非常低 ➢ 在储液器/干燥器或膨胀阀的两侧管路上均能看到结霜或冷凝现象	➢ 制冷剂的流动被制冷系统中的湿气或灰尘堵塞 ➢ 膨胀阀内部漏气造成制冷剂流中断	制冷剂不循环	1. 检查膨胀阀 2. 更换膨胀阀 3. 更换冷凝器 4. 排空气体并加注适量的新制冷剂 5. 膨胀阀内部漏气时，更换膨胀阀

(6) 低压侧和高压侧的压力均过高—1

如果在空调运行期间，低压侧和高压侧的压力均过高，并且即使发动机转速下降，通过观察孔也看不到气泡，则说明制冷剂加注过量或冷凝器的冷却效果不良导致制冷系统不工作。仪表的读数如图 2－55 所示。

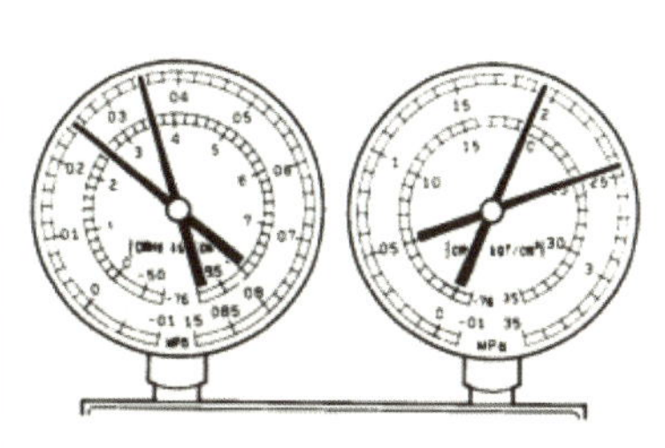

图 2－55　仪表读数

对检测结果的分析如下：

症状	可能原因	诊断	纠正措施
➢ 低压侧和高压侧的压力均过高 ➢ 即使发动机转速下降，通过观察孔也看不到气泡	➢ 过度使用制冷系统，导致性能不能充分发挥 ➢ 冷凝器的冷却效果不良	➢ 循环中的制冷剂过量→重新加注时添加了过量的制冷剂 ➢ 冷凝器的冷却效果不良→冷却风扇的冷凝器散热片堵塞	1. 清洁冷凝器 2. 检查冷凝器冷却风扇工作情况 3. 如果1和2处理后状态正常，检查制冷剂量并加注适量的制冷剂

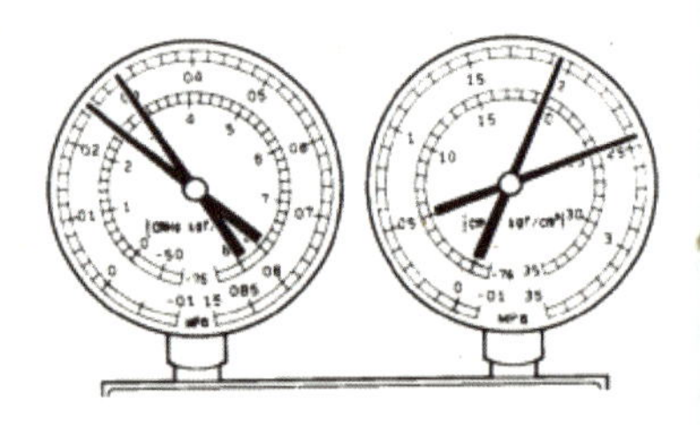

图 2-56 仪表读数

(7) 低压侧和高压侧的压力均过高—2

如果在空调运行期间，低压侧和高压侧的压力均过高，并且低压管路过热，不能触摸，同时通过观察孔能看到气泡，则说明制冷系统中有空气导致制冷系统不工作。仪表的读数如图 2-56 所示。

对检测结果的分析如下：

症状	可能原因	诊断	纠正措施
➢ 低压侧和高压侧的压力均过高 ➢ 低压管路过热，不能触摸 ➢ 通过观察孔能看到气泡	系统中有空气	➢ 制冷系统中存在空气 ➢ 真空净化不良	1. 检查压缩机机油是否脏污或不足 2. 排空系统并重新加注新的或净化过的制冷剂

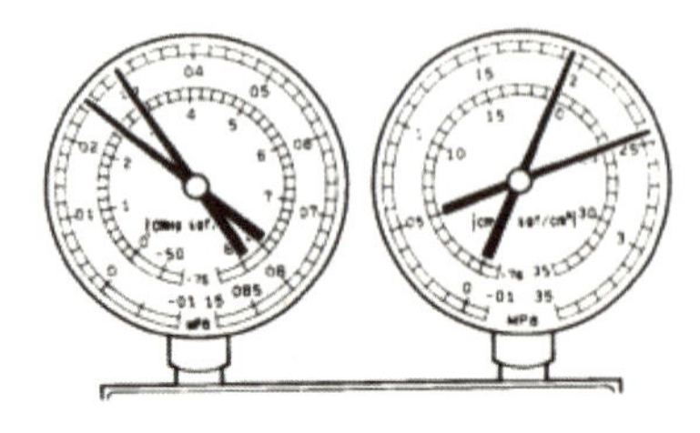

图 2-57 仪表读数

(8) 低压侧和高压侧的压力均过高—3

如果在空调运行期间，低压侧和高压侧的压力均过高，并且低压侧管路有霜或大量冷凝，则说明膨胀阀故障导致系统制冷不足。仪表的读数如图 2-57 所示。

对检测结果的分析如下：

症状	可能原因	诊断	纠正措施
➢ 低压侧和高压侧的压力均过高 ➢ 低压侧管路有霜或大量冷凝	膨胀阀可能卡住	➢ 在低压管路内存在过量制冷剂 ➢ 膨胀阀开度过大	检查膨胀阀

(9) 低压侧的压力过高，而高压侧的压力过低

如果在空调运行期间，低压侧的压力过高而高压侧的压力过低，则说明压缩机压缩量不足导致系统制冷不足，仪表的读数如图 2-58 所示。

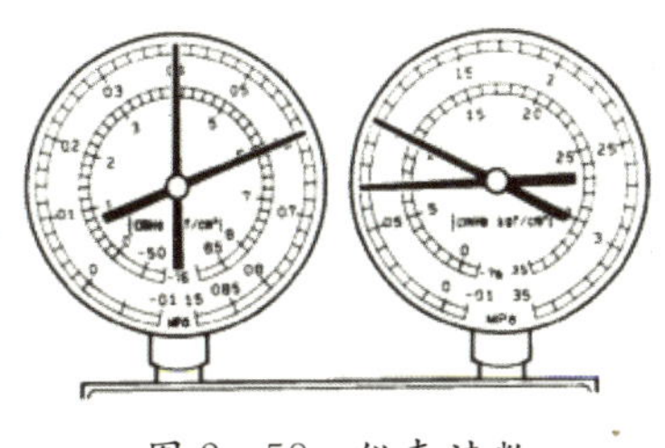
图 2-58 仪表读数

对检测结果的分析如下：

症状	可能原因	诊断	纠正措施
➢ 低压侧的压力过高 ➢ 高压侧的压力过低	压缩机内部泄漏	➢ 压缩能力过低 ➢ 阀门损坏引起泄漏，或零件可能断裂	更换压缩机

任务小结

1. 检查制冷剂的充加数量

检查制冷剂的充加数量的方法有以下两种。

(1) 利用观察孔检查。

一般来讲，观察孔内有大量气泡说明制冷剂量不足；如果看不到气泡，则说明制冷剂量正常。此方法也可称作就车检查方法。

(2) 利用歧管压力表检查。

通过读取歧管压力表的数值，判断空调系统的压力是否正常。

2. 歧管压力表组成

歧管压力表是由高压表、低压表、高压手动阀(HI)、低压手动阀(LO)、阀体及三个软管接头组成。

歧管压力表配有三根不同颜色的连接软管，一般规定蓝色软管接低压工作阀，红色软管接高压工作阀，黄色(也有绿色)软管接真空泵或制冷剂罐。

3. 就车检查注意事项

当车内温度高于 35℃时，如果出风口温度较低，则观察孔中有气泡可视为正常。

任务评价

（一）课堂练习

1. 填空题

(1) 歧管压力表由________、________、________和________等组成。

(2) 压力表中的黄色软管是用于________或________时使用。

2. 选择题

(　　)(1) 维修汽车空调制冷系统，当手动高、低压阀均关闭时，可检测________侧的压力。

A. 高压　　B. 高、低压　　C. 低压　　D. 不可检测

(　　)(2) 歧管压力表中的蓝色软管是与________连接的。

A. 制冷剂罐　　B. 真空泵

C. 高压检修阀　　D. 低压检修阀

(　　)(3) 用压力表检测系统压力时，发现低压表指示接近零或负值，高压表指示正常或高一点，且又吹出气不冷，可能的故障原因是________。

A. 制冷剂过多　　B. 系统内有水分，膨胀阀发生冰塞

C. 制冷剂过少　　D. 高压管路堵塞

（二）技能评价（表 2－5）

表 2－5　技能评价表

序号	内　容	分值	得分
1	能就车检查制冷剂量并分析结果	10	
2	能通过高低压压力判断出制冷系统工作是否正常	10	
3	能通过高低压压力判断出制冷系统中出现湿气	10	
4	能通过高低压压力判断出制冷系统制冷不足	10	
5	能通过高低压压力判断出制冷系统制冷剂循环不良	10	
6	能通过高低压压力判断出制冷系统制冷剂不循环	10	
7	能通过高低压压力判断出制冷剂加注过量或冷凝器的冷却效果不良	10	
8	能通过高低压压力判断出制冷系统中有空气	10	

续 表

序号	内　　容	分值	得分
9	能通过高低压压力判断出制冷系统膨胀阀故障	10	
10	能通过高低压压力判断出制冷系统压缩机压缩量不足	10	
总分		100	

（注：操作正确即得分，操作错误或未进行操作计0分）

学习拓展

1. 空调制冷系统检漏

空调制冷系统渗漏检测

如果空调制冷效果不好，首先应检查制冷剂的量是否适当，如果数量不足，加注制冷剂前应先检查漏气。检漏的方法有：外观检漏、皂泡检漏、真空检漏、荧光检漏、电子检漏仪检漏等。

（1）外观检漏。制冷系统只要有泄漏，制冷剂将带着冷冻机油一起逸出，制冷剂蒸发，冷冻机油则留在泄漏口附近被发现。这种方法简单，但是当泄漏量很少时或无法看见的部位就比较难发现。

（2）皂泡检漏。向系统充入氮气使压力达 10～20 kg/cm^2（或制冷剂使压力达 100～200 kPa），再在系统各部位涂上肥皂水，冒泡处即为渗漏点。这种方法与上一种方法类似，但有局限性。

（3）真空检漏。起动真空泵，并观察低压表上的真空部分，直到将压力抽至−80～−100 kPa 左右。然后关闭歧管压力表上的手动高低压阀，观察真空表压力是否回升。如回升则表示空调系统有泄漏。这种方法只能判断有无泄漏，不能判断具体泄漏点。

（4）电子检漏仪检漏。在制冷系统中充入0.35～0.5 MPa压力制冷剂，用电子检漏仪的探头在各系统部位检漏，应反复检查 2～3 次。在检测时，探头不能与检测部位接触，避免仪器损坏，如图2－59所示。探头遇到大量制冷剂后应及时吹干，避免仪器过早损坏。这种方法能检测出微小的制冷剂泄漏，但是在刚检修过的制

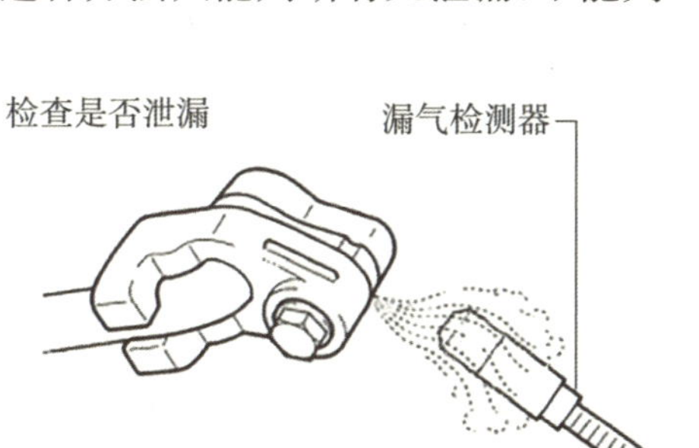

图 2－59　电子检漏仪检漏

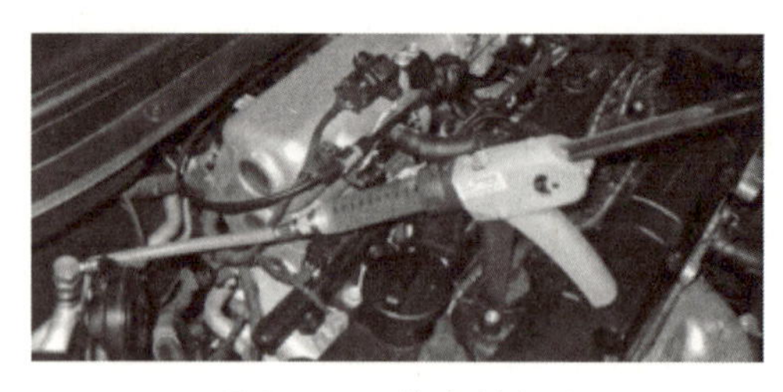

图 2-60 荧光剂加注

冷系统表面有部分制冷剂残留物，这将会引起误判。在检测前应将被测表面吹干净。

（5）荧光检漏。在没有压力的制冷系统中，加注一定比例的荧光剂，如图 2-60 所示。注意系统中有压力绝对不能加注荧光剂，不然会有危险。加注完荧光剂后，在系统中加入制冷剂，并用清洗剂把加注口清洗干净。起动发动机，打开空调系统，空调压缩机运转 10 min 以上，使荧光剂与制冷剂充分循环。装上滤光镜，用射灯照射需要检查的部件及管路。若发现有黄绿色的痕迹（荧光剂渗出），此处有漏点。蒸发器表面无法照到的地方，可用干净的容器将空调蒸发器表面流出的水收集起来，再装上滤光镜，用射灯照射收集的水，如有荧光剂成分，则表明蒸发器表面有泄漏。这种方法最大的优点非常直观，能检测出要几天甚至几星期才会漏完的微小渗漏。

检漏方法很多，但也应合理应用，才能充分发挥作用。当空调系统还没有检修时，可以采用外观检漏；当系统在抽完真空时，可以将设备上的高低压阀关闭，进行真空检漏；当加注了制冷剂后，比较方便检测的地方可以用皂泡检测，一些空间比较小、难检测的地方，可以用电子检漏；当系统出现微小渗漏或怀疑蒸发器有泄漏，其他方法无法采用时，可以采用荧光检漏。

检漏时，应重点检查以下部位：

① 制冷装置的主要连接部位，如：管接头及喇叭口、连接件、三通阀、压缩机轴封、软管表面、维修阀及充注口等。

② 拆装或维修过的部件的连接部位。

③ 冷凝器和蒸发器被划伤的部位。

④ 软管易摩擦到的部位。

⑤ 有油迹处。

如果系统出现渗漏，应及时进行维修作业。

空调系统冷冻油的认知

2. 空调冷冻机油

冷冻机油是根据空调压缩机的工作特点和润滑油的具体要求而调配的润滑油类型。冷冻机油要有良好的低倾点，与制冷剂有好的相溶性及热稳定性、抗氧化性等。目前用量最大的是矿物油型，一般采取环烷基基础油，它具有倾点低、不含蜡、低温流动性好的特点。部分型号的冷冻机油要求采用合成烃油作为基础油。

冷冻机油的作用主要包括：

（1）润滑摩擦面，使摩擦面完全被油膜分隔开来，从而降低摩擦功、摩擦热和磨损。

(2) 冷冻机油的流动带走摩擦热,使摩擦零件的温度保持在允许范围内。

(3) 在密封部位充满油,保证密封性能,防止制冷剂的泄漏。

(4) 油的运动带走金属摩擦产生的磨屑,起到清洗摩擦面的作用。

(5) 为卸载机构提供液压的动力。

3. 空调诊断仪的主要检测项目(表 2-6)

① 测量空调运行时管路的高压和低压值。

② 车辆外部环境温度和湿度。

③ 车厢空调出风口温度和湿度。

④ 冷凝器入口和出口的温度。

⑤ 蒸发器入口和出口的温度。

表 2-6 空调诊断仪的主要检测项目

项目	测量部位	测量元件	无线/有线
低压侧制冷剂压力	低压维修接口	低压快速连接器(蓝色)	有线
高压侧制冷剂压力	高压维修接口	高压快速连接器(红色)	有线
冷凝器入口温度	冷凝器入口金属管路	TK1 探针(红色)	有线
冷凝器出口温度	冷凝器出口金属管路	TK2 探针(黄色)	有线
蒸发器入口温度	蒸发器入口金属管路	TK3 探针(黑色)	有线
蒸发器出口温度	蒸发器出口金属管路	TK4 探针(蓝色)	有线
环境温度和相对湿度	距车辆 2 m 部位	THR 传感器	无线
出风温度和相对湿度	中央出风口部位	THR 传感器	无线
制冷剂压力信号	制冷剂压力传感器的信号线	HP1000 电缆(选装)	有线
车辆电源	车辆供电电压	CRCO PSA 电缆(选装)	有线

其前面板如图 2-61 所示。

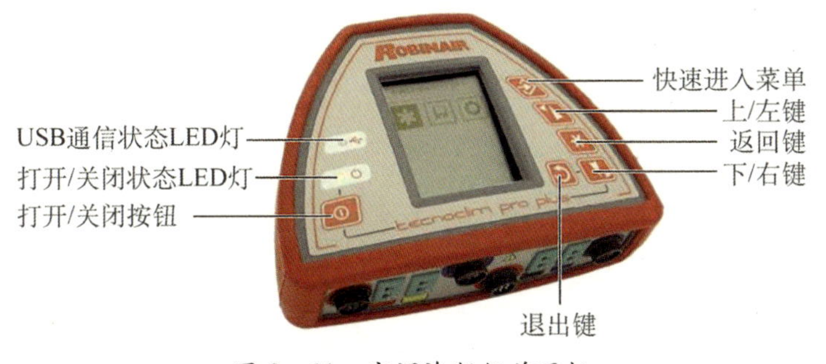

图 2-61 空调诊断仪前面板

其管路连接如图 2 - 62 所示。

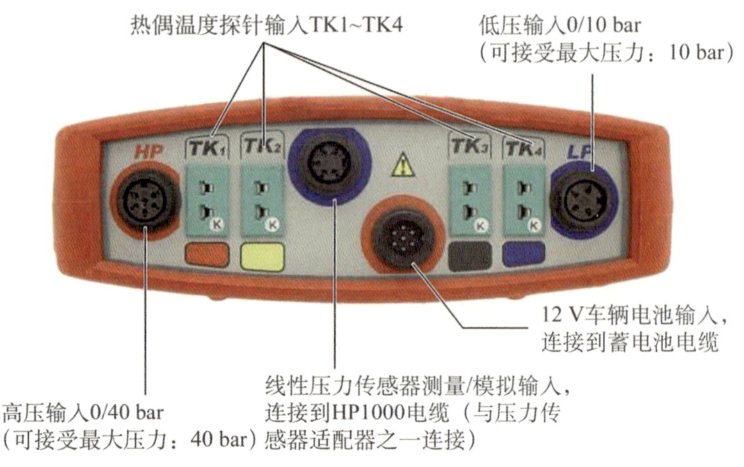

图 2 - 62　空调诊断仪管路连接示意图

4. 空调诊断仪的操作步骤

① 用螺钉把红色高压快速连接器固定在红色高压挠性软管的末端，用螺钉把蓝色低压快速连接器固定在蓝色低压挠性软管的末端。

② 用螺钉把高压和低压挠性软管的自由端固定在主机相应插孔上，软管必须与工具外壳上标示的颜色一一对应。

③ 将 TK1～TK4 四根热偶探针插入主机外壳上的相应位置。

④ 按打开/关闭按钮 打开设备，主菜单显示如图 2 - 63 所示。

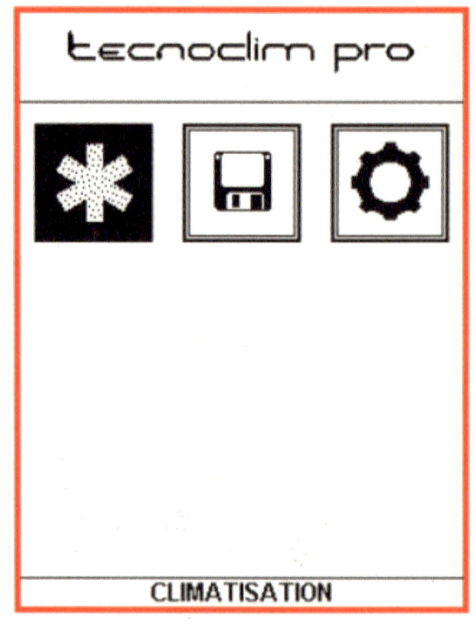

图 2 - 63　空调诊断仪主菜单

⑤ 使用定位键从主菜单上的图标中选择空气调节图标。选择图标后，按验证键打开工具推荐的“空调”功能，如图 2－64 所示。

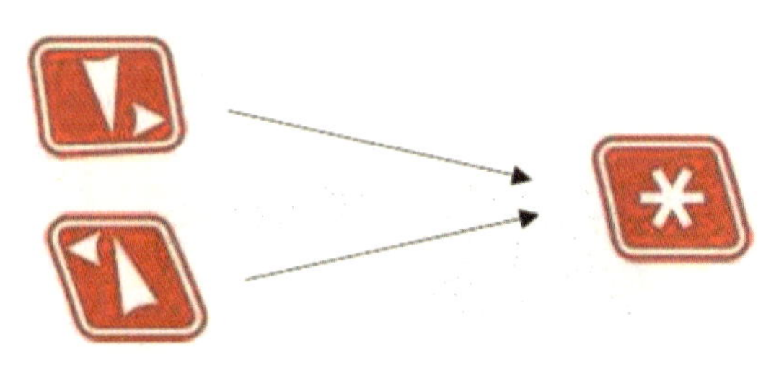

图 2－64 选择进入“空调”功能菜单

⑥ 选择和确认工具菜单的“空调”功能之后，会显示如图 2－65 所示菜单。

提示使用的三种操作模式：

“测量”：这种模式使用户能够以图形或数字显示测量值。

“控制”：这种模式使用户能够监测空调电路的某个组件或某种功能。

“自动诊断”：这种模式使用户能够对整个空调电路进行完整诊断并得到对诊断结果的最终解释。

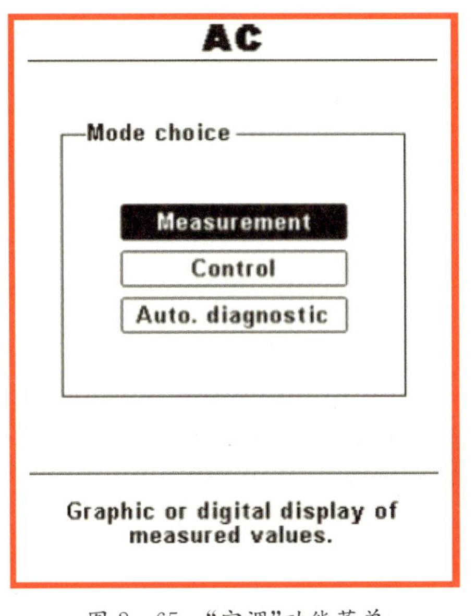

图 2－65 “空调”功能菜单

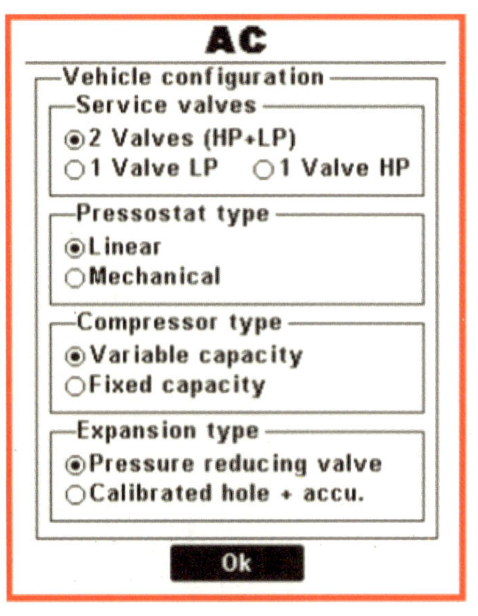

图 2－66 “车辆配置”页面

⑦ 车辆配置：不论选择的是何种模式，是测量、控制，还是自动诊断模式，工具的“车辆配置”页面会说明该工具工作的环境是怎么样的，如图 2－66 所示。

可以对下列项目进行配置：车辆内可用的检修阀的数量，安装在空调电路内的压缩机的类型，以及空调电路内使用的过滤技术的类型。

⑧ 选择和确认“测量”模式之后，“空调”功能主菜单从屏幕上隐退，在默认情况下，空调

诊断仪自动进入显示器模式。这种显示模式在大的数字显示框内显示全部可用数据，如图2-67所示，依次显示了高压压力、低压压力、冷凝器入口温度、冷凝器出口温度、蒸发器入口温度、蒸发器出口温度、中央出风口温度和中央出风口相对湿度。

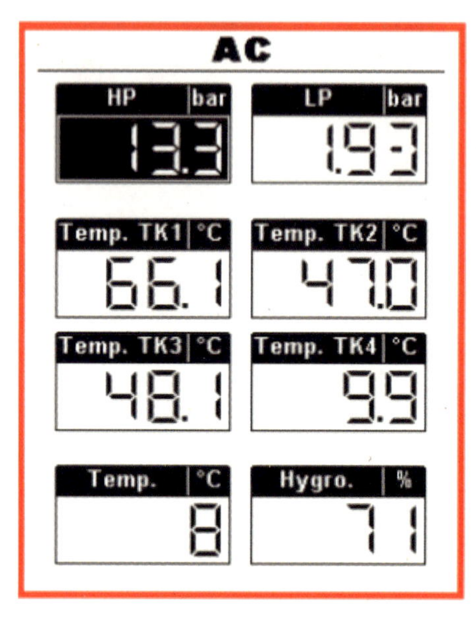

图 2-67 显示器模式

5. 检测结果分析

将图 2-67 中检测到的结果与汽车制造商提供的空调性能参数或参照下面两个图上的参数比较，进而分析空调性能是否合格。

（1）压力与环境温度（图 2-68）

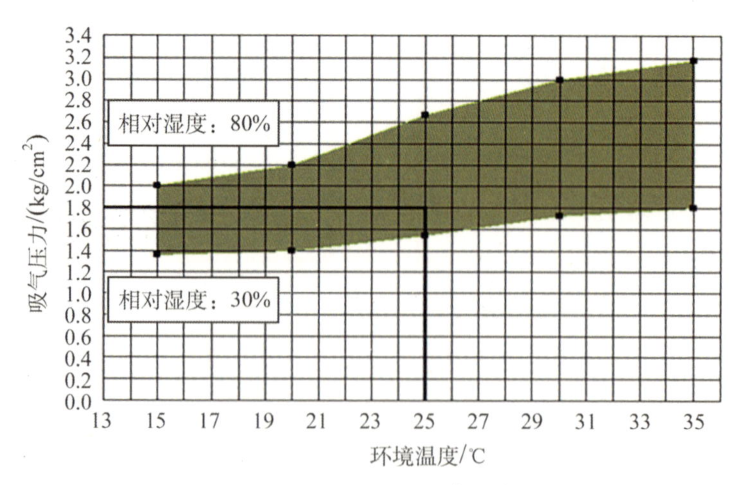

图 2-68 压力与环境温度

(2) 空调出风温度与环境温度(图 2-69)

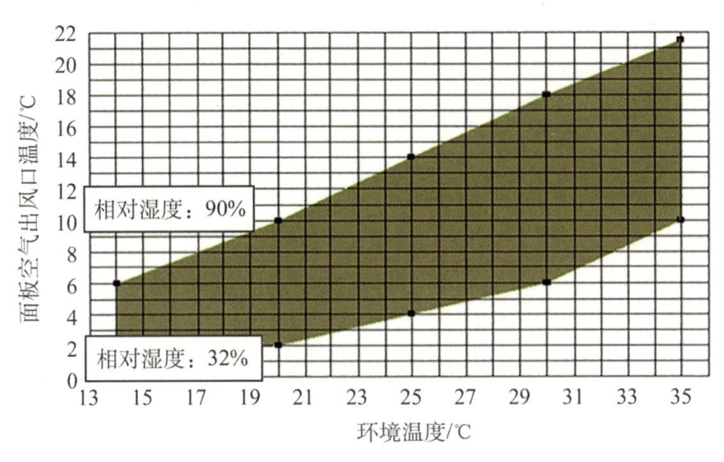

图 2-69 空调出风温度与环境温度

在汽车空调系统诊断维修的诸多案例中,通过歧管压力表判断空调系统故障的实例比比皆是,下面我们通过两个案例来巩固本任务涉及的知识。

【案例一】 空调系统不制冷且离合器频繁结合

(1) 故障现象

一辆 2005 年生产 2.0 L 马自达 6 轿车,行驶里程为 6 万 km。该车发动机怠速运转正常,怠速时空调系统工作正常。但车辆行驶时,发动机动力不足、犯闯。当车辆加速时,空调压缩机频繁重复接合、分离动作,且空调系统不制冷。当关闭空调后,发动机恢复正常。

(2) 检查分析

由于关闭空调后发动机恢复正常,所以维修人员认为故障原因出在空调系统上。

马自达 6 空调压缩机是定排量压缩机,空调压缩机的吸合与断开是由发动机控制单元(PCM)通过控制空调继电器来实现的。

维修人员决定首先从电路入手进行检查。正常情况下,当压力开关 B、C 端子之间电压为 12 V 时,压缩机断开;压力开关 B、C 端子电压为 0 V 时,压缩机接通。这说明自动空调控制器给 PCM 接地信号时,压缩机接通。

起动该车发动机并怠速运转,用示波器测量压力开关线路的 B 端子(接 PCM)或 C 端子(接自动空调控制器)。当压缩机接通时,压力开关 B、C 端子电压为 0 V;压缩机断开时,压力开关 B、C 端子电压为 12 V,说明系统正常。当发动机转速上升到 3 000 r/min 以后,压缩机断开,此时 B 端子电压为 13.8 V,C 端子电压为 0 V,说明此时高低压开关已经断开。由于此时 C 端子电压为 0 V,所以基本排除线路和自动空调控制器存在故障的可能,故障原因应该在制冷系统环路。

PCM 控制空调压缩机继电器执行动作的原理为:首先,当驾驶人按下空调(A/C)开关时,申请信号由自动空调控制单元经压力开关传递到 PCM,即 PCM 接收到自动空调系统的申请信号。只有空调系统压力正常，才能保证压力开关正常接通，这时 PCM 才能接收到让空调系统工作的指令，之后 PCM 控制空调压缩机的运转。

该车的空调制冷剂压力开关采用了三挡压力型，它由高/低压开关和中等压力开关组成。当制冷剂循环中的压力过高或过低时，高/低压开关通过切断 A/C 信号来保护制冷系统部件。中等压力开关根据空调压缩机的工作负载输出一个怠速提高信号。压力开关在压力大于 2.94～3.34 MPa 时或压力低于 0.195～0.250 MPa 时断开，中等压力开关在压力为 1.39～1.65 MPa时接通。

(3) 故障解决

把歧管压力表接入空调高压管路和低压管路，检测发动机在 2 000 r/min 时空调系统的压力。经检测在正常范围内，可以判断是压力开关失灵，更换压力开关，故障排除。

【案例二】 空调系统不制冷

(1) 故障现象

一辆马自达 6 轿车打开空调后无冷气输出，经初步观察，虽然空调开关打开了，但空调压缩机并不吸合。

(2) 检查分析

出现这种现象的原因，一般来说是由于某一个开关或传感器给空调控制器发送了空调不可工作的信号。

① 高压开关处于断开状态。表明空调管路压力超出允许范围，控制器会阻止压缩机吸合，从而保护压缩机及管路。

② 低压开关处于断开状态。表明当前系统制冷剂不足，因为压缩机依靠随制冷循环的润滑油来润滑，当制冷剂不足时，如果压缩机强行工作，会因润滑不良而过度磨损，甚至烧毁。

③ 防霜开关处于断开位置。一般空调系统为防止蒸发器结霜，均在蒸发器附近设置防霜开关，也称 1℃ 开关，目的在于当蒸发器温度降至 1℃ 时切断空调，防止蒸发器结霜，降低制冷效果。类似的装置还有很多，如当发动机处于全负荷工况时切断；冷却液高温切断等。

为验证以上想法，我们首先给系统充加氟里昂 750 mL，然后，测量各个开关的导通情况。由于压缩机此时未工作，而系统内又有氟里昂，所以用万用表测量高压开关、低压开关以及防霜开关均应处于导通状态，实测也是如此。由于该车是全自动空调，不好轻易断定是空调控制器存在故障，为防止误判断，可以先进行空调的手动实验。

首先，在管路中接好压力表，以观察压力的变化情况。然后，断开压缩机电磁离合器与空调控制器的电源线，起动发动机，人为地向电磁离合器送入 12 V 电源，使压缩机开始工作，同时观察压力表。这时发现了一个奇怪的现象：低压侧的压力表显示为负值，高压侧压力异常升高，似乎管路中有堵塞的地方。而最容易堵的地方是膨胀阀、干燥器以及蒸发器和冷凝器，于是决定拆卸以上部件进行检查。

(3) 故障排除

由于对蒸发器作业需要拆卸仪表台，本着先易后难的原则先检查其他部件。在检查了所有的部件后，发现膨胀阀堵了，于是更换新件。一切完成后，再次短接电磁离合器，压力正常了，经试车，压缩机终于恢复了正常，空调制冷也恢复了正常。

项目三 汽车空调系统的拆装检修

项目导入

汽车空调系统是移动式车载空调装置，由于道路不平，汽车在行驶中颠簸振动大，汽车空调装置运行时振动也比较大，所以装置中连接管道采用挠性制冷剂管道，同时汽车空调系统的拆装与检修也应符合一定的要求。

本项目主要是使学生通过对汽车空调系统主要总成的拆装与检修，掌握对空调压缩机、冷凝器、蒸发器、鼓风机以及相关电控元件的规范检修与更换。

学习目标

素养目标

- 了解安全操作要求，养成安全文明操作的习惯。
- 养成组员之间互相协作的习惯。
- 操作结束后，清洁工具，并将工具设备归位，清洁场地。

技能目标

- 对空调压缩机、冷凝器、蒸发器、鼓风机以及相关电控元件进行规范检修及更换。

知识目标

- 描述空调系统主要元件的构造与原理。
- 认知空调系统检修的相关技术要求与标准。

学习任务

学习任务 1

◇ 空调压缩机的检修与更换

学习任务 2

◇ 空调冷凝器的检修与更换

学习任务 3

◇ 空调鼓风机/蒸发器的检修与更换

学习任务 4

◇ 空调通风系统检修与更换

学习任务 5

◇ 空调控制面板及各传感器的检修与更换

学习任务 1 空调压缩机的检修与更换

任务目标

任务目标

◎ 认识空调压缩机的常见类型。

◎ 描述斜盘式压缩机的工作原理。

◎ 对空调压缩机进行规范拆装与检修。

教学重点

◎ 空调压缩机的规范拆装与检修。

知识准备

1. 汽车空调压缩机的类型

汽车空调压缩机是汽车空调制冷系统的心脏，起着压缩和输送制冷剂蒸气的作用。不同车型上所采用的压缩机有所不同，具体分为以下几种。

(1) 按工作容积分类

空调压缩机按照工作容积可分为定排量压缩机和变排量压缩机。

定排量压缩机的排气量随着发动机转速的提高而成比例地提高，它不能根据制冷的需求自动改变输出功率，而且对发动机油耗的影响比较大。

变排量压缩机可以根据设定的温度自动调节输出功率。在制冷的全过程中，压缩机始终是工作的，制冷强度的调节完全依赖装在压缩机内部的压力调节阀控制。

(2) 按工作方式分类

空调压缩机按照工作方式可分为往复式压缩机和旋转式压缩机。

往复式压缩机包括：摆盘式压缩机、斜盘式压缩机、曲柄连杆式压缩机，如图 3-1 所示，其中斜盘式压缩机作为目前汽车空调压缩机中使用最为广泛的一种，本书将作具体介绍。

旋转式压缩机包括：涡旋式压缩机和旋叶式压缩机，如图 3-2 所示。

摆盘式压缩机

斜盘式压缩机

曲柄连杆式压缩机

图 3-1 往复式压缩机

涡旋式压缩机

旋叶式压缩机

图 3-2 旋转式压缩机

2. 斜盘式压缩机简介

（1）斜盘式压缩机的组成

以 2007 款卡罗拉 1.6 L/AT 轿车为例，该车使用的空调压缩机是连续可变排量型斜盘式压缩机，它的排量可以根据空调的制冷负荷进行调节。该压缩机由轴、接线板、活塞、滑蹄、曲柄室、气缸和电磁控制阀组成，如图 3-3 所示。

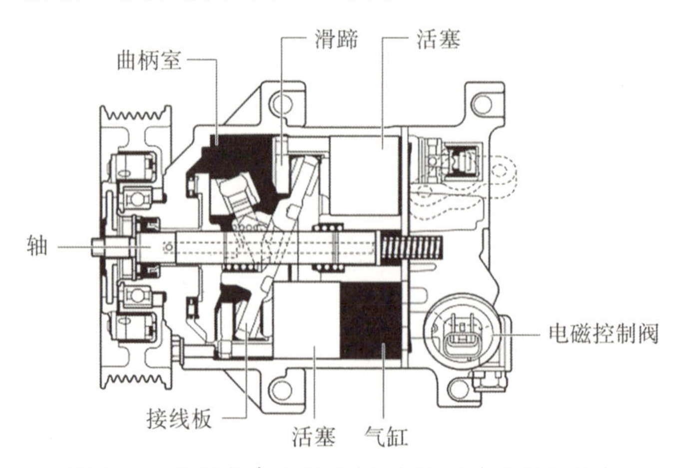

图 3-3 2007 款卡罗拉 1.6 L/AT 轿车压缩机组成

(2) 斜盘式压缩机的工作原理

① 曲柄室与吸气通道相连。电磁控制阀安装在吸气通道(低压)和排放通道(高压)之间。

② 根据空调放大器的信号,电磁控制阀以占空比控制的方式进行工作。

③ 电磁控制阀闭合的时候(电磁线圈通电),会产生一个压差,曲柄室内的压力降低。然后,作用在活塞右侧的压力将高于作用在活塞左侧的压力。这样就会压缩弹簧并倾斜接线板。因此,活塞行程增加且排量增加,如图 3-4a 所示。

④ 电磁控制阀打开(电磁线圈不通电)时,压差消失。然后,作用在活塞左侧的压力将变得与作用在活塞右侧的压力相同。因此,弹簧伸长且消除接线板的倾斜。从而,活塞行程缩减且排量减少,如图 3-4b 所示。

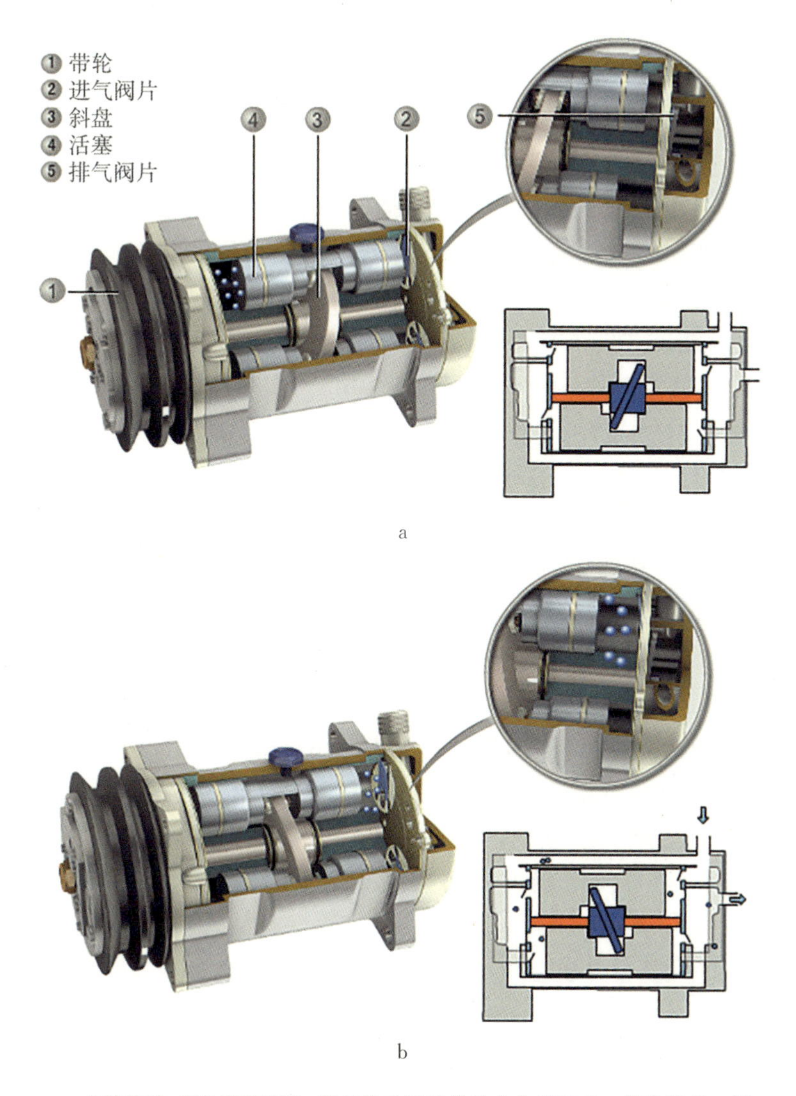

主轴旋转,斜盘随着旋转,斜盘推动活塞做轴向往复运动。斜盘转动一周,左右两个活塞各完成压缩、排气、吸气一个循环。

图 3-4 斜盘式压缩机的工作原理

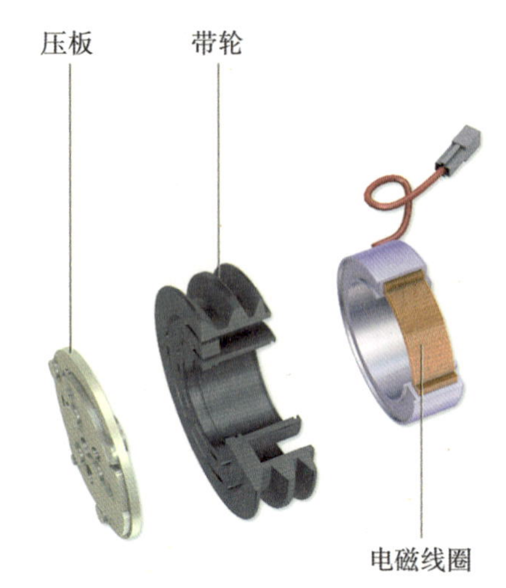

图 3-5　电磁离合器主要结构

3. 压缩机电磁离合器

汽车空调电磁离合器是汽车发动机和汽车空调压缩机之间的一个动力传递装置，汽车空调压缩机是由汽车发动机通过电磁离合器来驱动的。

(1) 电磁离合器的结构

汽车空调电磁离合器主要是由带轮、电磁线圈和驱动盘(压板)等部分组成。

(2) 电磁离合器的工作原理

汽车空调电磁离合器受空调开关、温控器、空调放大器、压力开关等控制，在需要的时候控制发动机与压缩机之间的动力传递。另外，当压缩机过载时，它还能起到一定的保护作用。

电磁线圈固定在压缩机的外壳上，驱动盘与压缩机的主轴相连接，带轮通过轴承安装在压缩机头盖上，可以自由转动。当空调开关接通时，电流通过电磁离合器的电磁线圈，电磁线圈产生电磁吸力，使压缩机的驱动盘与带轮结合，将发动机的转矩传递给压缩机主轴，使压缩机主轴旋转。当断开空调开关时，电磁线圈的吸力消失，在弹簧片作用下驱动盘和带轮脱离，压缩机停止工作。

4. 压缩机常见故障

空调压缩机作为高速旋转的工作部件，出现故障的概率比较高。常见的故障有压缩机异响、制冷剂泄漏以及压缩机不工作等。

(1) 压缩机异响

引起压缩机异响的原因很多，例如压缩机电磁离合器损坏、压缩机内部磨损严重等。

① 压缩机电磁离合器是出现异响的常见部位。压缩机经常在高负荷下从低速到高速变速运转，所以对电磁离合器的要求很高，而且电磁离合器的安装位置一般离地面较近，经常会接触到雨水和泥土，当电磁离合器内的轴承损坏时就会产生异响。

② 除了电磁离合器自身的问题，压缩机传动带的松紧度也直接影响着电磁离合器的寿命。传动带过松，电磁离合器就容易打滑；传动带过紧，电磁离合器上的负荷就会增加。传动带松紧度不当时，轻则会引起压缩机不工作，重则会引起压缩机的损坏。当传动带工作时，如果压缩机带轮以及发电机带轮不在同一个平面内，就会降低传动带或压缩机的寿命。

③ 电磁离合器的反复吸合也会造成压缩机出现异响。例如发电机的发电量不足，空调系统压力过高，或者发动机负荷过大，这些都会造成电磁离合器的反复吸合。

④ 电磁离合器与压缩机安装面之间应该有一定的间隙，如果间隙过大，那么冲击也会增大，如果间隙过小，电磁离合器工作时就会与压缩机安装面之间产生运动干涉，这也是产生异响的一个常见原因。

⑤ 压缩机工作时需要可靠的润滑。当压缩机缺少润滑油，或者润滑油使用不当时，压缩

机内部就会产生严重异响，甚至造成压缩机因磨损而报废。

(2) 制冷剂泄漏

制冷剂泄漏是空调系统的最常见问题。压缩机泄漏的部位通常在压缩机与高低压管的接合处，此处通常因为安装位置的原因，检查起来比较麻烦。空调系统内部压力很高，当制冷剂泄漏时，压缩机润滑油会随之损失，这会导致空调系统不工作或压缩机的润滑不良。空调压缩机上都有泄压保护阀，泄压保护阀通常是一次性使用的，在系统压力过高进行泄压操作后，应该及时更换泄压保护阀。

(3) 压缩机不工作

空调压缩机不工作的原因有很多，通常是因为相关电路的问题。可以通过给压缩机电磁离合器直接供电的方式初步检查压缩机是否损坏。

(一) 实施方案

1. 质量要求

参照厂家的质量标准要求。

2. 组织方式

每四位同学一组，按照要求对 2007 款卡罗拉 1.6 L/AT 轿车手动空调压缩机进行就车检查、拆卸、检查、安装，并对空调进行制冷剂的回收、加注和检漏，按照企业岗位操作规范进行作业。每组作业时间为 45 min。

3. 作业准备

(1) 技术要求与标准

以 2007 款卡罗拉 1.6 L/AT 手动空调轿车为例：

① 新压缩机的机油容量(mL)：(90+15)-(拆下的压缩机中的残余机油量)=(更换时需要从新压缩机中排出的机油量)。如果安装新的压缩机时没有排出残留在车辆管路中的一些机油，油量将会过量。这会妨碍制冷剂循环的热交换，导致制冷系统失效。如果拆下的压缩机中残余的油量过少，应检查是否漏油。

② 压缩机的安装力矩：25 N·m。

③ 压缩机润滑油型号：ND-OIL8 或同类产品。

(2) 设备器材

本任务实施需要用到的设备器材如图 3-6 所示。

(3) 场地设施

理实一体化教室、废气排放装置、消防设施等。

(4) 设备设施

2007 款卡罗拉 1.6 L/AT 轿车、常用工具、工具车、零件车、标保工具车、垃圾桶等。

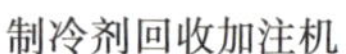
制冷剂回收加注机

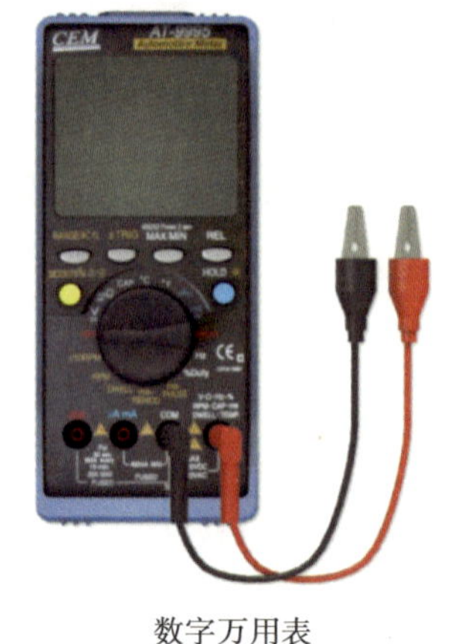
数字万用表

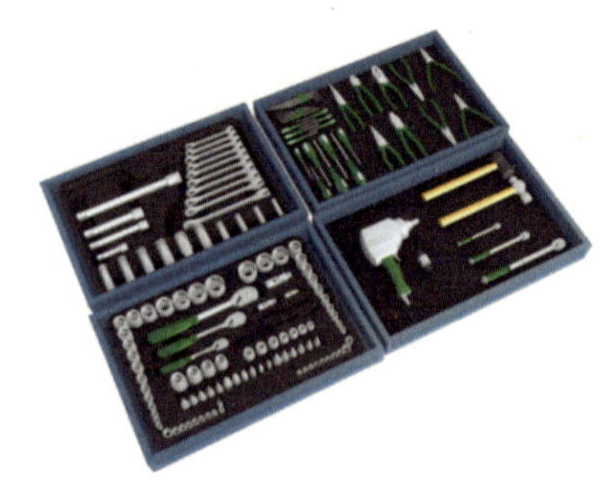
常用工具(一套)

图 3-6 设备器材

(5) 安全防护

车轮挡块、室内三件套等。

(6) 耗材

干净抹布。

(二) 操作步骤

1. 就车检查压缩机工作情况

(1) 检查压缩机的金属噪声

检查空调开关打开时和压缩机运行时压缩机是否有金属噪声。如果有金属噪声，则检查压缩机传动带或更换压缩机和带轮。

(2)检查制冷剂压力(参见项目二学习任务 5)

如果制冷剂压缩不足，则检查压缩机传动带或更换压缩机和带轮。

(3) 检查制冷剂是否泄漏(图 3-7)

使用制冷剂检漏仪检查制冷剂是否泄漏。如果有泄漏，则更换压缩机和带轮。

图 3-7 检查制冷剂是否泄漏

(4) 检查压缩机和带轮

检查压缩机和皮带轮的工作情况(图 3-8)。

① 起动发动机。

② 检查压缩机带轮。

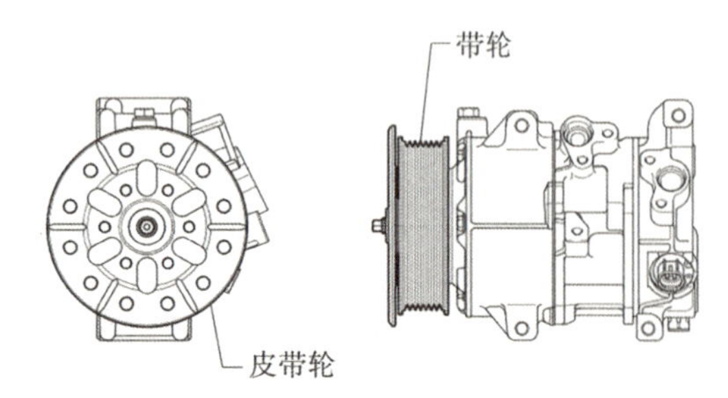

图 3-8 检查压缩机和带轮的工作情况

◇ 看压缩机轴和带轮是否一起转动。

如果检查下来的结果不符合规定，则更换压缩机和带轮。

2. 拆卸压缩机

① 回收制冷系统中的制冷剂。

② 拆卸散热器上空气导流板。

③ 拆卸发动机后部右侧底罩。

④ 拆卸多楔带。

⑤ 断开吸入软管分总成：

第一，拆下螺栓并将吸入软管分总成从压缩机和带轮上断开(图 3 - 9)。

第二，将 O 形圈从冷却器 1 号制冷剂吸入软管上拆下。

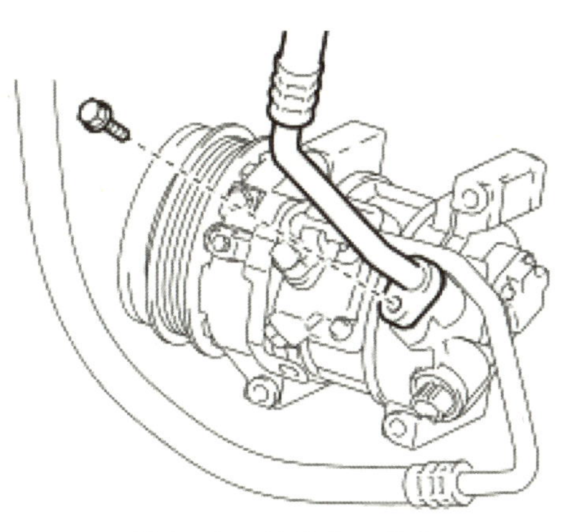

图 3 - 9 断开吸入软管

◇ 用聚氯乙烯绝缘带将断开部件的开口处进行密封处理，防止湿气和异物进入。

⑥ 断开排放软管分总成：

第一，拆下螺栓并将排放软管分总成从压缩机和带轮上断开(图 3 - 10)。

第二，从排放软管分总成上拆下 O 形圈。

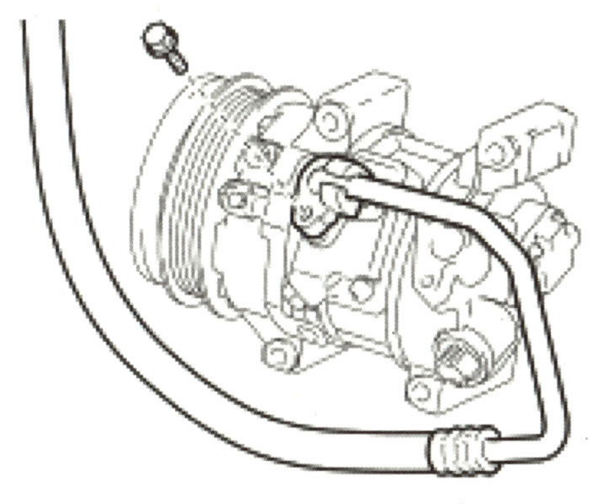

图 3 - 10 断开排放软管

◇ 用聚氯乙烯绝缘带将断开部件的开口处进行密封处理，防止湿气和异物进入。

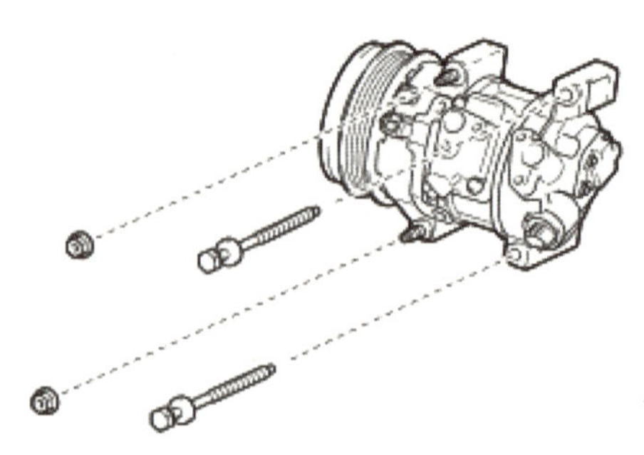

图 3－11 拆卸带有带轮的压缩机

⑦ 拆卸带有带轮的压缩机总成（图 3－11）：

第一，断开连接器。

第二，拆下 2 个螺栓和 2 个螺母。

第三，使用“TORX”套筒扳手（E8）拆下 2 个双头螺栓和带有带轮的压缩机总成。

没有线束连接的零部件：（空调压缩机）

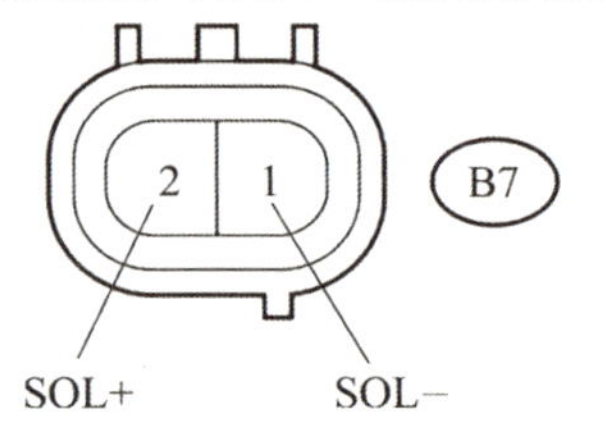

图 3－12 空调压缩机电磁离合器检测

3. 检测空调压缩机电磁离合器电阻（图 3－12）

根据表 3－1 中的值测量电阻，如果电阻不符合规定，则应更换压缩机电磁离合器。

表 3－1 电磁离合器电阻检测

检测仪连接	条件	规定状态
B7－2（SOL＋）－B7－1（SOL－）	20℃（68°F）	10～11 Ω

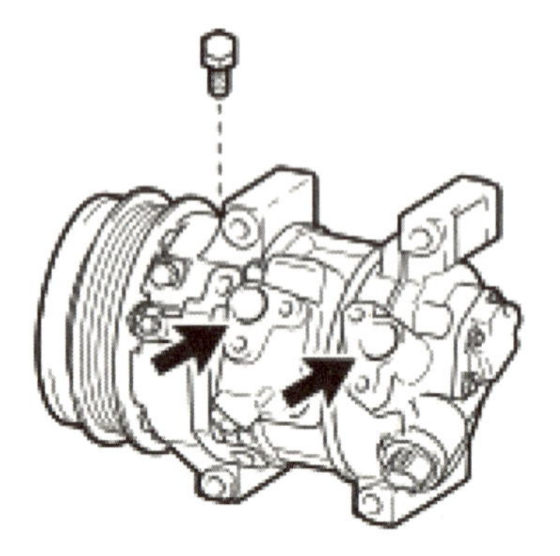

图 3－13 调节压缩机机油油位

4. 安装压缩机

① 调节压缩机机油油位（图 3－13）：在更换新的冷却器压缩机总成时，将惰性气体（氦气）从维修阀中逐渐排出，并在安装前将剩余机油沿箭头指示方向从通风管中排出。

◇ 放油螺栓和垫圈可以重复使用。

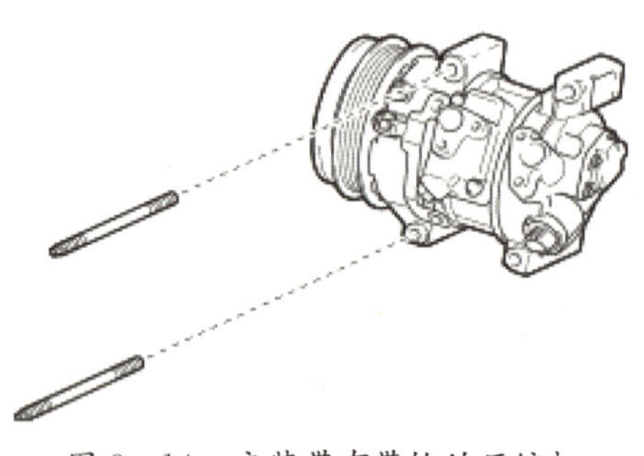

图 3－14 安装带有带轮的压缩机

② 安装带带轮的压缩机总成（图 3－14）：

第一，使用“TORX”梅花套筒扳手（E8），用 2 个双头螺栓安装带有带轮的压缩机总成。

◇ 设置力矩：9.8 N·m。

第二，用 2 个螺栓和 2 个螺母安装带有带轮的压缩机总成。

◇ 设置力矩：25 N·m。

连接连接器。

③ 连接排放软管分总成(图 3－15)：

第一，将缠绕的聚氯乙烯绝缘带从软管上拆下。

第二，在新 O 形圈以及带有带轮的压缩机总成的装配面上充分涂抹压缩机机油。

第三，将 O 形圈安装到排放软管分总成上。

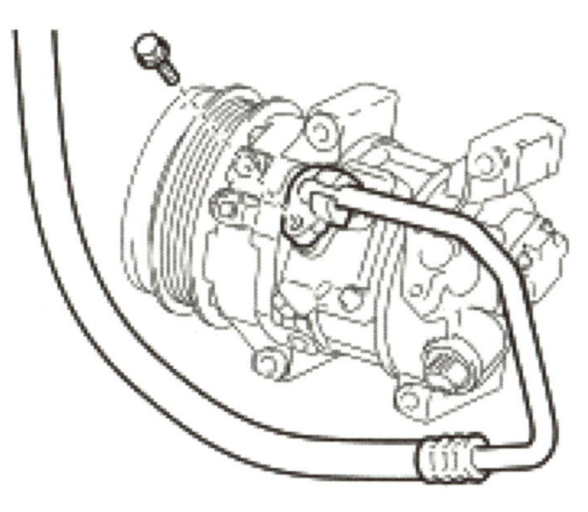

图 3－15　连接排放软管

◇ 设置力矩：9.8 N·m。

第四，用螺栓将排放软管分总成安装到带有带轮的压缩机总成上。

④ 连接吸入软管分总成(图 3－16)：

第一，将缠绕的聚氯乙烯绝缘带从软管上拆下。

第二，在新 O 形圈以及带有带轮的压缩机总成的装配面上充分涂抹压缩机机油。

第三，将 O 形圈安装到排放软管分总成上。

第四，用螺栓将排放软管分总成安装到带有带轮的压缩机总成上。

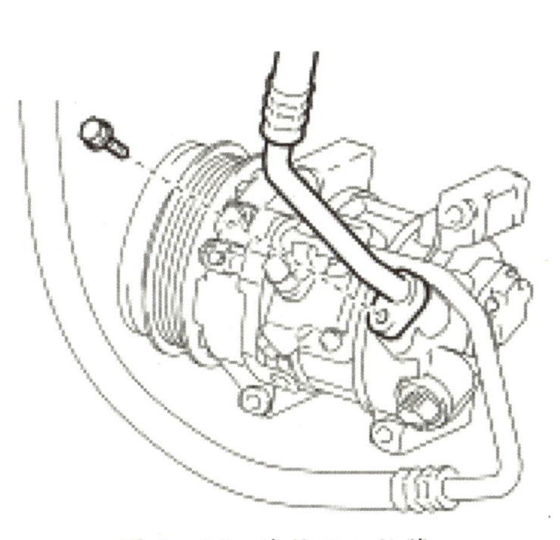

图 3－16　连接吸入软管

◇ 设置力矩：9.8 N·m。

⑤ 安装多楔带。

⑥ 调节多楔带。

⑦ 检查多楔带。

⑧ 安装散热器上空气导流板。

⑨ 加注制冷剂。

5. 试车检查

① 起动发动机，使发动机冷却液温度达到正常工作温度范围。

② 关闭发动机，检查制冷管路的压力，确保高、低压压力值不低于 350 kPa。

◇ 检漏的部位包括：制冷剂管路各接头，高、低压阀口，软管，压缩机泵头等。要求检查上述部件的下方。

③ 使用电子式卤素检漏仪对制冷系统各连接处进行检漏，确保各处均无泄漏。

1. 汽车空调压缩机的种类

汽车空调压缩机是汽车空调制冷系统的心脏，其作用是压缩和输送制冷剂蒸气。根据其工作原理不同，空调压缩机可以分为定排量压缩机和变排量压缩机。根据工作方式的不同，空调压缩机又可分为往复式压缩机和旋转式压缩机。

2. 斜盘式压缩机简介

斜盘式压缩机是汽车空调压缩机中使用最为广泛的一种，它的排量可以根据空调的制冷负荷进行调节。这种压缩机主要由轴、接线板、活塞、滑蹄、曲柄室、气缸和电磁控制阀组成。

3. 压缩机电磁离合器

汽车空调电磁离合器是汽发动机和空调压缩机之间的一个动力传递装置，其主要由带轮、电磁线圈和驱动盘(压板)等部分组成。汽车空调电磁离合器受空调开关、温控器、空调放大器、压力开关等控制,在需要的时候控制发动机与压缩机之间的动力传递。另外,当压缩机过载时,它还能起到一定的保护作用。

4. 压缩机常见故障

空调压缩机是在空调制冷时高速旋转的部件,出现故障的概率比较高,其常见的故障有压缩机异响、制冷剂泄漏以及压缩机不工作等。

5. 压缩机的检修

汽车空调压缩机的检修原则一般是先就车检查压缩机工作情况,之后拆卸压缩机做相应的检测和维修。

任务评价

(一) 课堂练习

1. 填空题

(1) 空调压缩机按照工作容积分为________压缩机和________压缩机。

(2) 空调压缩机按照工作方式分为________压缩机和________压缩机。

(3) 压缩机排放软管螺栓的拧紧力矩是________N·m。

(4) 卡罗拉手动空调压缩机电磁离合器在20℃的标准阻值应为________Ω。

2. 选择题

(　　)(1) 以下哪种压缩机,不属于往复式压缩机?

A. 摆盘式压缩机　　B. 斜盘式压缩机

C. 涡旋式压缩机　　D. 曲柄连杆式压缩机

(　　)(2) 以下哪种压缩机,属于旋转式压缩机?

A. 摆盘式压缩机　　B. 斜盘式压缩机

C. 涡旋式压缩机　　D. 曲柄连杆式压缩机

(二) 技能评价(表3-2)

表3-2　技能评价表

序号	内　　容	分值	得分
1	就车检查压缩机工作情况	10	
2	回收制冷系统中的制冷剂	10	
3	拆卸压缩机相关附件	10	

续 表

序号	内　容	分值	得分
4	拆卸带有带轮的压缩机总成	10	
5	检查空调压缩机电磁离合器	10	
6	调节压缩机机油油位	10	
7	安装带有带轮的压缩机总成	10	
8	连接排放及吸入软管分总成	10	
9	安装压缩机相关附件	10	
10	加注制冷剂及检漏	10	
总分		100	

（注：操作规范即得分，操作错误或未进行操作计 0 分）

学习任务 2 空调冷凝器及储液干燥器的检修与更换

任务目标

任务目标

◎ 认识冷凝器的常见类型。

◎ 描述冷凝器的工作原理。

◎ 熟知冷凝器的常见故障。

◎ 描述储液干燥器的作用和结构。

◎ 熟知储液干燥器的常见故障。

◎ 对冷凝器进行规范拆装与检修。

◎ 对储液干燥器进行规范拆装与检修。

教学重点

◎ 冷凝器的工作原理及冷凝器的常见故障。

◎ 储液干燥器的结构及储液干燥器的常见故障。

知识准备

1. 冷凝器的类型

常见空调冷凝器有：圆管式冷凝器、管带式冷凝器、平行流式冷凝器。

(1) 圆管式冷凝器

圆管式冷凝器也称管片式冷凝器，如图 3－17 所示。它是汽车空调中早期采用的一种冷

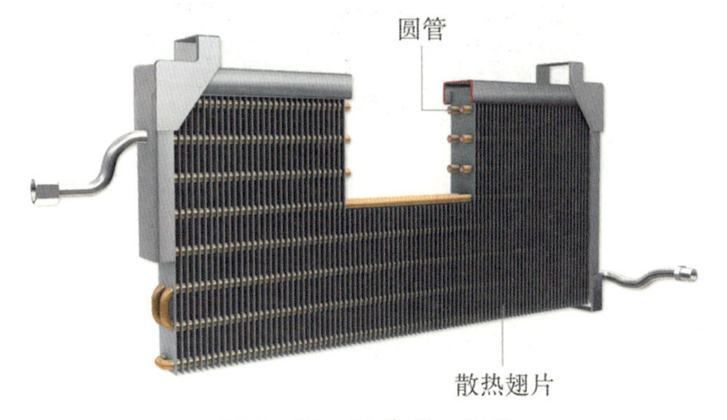

图 3－17 圆管式冷凝器

凝器，制造工艺简单。即用胀管法将铝翅片胀紧在紫铜管上，管的端部用 U 形弯头焊接起来，这种冷凝器清理焊接氧化皮较麻烦，而且其散热效率较低。

（2）管带式冷凝器

管带式冷凝器一般是将宽度为 22 mm、32 mm、44 mm、48 mm 的带状扁管弯成蛇形管，在其中安置散热带，然后进入真空加热炉，将管带间焊好，如图 3－18 所示。管带式可以轧制成多孔式，这样能增大蒸气和环境的热交换面积。这种冷凝器的传热效率比管片式可提高 15%～20%，所以近年来使用得较多。

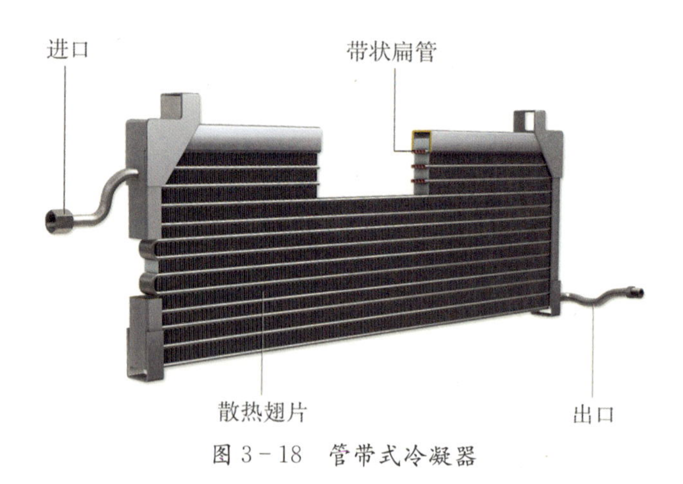

图 3－18 管带式冷凝器

（3）平行流式冷凝器

平行流式冷凝器是一种管带式结构，由圆筒集管、铝制圆管、波形散热翅片及连接管组成，如图 3－19 所示。它是为适应新工质 R134a 而研制的新结构冷凝器，2007 款卡罗拉 1.6 L/AT轿车即采用了这种结构的冷凝器。

图 3－19 平行流式冷凝器

平行流式冷凝器与普通管带式冷凝器的最大区别是，管带式只是一条扁管从始至终地呈蛇形弯曲，制冷剂只在这一条通道中流动而进行热交换。由于其流程长，管带式的管道压力损失大；又由于进入冷凝器时制冷剂是气态，比容大，需要大通径，出冷凝器时已完全变成液态，比容小，只需要较小的通径，而普通管带式结构的管径从头至尾是相同的，这对充分进行热交换是不利的，管道内空间未被充分利用，而且增加了排气压力及压缩机功耗。而平行流冷凝器则是在两条集流管间用多条扁管相连，将几条扁管隔成一组，形成进入处管道多，逐渐减少每组管道数，实现了冷凝器内制冷剂温度及流量分配均匀，提高了换热效率，降低了制冷剂在冷凝中的压力损耗，这样就可减少压缩机功耗。由于管道内换热面积得到充分利用，对于同样的迎风面积，平行流式冷凝器的换热量得到了提高。

2. 冷凝器的工作原理

高温高压气态制冷剂经由冷凝器，通过空气的流动，把热量散发出去，如图 3－20 所示，所以冷凝器就是将制冷剂蒸气冷凝成制冷剂液体的一个器件。因为它要不断地散热，其表面温度比较高，所以汽车空调系统的冷凝器后方一般安装有冷却风扇，采用强制送风的方式辅助冷凝器将热量交换到大气中。

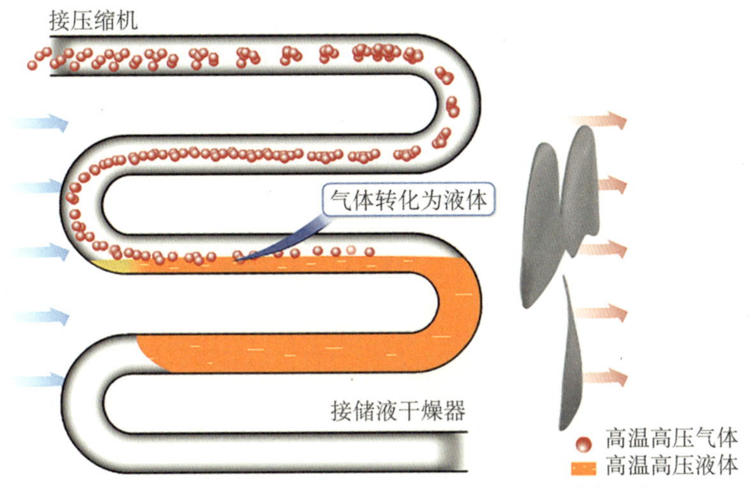

图 3－20 冷凝器工作原理

3. 冷凝器的常见故障

冷凝器的常见故障有外部堵塞、损坏泄漏。

冷凝器外部堵塞是因为空调冷凝器大多布置在车前部、侧面或车底部，尘土、树叶、飞虫及外来其他异物等很容易聚集在冷凝器散热片之间，引起空气流通不畅，导致冷凝器散热不良。另外，地面泥浆溅入，管子和散热片表面的泥尘也会影响冷凝器的散热，泥浆同时还会腐蚀冷凝器管子和散热片。因此，冷凝器散热片及盘管必须保持表面清洁，要经常对其表面进行检查和清洗。冷凝器表面一般可用软毛刷和自来水清洗，注意不要弄弯散热片，如果发现散热片倒伏，应加以矫正。

冷凝器泄漏多是由撞击或自身部件质量问题引起，而且泄漏部位会有明显的油迹。因冷凝器承受高温高压，所以对漏洞不宜自行采用焊接方法维修，最好送专业维修人员修理，或发现有泄漏就更换新的冷凝器。

4. 储液干燥器的作用

由于汽车空调正常工作时，制冷剂的供应量大于蒸发器的需要量，所以高压侧液态制冷剂有一定的储存量；同时，随着季节的变化，在系统不运行或检修、更换系统内的零件时，可以将系统中的制冷剂收回到高压侧进行储存，以免制冷剂泄漏。因此在汽车空调制冷系统中，需设置储液干燥器用来临时存储冷凝器液化的制冷剂并进行干燥和过滤处理。储液干燥器用于膨胀阀式制冷循环，其具体作用体现在以下三个方面(图 3－21)：

储液干燥器工作原理

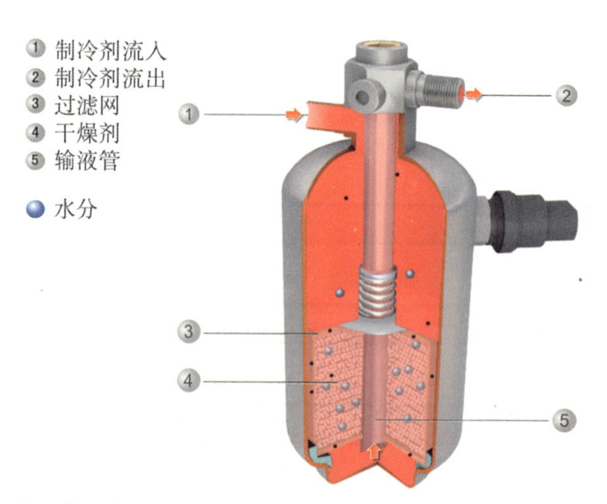

高温高压液态制冷剂进入储液干燥剂中，经过滤网去除杂质，再经干燥剂去除水分，通过输液管排出。

图 3－21 储液干燥器工作原理

① 储存制冷剂：接受从冷凝器来的液体并加以储存，根据蒸发器的需要提供所需制冷剂量。

② 过滤杂质：将系统中经常会出现的杂质、脏物，譬如锈迹、污垢、金属粒等过滤掉。这些杂质不但会损伤压缩机气缸壁和轴承，还会堵塞过滤网和膨胀阀。

③ 吸收湿气：汽车空调制冷系统中湿气要求越少越好，因为湿气会造成“冰塞”并腐蚀系统管道等，使之不能正常工作。

5. 储液干燥器的结构

储液干燥器由干燥器盖、干燥器体、输液管、过滤部分、干燥部分组成(图 3－22)。干燥器盖上设有进液孔和出液孔，并装有视察窗和易熔塞。易熔塞的中部开有小孔，孔中灌有低熔点金属。当高压侧压力达到 2.9 MPa、温度达到 95℃时、低熔点金属就熔化，并把制冷剂排放到大气中去，防止整个系统遭受损坏。视察窗则是用来观察制冷系统内制冷剂的流动状况的。

有些储液干燥罐上还装有维修阀，供维修制冷系统安装压力表和加注制冷剂之用；有些车型的储液干燥罐上装有压力开关，可在系统压力不正常时，中止压缩机工作。

储液干燥器结构

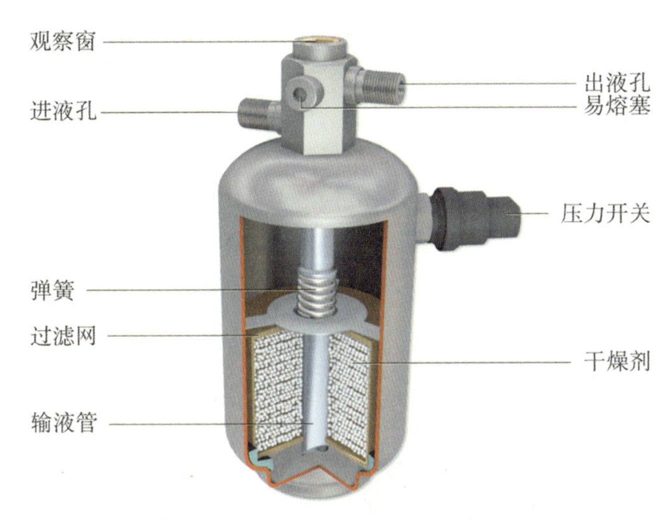

图 3－22 储液干燥器结构

6. 储液干燥器的常见故障

储液干燥器的常见故障有堵塞、水分过多。

储液干燥器出现堵塞的原因主要是当空调系统中其他部件破损或者汽车发生事故时，空调系统中会有过多铁屑、杂质进入储液干燥器，进而造成空调系统的堵塞。维修时通过检查干燥储液器前后的温度或者压力差就可以判断是否出现堵塞现象，当出现堵塞时需更换新的储液干燥器。

储液干燥器内部水分过多的原因是在维修空调过程中维修技师经常把拆开的空调管路放在一边，等待新的配件或者其他空调故障等情况导致制冷剂管路暴露在空气中，储液干燥器会吸收过多空气中的水分而失去干燥的作用，使得空调系统中出现冰堵的故障。具体故障现象是空调一会制冷，一会不制冷。解决方法为更换新的储液干燥器。

任务实施

（一）实施方案

1. 质量要求

参照厂家的质量标准要求。

2. 组织方式

每四位同学一组，按照工作页要求对 2007 款卡罗拉 1.6 L/AT 轿车手动空调冷凝器和储液干燥器进行拆卸、拆解、装配及安装，并对空调进行制冷剂的回收、加注和检漏。需要说明的是 2007 款卡罗拉 1.6 L/AT 轿车的冷凝器与储液干燥器为一体式结构，需要将冷凝器和储液干燥器整体拆卸后，在拆解冷凝器的过程中拆卸储液干燥器。按照企业岗位操作规范进行作业。每组作业时间为 45 min。

3. 作业准备

(1) 技术要求与标准

以 2007 款卡罗拉 1.6 L/AT 轿车为例，如果更换了新冷凝器和储液干燥器，则在安装前需要向新冷凝器和储液干燥器中加注压缩机机油。加注容量 40 mL，型号为 ND - 8 或同类产品。

(2) 设备器材

本任务实施需要使用到的设备器材如图 3 - 23 所示。

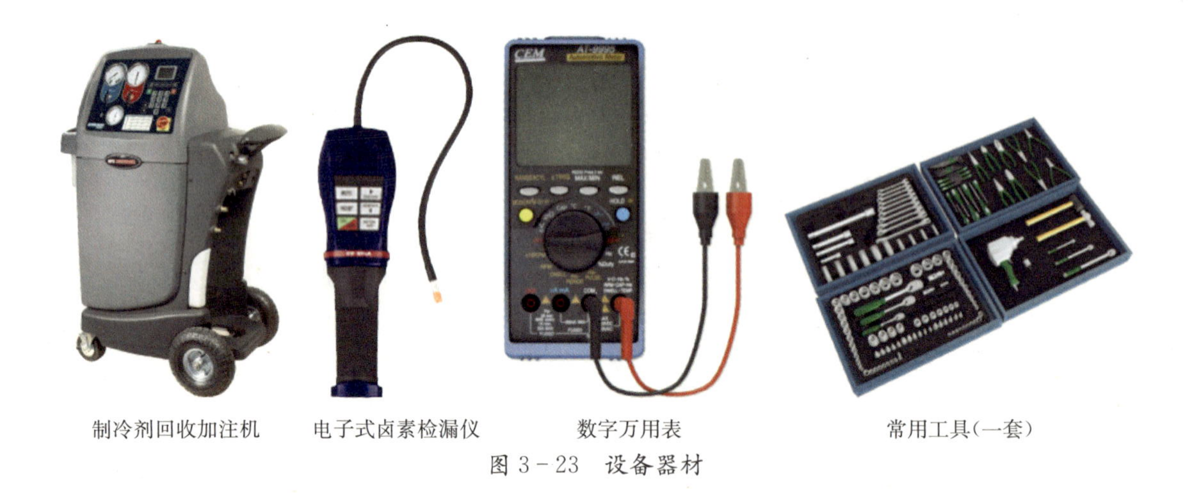

制冷剂回收加注机　电子式卤素检漏仪　数字万用表　常用工具(一套)

图 3 - 23　设备器材

(3) 场地设施

理实一体化教室、废气排放装置、消防设施等。

(4) 设备设施

2007 款卡罗拉 1.6 L/AT 轿车、常用工具、工具车、零件车、标保工具车、垃圾桶等。

(5) 安全防护

车轮挡块、室内三件套等。

(6) 耗材

干净抹布。

（二）操作步骤

1. 就车检查冷凝器

① 对冷凝器的表面进行清洁处理。如果灰尘太多的话，必须要及时清洁，可以用溶剂和软毛刷进行处理。

② 检查冷凝器散热翅片是否变形而影响空气从冷凝器表面吹过，如果翅片发生变形（图 3－24）可以考虑给予矫正或更换冷凝器。

③ 检查冷凝器是否存在管路变形或泄漏，如果存在应予以更换。

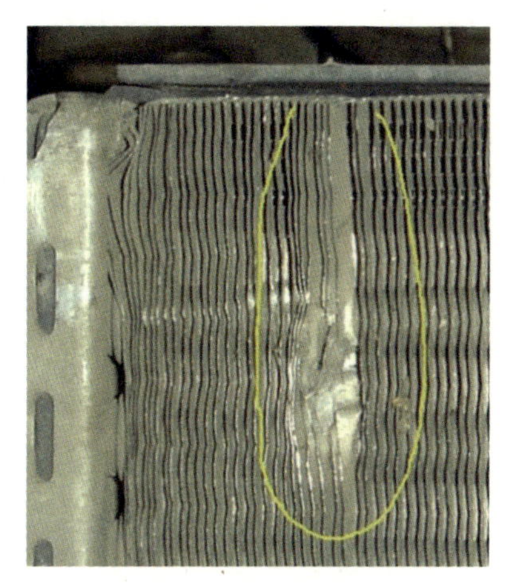

图 3－24 散热翅片变形

2. 拆卸冷凝器

① 拆卸散热器上空气导流板（图 3－25）。

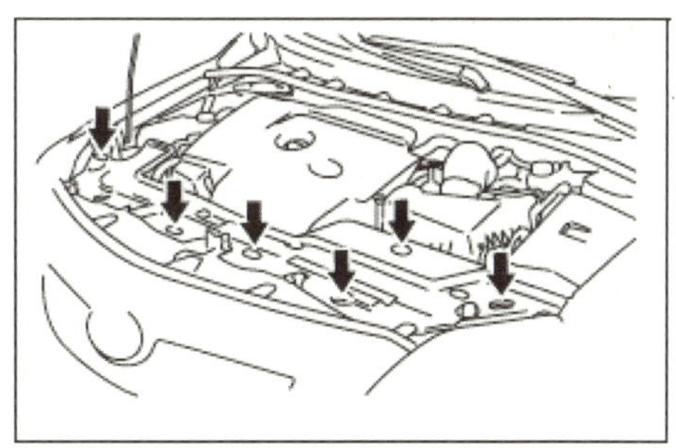

图 3－25 拆卸空气导流板

② 拆卸散热器格栅防护罩（图 3－26）。

图 3－26 拆卸散热器格栅防护罩

③ 拆卸前保险杠总成：

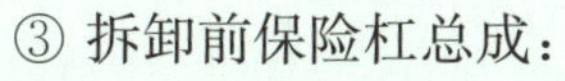

第一，使用螺钉旋具，将销转动 90°并拆下销固定卡子（右侧与左侧顺序相同）（图 3－27）。

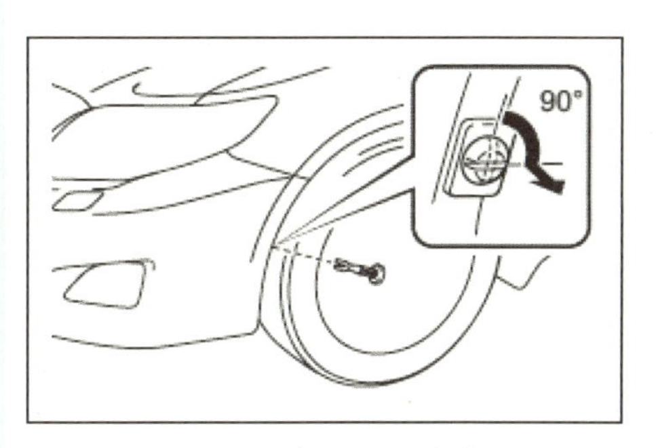

图 3－27 拆下销固定卡子

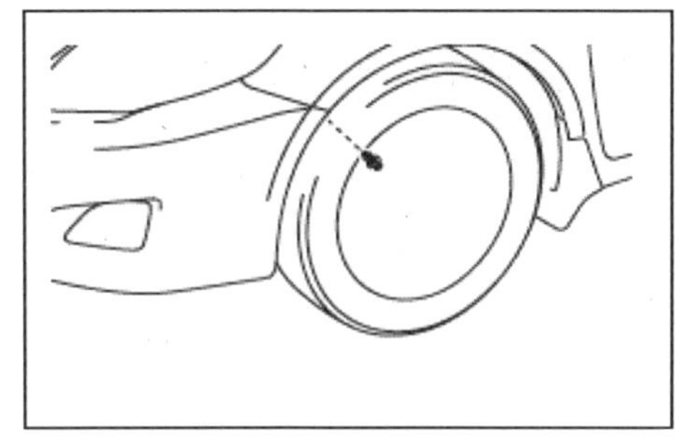

图 3－28 拆下卡子

第二，拆下卡子（右侧与左侧顺序相同）（图 3－28）。

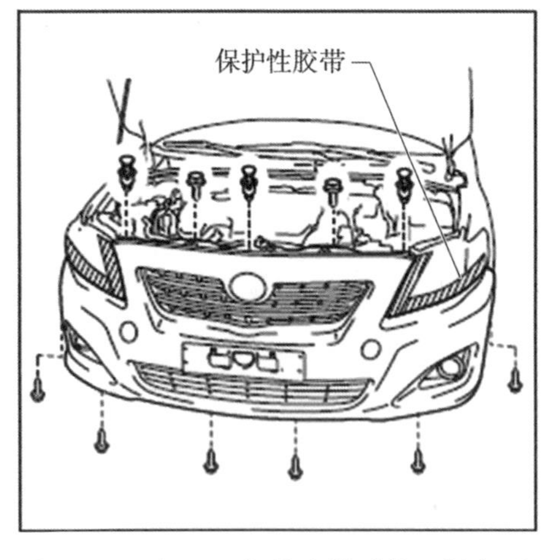

图 3－29 粘贴保护性胶带并拆下螺钉、螺栓和卡子

第三，沿前保险杠总成四周粘贴保护性胶带。

第四，拆下 6 个螺钉、2 个螺栓和 3 个卡子（图 3－29）。

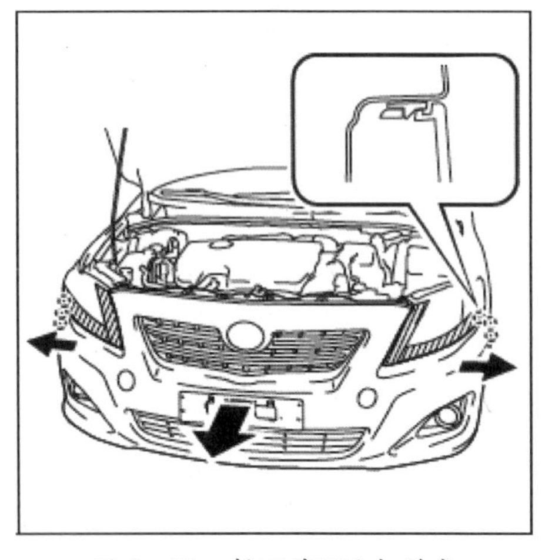

图 3－30 拆下前保险杠总成

第五，脱开卡爪并拆下前保险杠总成（图 3－30）。

第六，断开连接器。

④ 断开 1 号水软管卡夹支架(图 3－31)。

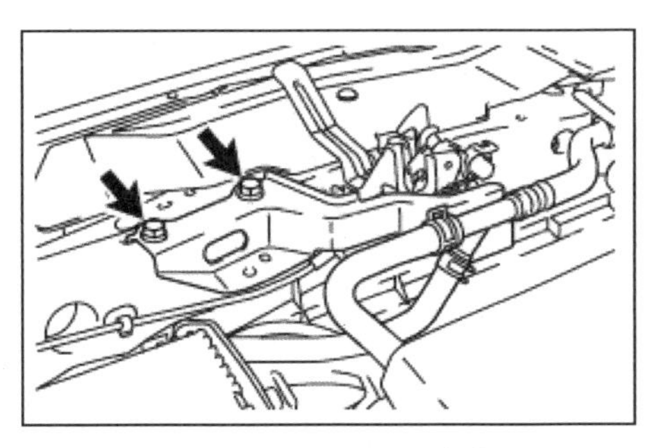

图 3－31 断开 1 号水软管卡夹支架

⑤ 断开发动机盖锁总成。

第一,断开连接器(图 3－32。)。

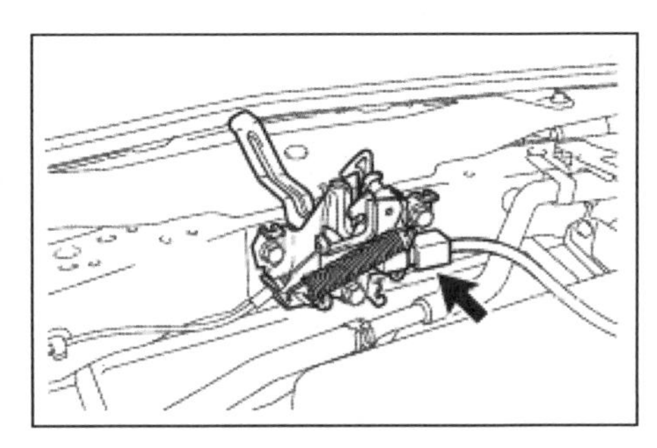

图 3－32 断开连接器

第二,断开发动机盖锁控制拉索(图 3－33)。

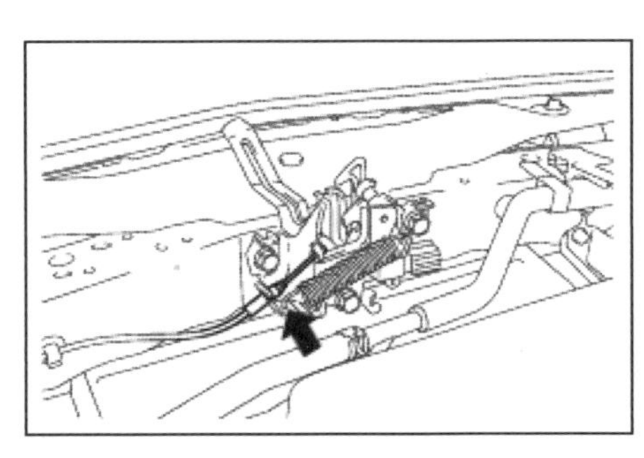

图 3－33 断开发动机盖锁控制拉索

第三,拆下 3 个螺栓和发动机盖锁总成(图 3－34)。

图 3－34 拆下发动机盖锁总成

图 3－35　拆卸 2 号风扇罩

⑥ 拆卸 2 号风扇罩(1ZR－FE)(图 3－35)。

⑦ 回收制冷系统中的制冷剂。

图 3－36　断开排放软管分总成

⑧ 断开排放软管分总成(图 3－36)：

第一,拆下螺栓并将排放软管分总成从冷凝器上断开。

第二,从排放软管分总成上拆下 O 形圈。

◇ 应使用聚氯乙烯绝缘带密封断开部件的开口处,防止湿气和异物进入。

图 3－37　断开空调管路和附件总成

⑨ 断开空调管路和附件总成(图 3－37)：

第一,拆下螺栓并将排放软管分总成从冷凝器上断开。

第二,从排放软管分总成上拆下 O 形圈。

⑩ 拆卸带接收器的冷凝器总成(图 3-38)。

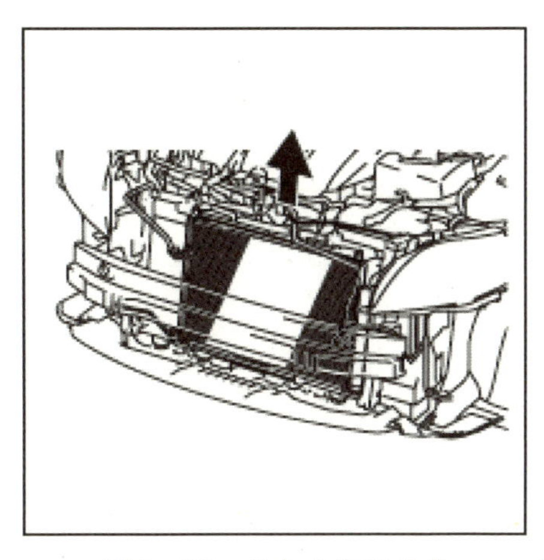

图 3-38 拆卸冷凝器总成

◇ 应使用聚氯乙烯绝缘带密封断开部件的开口处,防止湿气和异物进入。

3. 拆解冷凝器

① 拆卸 4 个冷凝器缓冲垫(图 3-39)。

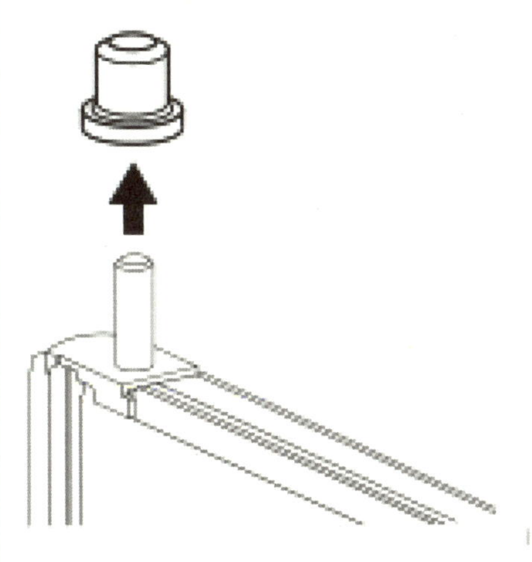

图 3-39 拆下冷凝器缓冲垫

② 拆卸储液干燥器:

第一,用 14 mm 直六角扳手拆下储液干燥器上的盖(图 3-40)。

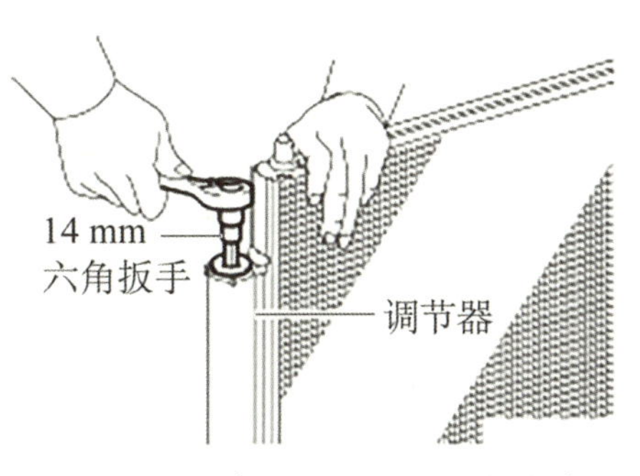

图 3-40 拆下储液干燥器上的盖

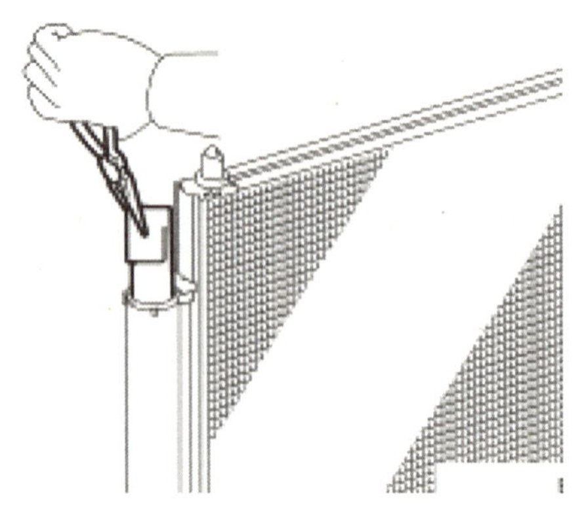

图 3 - 41 拆下储液干燥器

第二，用钳子拆下储液干燥器（图 3 - 41）。

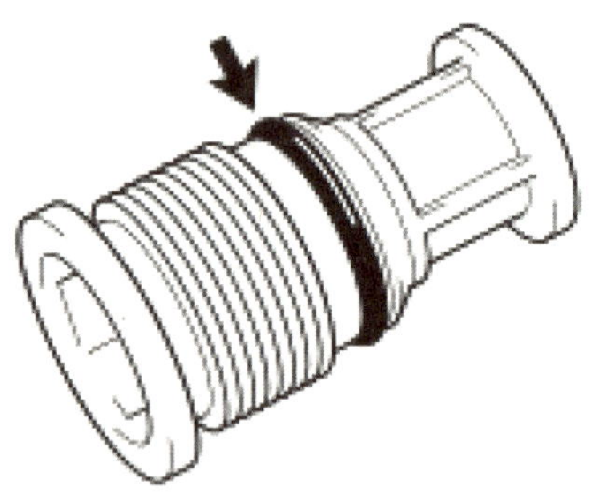

图 3 - 42 安装储液干燥器

4. 装配冷凝器

① 安装储液干燥器（图 3 - 42）：

第一，用钳子将储液干燥器安装到调节器上。

第二，将压缩机机油充分涂抹到 O 形圈和盖的装配面上。

◇ 力矩：2.9 N·m。

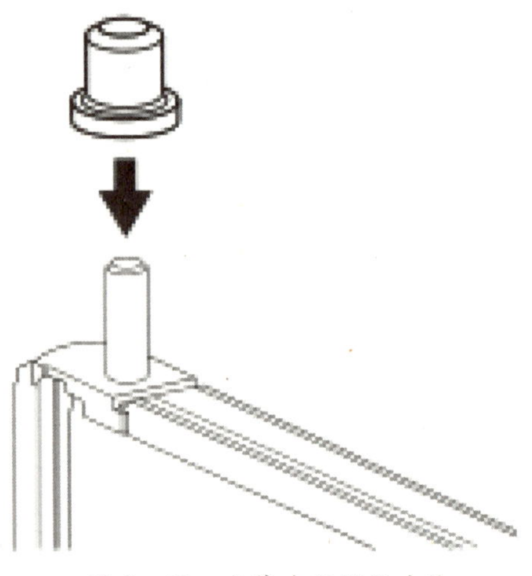

图 3 - 43 安装冷凝器缓冲垫

第三，用 14 mm 直六角扳手将盖安装在冷凝器芯上。

② 安装 4 个冷凝器缓冲垫（图 3 - 43）。

5. 安装冷凝器

① 安装带接收器的冷凝器总成(图 3－44)。

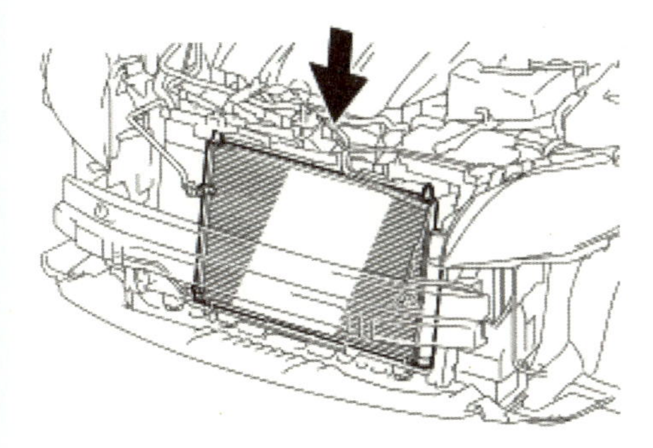

图 3－44 安装冷凝器

如果更换了新冷凝器,则需要向新冷凝器中加注压缩机机油。

② 连接空调管和附件总成(图 3－45):

第一,从冷却器冷凝器总成的管和连接部位上拆下缠绕的聚氯乙烯绝缘带。

第二,将压缩机机油充分涂抹到新 O 形圈和管接头处的装配面上。

第三,将 O 形圈安装至空调管和附件总成。

第四,用螺栓将空调管和附件分总成安装至冷却器冷凝器总成上。

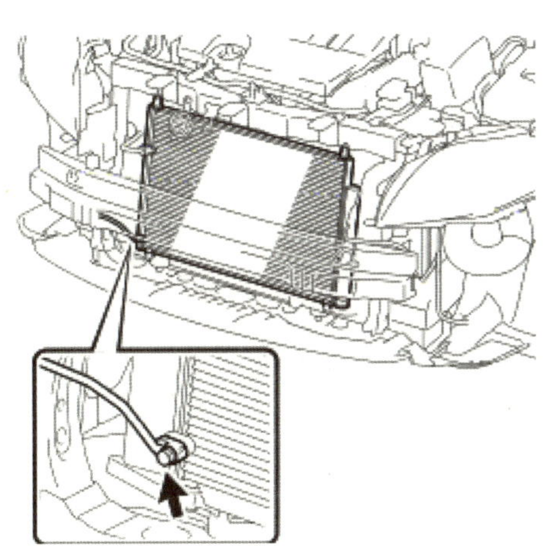

图 3－45 连接空调管和附件总成

③ 连接排放软管分总成

第一,从冷却器冷凝器总成的管道和连接部位上拆下缠绕的聚氯乙烯绝缘带。

第二,在新 O 形圈和管接头的装配表面上充分涂抹压缩机机油。

第三,将 O 形圈安装到排放软管的分总成上。

第四,用螺栓将排放软管分总成安装到冷却器冷凝器总成上(图 3－46)。

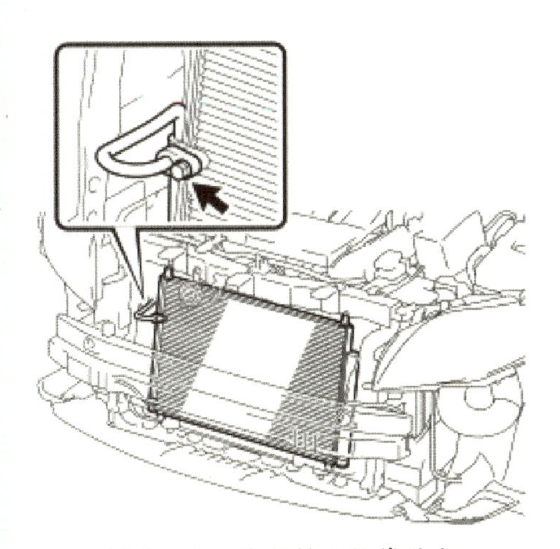

图 3－46 连接排放软管总成

◇ 力矩：5.4 N·m。

④ 加注制冷剂。

⑤ 安装 2 号风扇罩。

⑥ 安装发动机盖锁总成。

⑦ 检查发动机盖分总成。

⑧ 调整发动机盖分总成。

⑨ 连接 1 号水软管卡夹支架。

⑩ 安装前保险杠总成。

⑪ 安装散热器格栅防护罩。

⑫ 安装散热器上空气导流板。

◇ 力矩：5.4 N·m。

6. 试车检查

① 起动发动机，使发动机冷却液温度达到正常工作温度范围。

② 关闭发动机，检查制冷管路的压力，确保高、低压压力值不低于 350 kPa。

③ 使用电子式卤素检漏仪对制冷系统各连接处进行检漏，确保各处均无泄漏。

1. 冷凝器的类型

汽车空调冷凝器是一个热交换器，它的性能直接影响汽车空调的制冷效果，其常见的类型有圆管式冷凝器、管带式冷凝器、平行流式冷凝器。

2. 冷凝器的工作原理

冷凝器通过热交换的方式将气态制冷剂冷凝成液态制冷剂，因需要不断地散热，其表面温度比较高，所以冷凝器后方一般安装有冷却风扇，采用强制送风的方式辅助冷凝器将热量交换到大气中。

3. 冷凝器的常见故障

冷凝器是随车运行的部件，受环境和路况的影响，其常见故障主要有外部堵塞、损坏泄漏。

4. 储液干燥器的作用

储液干燥器主要用于临时存储冷凝器液化的制冷剂并对其进行干燥和过滤处理。

5. 储液干燥器的结构

储液干燥器主要由干燥器盖、干燥器体、输液管、过滤部分、干燥部分组成。

6. 冷凝器的检修

汽车空冷凝器的检修一般是先就车检查有无堵塞和泄漏状况，之后拆卸冷凝器进行检测和维修。

7. 储液干燥器的检修

汽车储液干燥器的检修先就车检车储液干燥器有无堵塞和水分过多出现冰堵的情况，之后通过拆卸储液干燥器进行检测和维修。

（一）课堂练习

1. 填空题

（1）常见空调冷凝器有：________式冷凝器、________式冷凝器、________式冷凝器。

（2）检查冷凝器散热片表面如果有脏物，可以用软毛刷刷洗。不要用________或________，以免损坏冷凝器散热片，引起冷凝器散热不良。

2. 选择题

（　　）（1）空调系统中冷凝器的作用是________。

A. 控制制冷剂流量　　B. 吸收车厢中的热量

C. 散发制冷剂热量　　D. 以上都不是

（　　）（2）汽车空调系统的冷凝器一般安装在________。

A. 乘员舱内　　B. 仪表板下面

C. 发动机散热器的前面　　D. 蒸发器附近

（　　）（3）在维修冷凝器时，甲说：可用溶剂和软毛刷清洗散热片之间的灰尘；乙说：可用梳子校直冷凝器的散热片。谁说的是正确？

A. 甲正确　　B. 乙正确

C. 两人均正确　　D. 两人均不正确

（二）技能评价（表3-3）

表3-3 技能评价表

序号	内　　容	分值	得分
1	就车检查冷凝器	10	
2	拆卸冷凝器附近相关附件	10	
3	回收制冷系统中的制冷剂	10	
4	断开空调管路和附件总成	10	
5	拆卸带接收器的冷凝器总成	10	
6	冷凝器的拆解	10	
7	冷凝器的装配	10	
8	安装带接收器的冷凝器总成	10	
9	连接空调管和附件总成	10	
10	加注制冷剂及检漏	10	
总分		100	

（注：操作正确即得分，操作错误或未进行操作计0分）

学习任务3 空调鼓风机/蒸发器的检修与更换

任务目标

任务目标

◎ 认识空调蒸发器的作用及类型。

◎ 描述空调鼓风机的工作原理。

◎ 对空调鼓风机进行规范拆装与检修。

◎ 对空调蒸发器进行规范拆装与检修。

教学重点

◎ 空调鼓风机/蒸发器进行规范拆装与检修。

知识准备

1. 蒸发器的作用

蒸发器是一个热交换器，通过膨胀阀喷出的雾状制冷剂在蒸发器中蒸发，鼓风机的风扇将空气吹过蒸发器，制冷剂吸收空气中的热量，达到降温制冷的目的。在降温的同时，空气中的水分也会由于温度降低而凝结在蒸发器散热片上，蒸发器还要将凝结的水分排出车外。蒸发器一般安装在驾驶室仪表台的后面。

2. 蒸发器的类型

常见的蒸发器有：管带式蒸发器和层叠式蒸发器。

(1) 管带式蒸发器

管带式蒸发器由管路（带状扁管）和散热片组成，如图3-47所示，在蒸发器的下方还有接水盘和排水管。

图3-47 管带式蒸发器

(2) 层叠式蒸发器

层叠式蒸发器是在管带式蒸发器的基础上发展起来的，由两片冲成复杂形状的铝板叠在一起，形成小水力直径的矩形制冷剂通道，并在每两个铝板之间放置波纹型百叶窗翅片，然后一层层叠置起来，如图 3－48 所示。

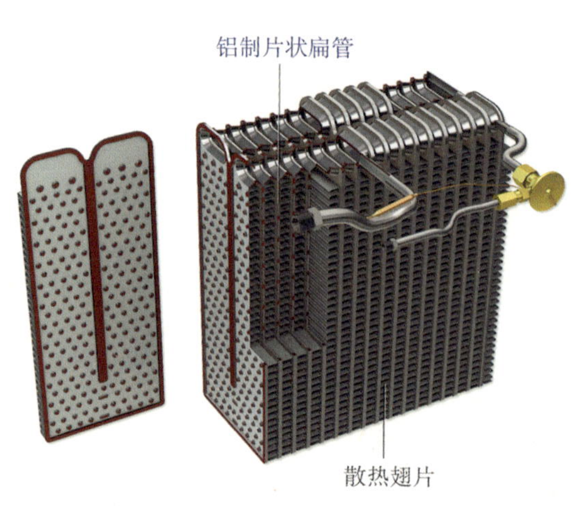

图 3－48　层叠式蒸发器

3. 蒸发器的常见故障

空调蒸发箱的使用与维护

由于蒸发器位于驾驶室仪表台的后面，所以我们一般通过空调工作情况判断蒸发器是否存在故障。如果蒸发器出现故障，可能会导致空调运行时带有发霉味道、制冷能力下降或完全不制冷。蒸发器损坏可能由以下原因引起：蒸发器被污染、制冷剂中含有杂质或水分导致蒸发器堵塞以及蒸发器管路泄漏等。

4. 鼓风机的工作原理

鼓风机的主要功能是通过空调系统的风道向驾驶室送风，实现外界与车厢内空气循环、冷暖风交换。鼓风机的电动机是典型直流电动机，一般通过改变工作电流的大小和空调单元发送控制信号来改变鼓风机的转速。不同车型鼓风机的控制电路主要有两种形式即调速电阻式和调速控制器式。

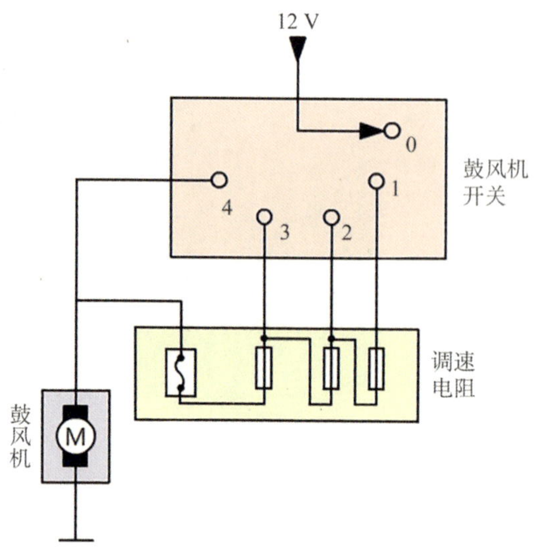

图 3－49　调速电阻式

（1）调速电阻式

如图 3－48 所示，通过改变鼓风机开关与调速电阻的接通方式可使鼓风机以四种不同的转速工作。当鼓风机开关处于 0 位时，鼓风机不工作；当鼓风机开关处于 1 位时，鼓风机的电路中串联了 3 个电阻，鼓风机低速运转；当鼓风机开关处于 2 位时，鼓风机的电路中串联了 2 个电阻，鼓风机中速运转；当鼓风机开关处于 3 位时，鼓风机的电路中只串联 1 个电阻，鼓风机中高速运转；当鼓风机开关处于 4 位时，鼓风机的电路中不串联电阻，鼓风机高速运转。由以上原理可知，若调速电阻损坏，鼓风机处于 4 位时可以正常工作，处于 1、2、3 位时至少有一位是不工作的。

调速电阻一般安装在蒸发器组件上，利用气流进行冷却，而为了避免电阻温度因鼓风机堵转而不断上升，需要在电路中添加温度保护开关（熔丝），以便在电阻温度过高时及时切断鼓风机电路。鼓风机开关装在空调控制面板上，设置不同的挡位供调速用，在设置时，鼓风机开关可以控制鼓风机电源，也可以控制鼓风机搭铁。这种控制方式的原理比较简单，成本较低，维修方便，但调节范围小，并且很多功率白白消耗在了调速电阻上。

（2）调速控制器式

如图 3－50 所示，空调控制单元通过端子 B 向调速控制器发送 PWM（脉冲宽度调制器）占空比信号，通过改变鼓风机的工作电压，从而改变鼓风机转速。

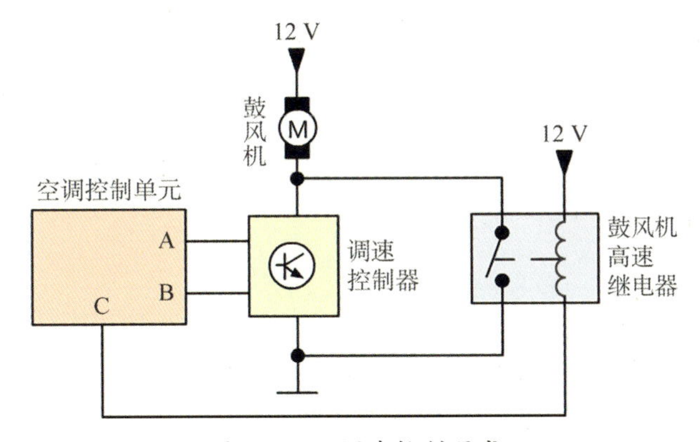

图 3－50　调速控制器式

PWM 占空比信号越大，鼓风机转速越高，反之鼓风机转速越低。空调控制单元通过端子 A 接收鼓风机工作时的电压反馈信号，以反馈鼓风机的实际工作情况。采用 PWM 控制鼓风机转速，可以实现鼓风机转速的无级调节。在有些车型上还设有鼓风机高速继电器，空调控制单元通过控制端子 C 搭铁，使鼓风机高速运转，这样即使调速控制器损坏，鼓风机仍能高速运转。

5. 鼓风机的常见故障

鼓风机能提供外部的空气（在内循环模式时是内部空气）给蒸发器。蒸发器冷却并干燥这些空气，然后再吹到车厢内部。鼓风机不正常工作的表现有：噪声、出风口风速偏小、无风吹出或空调不工作，出现以上故障的原因主要有：鼓风机元件本身物理损坏、电路故障、通风管路故障或受污染等。

任务实施

（一）实施方案

1. 质量要求

参照厂家的质量标准要求。

2. 组织方式

每四位同学一组，按照工作页要求对 2007 款卡罗拉 1.6 L/AT 轿车手动空调鼓风机进行拆卸、检测及安装，并对空调蒸发器进行拆卸、检测及安装，按照企业岗位操作规范进行作业。每组作业时间为 45 min。

3. 作业准备

(1) 技术要求与标准

以 2007 款卡罗拉 1.6 L/AT 手动空调轿车为例。

鼓风机电阻器参考电阻如下：

检测仪连接(符号)	条件	规定状态
1(HI)—4(E)	始终	3.12～3.60 Ω
3(M2)—4(E)	始终	2.60～3.00 Ω
2(M1)—4(E)	始终	1.67～1.93 Ω

(2) 设备器材

本任务实施需要用到的设备器材如图 3-51 所示。

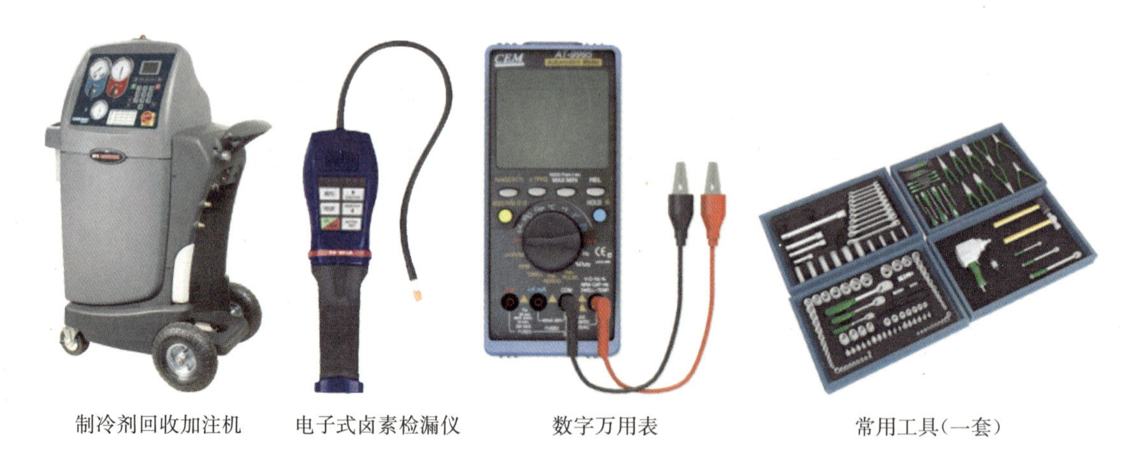

图 3-51 设备器材

(3) 场地设施

理实一体化教室、废气排放装置、消防设施等。

(4) 设备设施

2007 款卡罗拉 1.6 L/AT 轿车、常用工具、工具车、零件车、标保工具车、垃圾桶等。

(5) 安全防护

车轮挡块、室内三件套等。

(6) 耗材

干净抹布。

(二) 操作步骤

1. 拆卸及检查鼓风机

(1) 鼓风机及电阻器的拆卸

① 拆卸仪表板 2 号底罩分总成(图 3－52)。

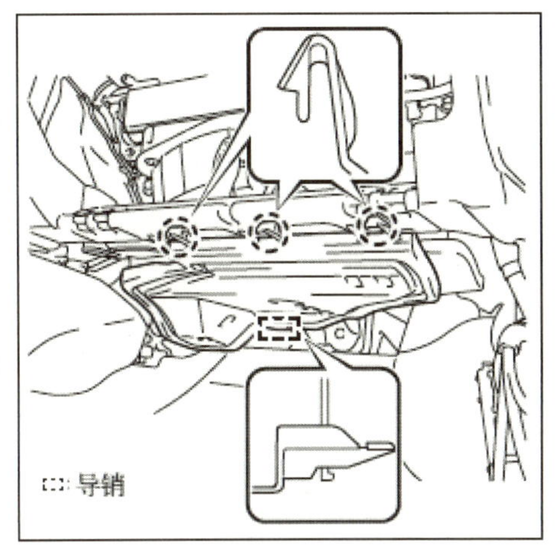

图 3－52 拆卸仪表板 2 号底罩分总成

② 拆卸鼓风机电动机分总成(图 3－53):

第一,拆下快速加热器连接器螺钉。

第二,断开连接器。

第三,拆下 4 个螺钉和鼓风机电动机分总成。

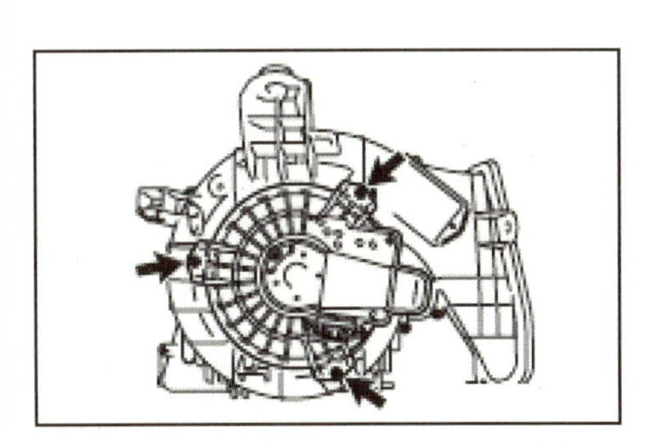

图 3－53 拆卸鼓风机电动机分总成

③ 拆卸鼓风机电阻器(图 3－54):

第一,断开连接器。

第二,拆下 2 个螺钉和鼓风机电阻器。

图 3－54 拆卸鼓风机电阻器

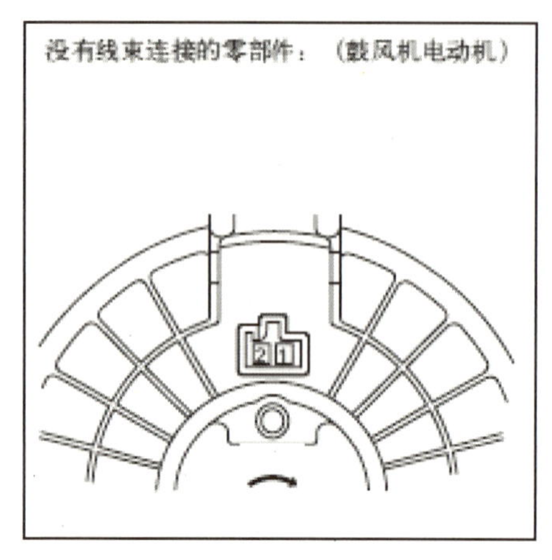

图 3－55 检查鼓风机电动机

(2) 鼓风机的检查

检查鼓风机电动机(图 3－55)：

第一，将连接器从鼓风机电动机上断开。

第二，将蓄电池的正极(＋)引线与端子 2 相连，负极(－)引线与端子 1 相连，检查并确认电动机工作。

注意事项

◇ 结果正常时鼓风机电动机运转平稳。

◇ 如果结果不符合规定，则更换鼓风机电动机。

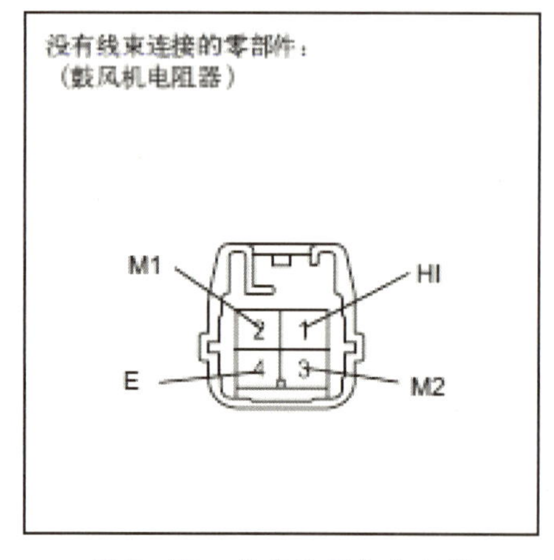

图 3－56 检查鼓风机电阻器

(3) 鼓风机电阻器的检查

检查鼓风机电阻器(图 3－56)：

第一，将连接器从鼓风机电阻器上断开。

第二，根据下表中的值测量电阻。

检测仪连接(符号)	条件	规定状态
1(HI)－4(E)	始终	3.12～3.60 Ω
3(M2)－4(E)	始终	2.60～3.00 Ω
2(M1)－4(E)	始终	1.67～1.93 Ω

如果结果不符合规定，则应更换鼓风机电阻器。

(4) 鼓风机及电阻器的安装

① 安装鼓风机电阻器(图 3－57)：

第一，使用 2 个螺钉安装鼓风机电阻器。

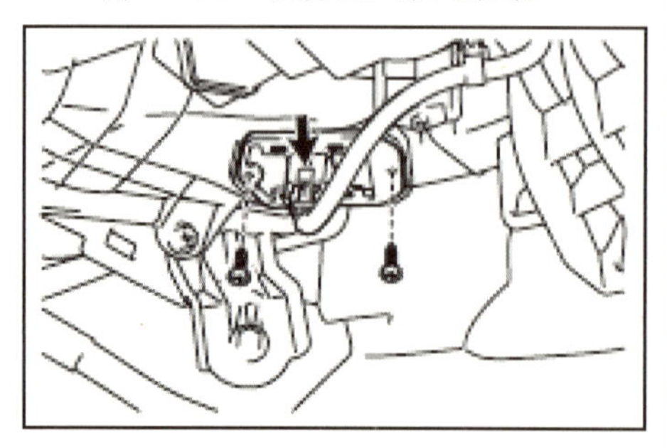

图 3－57 安装鼓风机电阻器

第二，连接连接器。

② 安装鼓风机电动机分总成(图 3－58)：

第一，使用 3 个螺钉安装鼓风机电动机分总成。

第二，连接连接器。

第三，安装快速加热器连接器螺钉。

③ 安装仪表板 2 号底罩分总成。

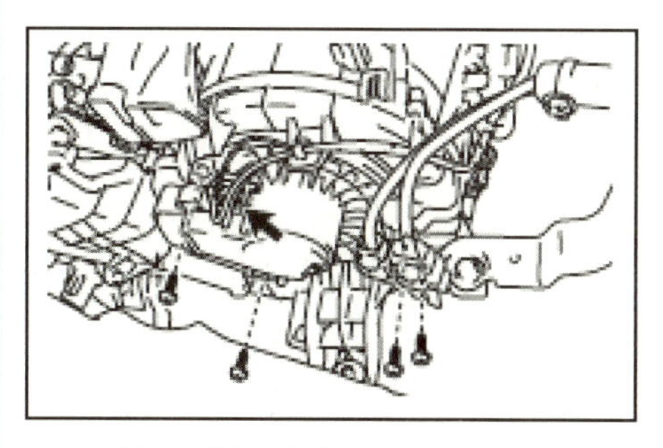

图 3－58 安装鼓风机电动机

2. 拆装及检查蒸发器

(1) 蒸发器的拆卸

① 回收制冷系统中的制冷剂。

② 排空冷却系统中的冷却液。

③ 拆卸仪表台及相关附件(具体参见维修手册)。

④ 拆卸冷却器排放软管。

⑤ 拆卸加热器散热装置分总成：

第一，拆下螺钉和卡夹。

第二，将加热器散热装置分总成从空调装置总成上拆下。

⑥ 拆卸冷却器膨胀阀。

◇ 使用 4 mm 六角扳手，拆下 2 个六角螺栓和冷却器膨胀阀。

⑦ 拆卸 1 号冷却器蒸发器分总成：

第一，拆下 4 个螺钉(图 3－59)。

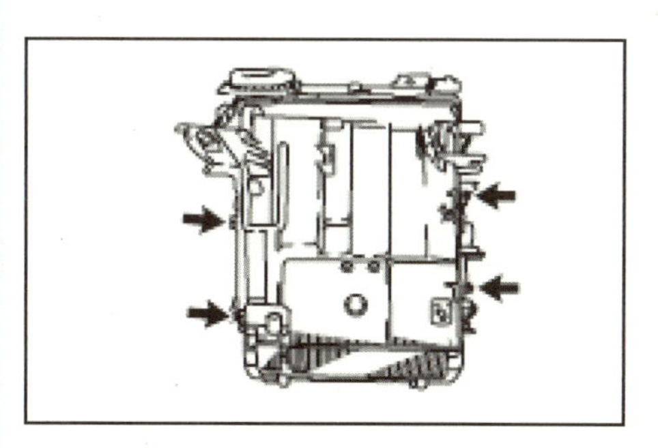

图 3－59 拆下 4 个螺钉

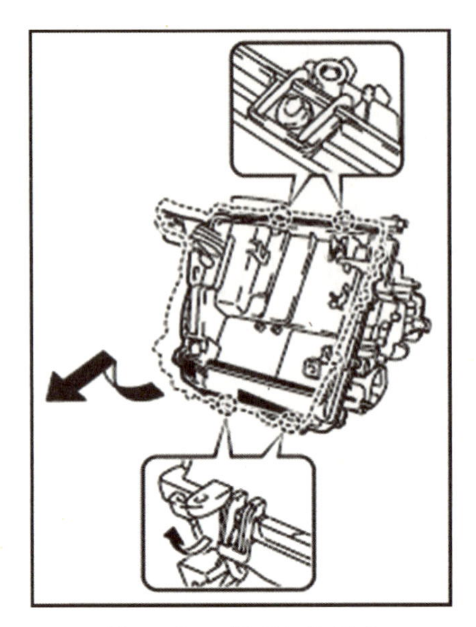

图 3－60 拆下加热器壳

第二，脱开 4 个卡爪，拆下加热器壳(图 3－60)。

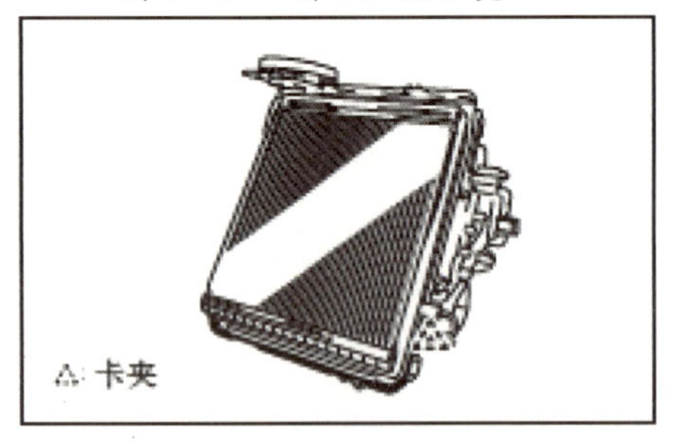

图 3－61 拆下 1 号冷却器蒸发器分总成

第三，脱开卡夹，拆下 1 号冷却器蒸发器分总成(图 3－61)。

(2) 蒸发器的安装

① 安装 1 号冷却器蒸发器分总成：

第一，将压缩机机油充分涂抹到 2 个新 O 形圈和装配面上。将 2 个 O 形圈安装到 1 号冷却器蒸发器分总成上。

第二，将 1 号冷却器蒸发器分总成和 1 号冷却器热敏电阻作为一个组件安装。

第三，接合卡夹。

第四，用 4 个螺钉安装加热器壳。

② 安装冷却器膨胀阀：

使用 4 mm 六角扳手，用 2 个六角螺栓安装冷却器膨胀阀。

◇ 力矩：3.5 N·m。

③ 安装加热器散热装置分总成：

第一，将加热器散热装置分总成安装至空调装置总成上。

第二，用螺钉安装卡夹。

④ 安装冷却器排放软管。

⑤ 安装仪表台及相关附件(具体参见维修手册)。

⑥ 加注冷却系统冷却液。

⑦ 充注空调系统制冷剂。

⑧ 检漏制冷系统。

任务小结

1. 蒸发器

蒸发器是一个热交换器，通过膨胀阀喷出的雾状制冷剂在蒸发器中蒸发，鼓风机的风扇将空气吹过蒸发器，制冷剂吸收空气中的热量，达到降温制冷的目的。常见的蒸发器主要有管带式蒸发器和层叠式蒸发器两种类型。一般蒸发器出现故障的主要原因有：蒸发器被污染、制冷剂中含有杂质或水分导致蒸发器堵塞以及蒸发器管路泄漏等。

2. 鼓风机

鼓风机是空调系统的送风装置，可以通过其风道向驾驶室送风，从而实现外界与车厢内空气循环、冷暖风交换。鼓风机可以通过改变电路中串联的电阻数目和空调单元发送控制信号来实现鼓风机转速的改变。鼓风机出现故障的原因主要有：鼓风机元件本身物理损坏、电路故障、通风管路故障或受污染等。

3. 鼓风机的检修

鼓风机的检修一般先进行线路检测，再进行拆卸检修。

4. 蒸发器的检修

汽车空调蒸发器的检修一般是先就车检查有无蒸发器堵塞和蒸发器管路泄漏的状况，之后再拆卸蒸发器进行检测和维修。

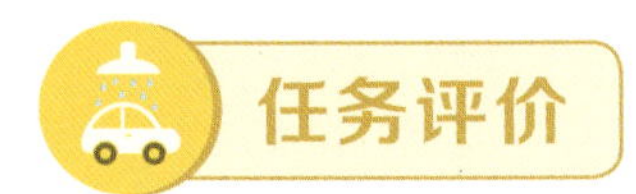

任务评价

(一) 课堂练习

(　　)(1) 空调系统中蒸发器的作用是________。

A. 控制制冷剂流量　　B. 吸收车厢中的热量

C. 散发制冷剂热量　　D. 以上都不是

(　　)(2) 汽车空调正常工作时，蒸发器流动的制冷剂是________的。

A. 高压低温液态　　B. 低压低温气态

C. 高压高温气态　　　　D. 高压中温液态

(　　)(3) 卡罗拉汽车手动空调鼓风机的调速采用________。

A. 调速电阻器　　B. 功率晶体管　　C. 空调放大器　　D. 以上都不是

(　　)(4) 甲说：空调系统电路中可变电阻的作用是使鼓风机能无级变速；乙说：可变电阻的作用是能为鼓风机提供几个挡位的速度控制。谁正确________。

A. 甲正确　　　　B. 乙正确

C. 两人均正确　　　　D. 两人均不正确

(二) 技能评价(表3-4)

表3-4 技能评价表

序号	内　容	分值	得分
1	拆卸鼓风机电动机	10	
2	拆卸鼓风机电阻器	10	
3	检查鼓风机电动机	10	
4	检查鼓风机电阻器	10	
5	安装鼓风机电阻器	10	
6	安装鼓风机电动机	10	
7	拆卸蒸发器总成	10	
8	安装蒸发器总成	10	
9	拆装相关附件	10	
10	制冷剂的回收、充注及检漏	10	
总分		100	

(注：操作正确即得分，操作错误或未进行操作计0分)

学习任务 4 空调通风系统检修与更换

任务目标

任务目标

◎ 描述空调通风系统的作用与工作原理。

◎ 描述空调配气系统的作用与工作原理。

◎ 对空调热交换器、通风拉锁及通风管路进行检修与更换。

教学重点

◎ 空调热交换器、通风拉锁及通风管路的检修与更换。

知识准备

1. 汽车空调通风系统

汽车空调通风系统的主要功能是通风换气，将车外的新鲜空气引入车内，并将车内的污浊空气排出，使车内的空气保持新鲜，提高汽车的舒适性。同时通风系统还具有除霜除雾的作用。目前汽车上的通风方式有两种：一种是利用汽车行驶中产生的动压进行通风，另一种利用车上的鼓风机进行强制通风。

(1) 动压通风

动压通风又称自然通风，是利用汽车在行驶时，对车外部所产生的风压，通过进风口和排风口，实现通风换气。一般车身大部分是负压区，仅前面风窗玻璃及前围板上部等少部分为正压区，在设置时要求进风口必须装在正压区，排风口装在负压区，如图 3－62 所示，以便利用汽车行驶所产生的动压来引入大量的新鲜空气。这种通风方式因为不需要另外施加动力，所以比较经济，但在汽车低速行驶的时候通风效果较差。

图 3－62 动压通风

(2) 强制通风

强制通风时采用鼓风机强制性地将外界新鲜空气引入车内，鼓风机安装在进风口处，如

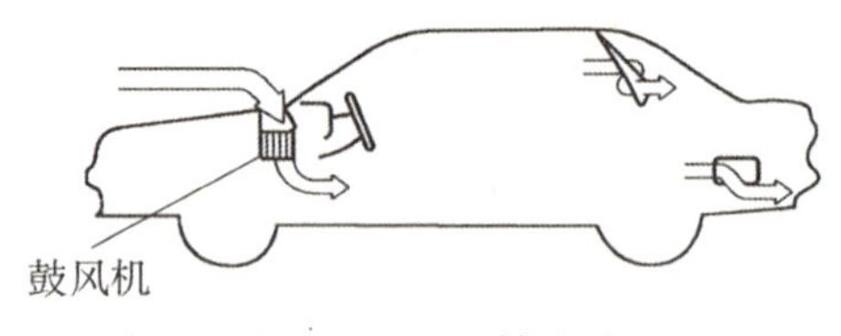

图 3 - 63　强制通风

图 3 - 63 所示。这种通风方式不受车速的限制，通风效果好。目前汽车空调系统都是利用空调系统的鼓风机进行强制通风。

在汽车行驶时，强制通风和动压通风一起使用，又称综合通风。

2. 汽车空调配气系统

汽车空调不仅能将新鲜空气引入车厢，而且能将冷气、热风、新鲜空气有机地进行配合调节，形成冷暖适宜的气流吹出。配气系统常见的空气混合方式有以下三种。

(1) 冷暖风独立式

制冷和暖风两套机构完全各自独立，温度控制系统也完全分开。制冷完全是内循环(吸入车内空气)，采暖可用内循环空气，也可吸入车外新风，如图 3 - 64 所示。

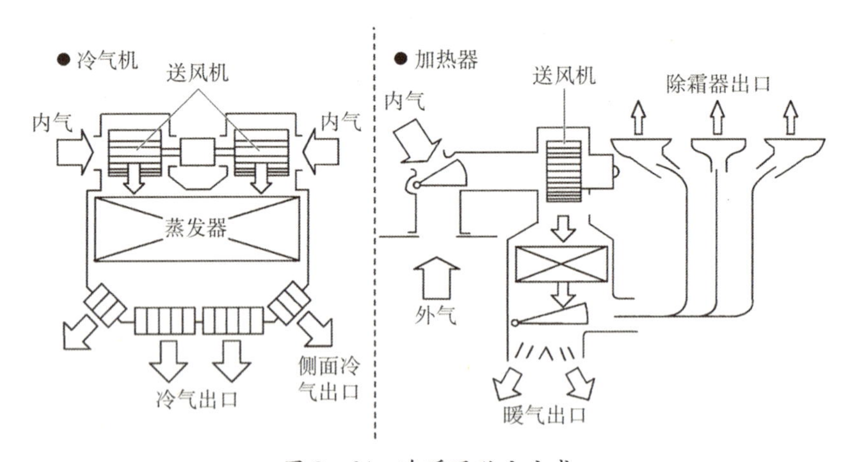

图 3 - 64　冷暖风独立方式

(2) 冷暖风转换式

在暖风机的基础上增加蒸发器芯子及冷气出风口，但制冷工作与采暖工作各自分开，不能同时工作(桑塔纳轿车就属于此种)，如图 3 - 65 所示。车内部分形状根据仪表板下空间设计，由几部分拼接而成。

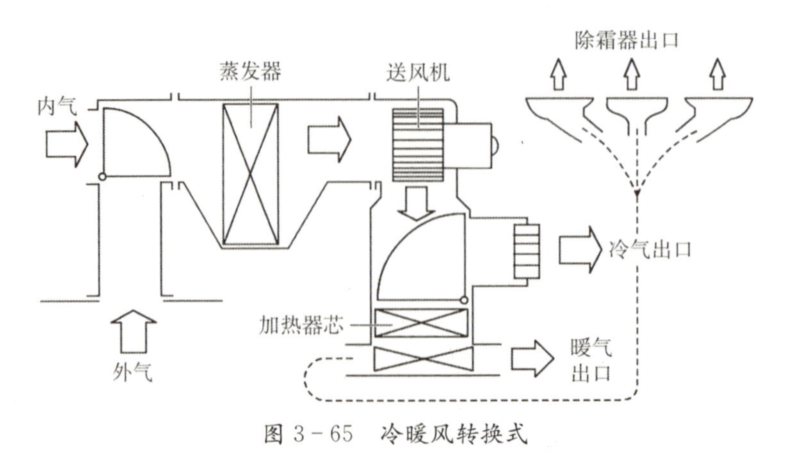

图 3 - 65　冷暖风转换式

(3) 空气混合式

空气混合式的配气系统制冷和采暖完全用一套温度控制系统，可同时工作，采暖或制冷，从冷到热温度连续调节。车内部分形状根据仪表板下面的空间设计，有一个整体式的外壳。该系统又分空气混合型和再加热型两种。目前很多车辆采用这种配气方式。如图 3-66 所示，它是在蒸发器与加热器之间设置了可连续改变角度的混合风门，从蒸发器出来的空气可根据需要全部或部分通过加热器(暖风芯子)，经过蒸发器的空气被冷却后(一般都降温到露点以下)被除湿，出来的空气虽然绝对含水量下降，但相对湿度却在 95%以上，人会感到不舒服，经加热器部分加热后，温度升高，相对湿度下降。相对湿度下降的程度，对空气混合型主要靠调节混合风门来实现；对再加热型主要靠调节热水阀开度来实现。这种调温调湿空调可全天候使用。

由于空气经过加热，温度会升高，为保证达到相同的出风温度，需要加大制冷量，即对从蒸发器出来的空气是经过加深冷却的，这样制冷设备及功耗都要加大一些。

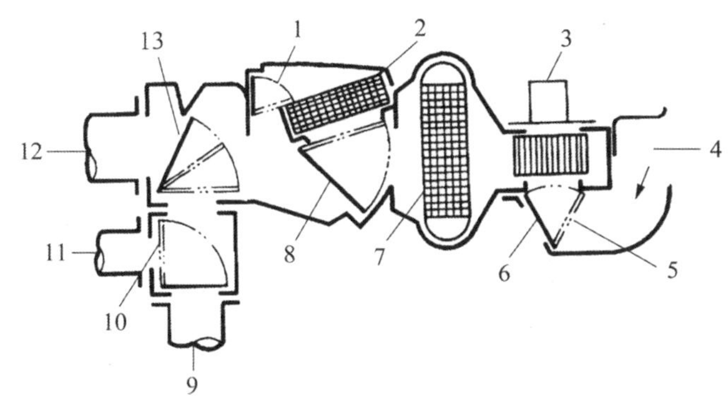

1—限流风门 2—加热器芯 3—鼓风机 4—新鲜空气入口 5—新鲜/再循环空气风门 6—再循环空气入口 7—蒸发器芯 8—混合风门 9—至面板风口 10—除霜风门 11—至除霜风口 12—至底板出口 13—加热除霜口

图 3-66 空气混合式

这种配气系统一般由三部分构成：第一部分为空气进入段，主要由气源门和伺服器组成，用来控制室内循环空气和室外新鲜空气进入；第二部分为空气混合段，主要由蒸发器、加热器和调温门(混合风门)组成，用来调节所需温度的空气；第三部分为空气分配段，分别可使空气吹向面部、脚部和风窗玻璃上，主要包括中风门(至面板风口)、下风门(至底板风口)、除霜门和上、中、下风口。

汽车空调配气系统主要工作过程如下：

① 空气进入段的气源门用于控制新鲜空气和室内空气的循环比例。例如：当夏季室外空气温度较高、冬季室外温度较低的情况下，尽量开小风门叶片，使压缩机运行时间减少。当汽车长时间运行时，车内空气品质下降，这时应定期开大风门叶片。一般气源门开启比例为 15%～30%。

② 空气混合段的调温门主要用于调节通过加热器的空气量，实现降温除湿的变化。当调温门处于全开位置状态时冷空气经过加热器，当调温门处于全闭位置状态时冷空气不经

过加热器。这样只要调温门处于全开或全闭位置，就能得到最高或最低温度空气。另外，也可调节调温门处于全开或全闭之间的不同位置，得到不同温度和湿度的空气。

③ 空气分配段的除霜门、中风门、下风门，可调节空调风吹向风窗玻璃、乘员的身体中上部或脚部；另外，通过改变控制空调器内鼓风机转速，调节空调出风的流量，来改变人体感知的温度。

3. 汽车通风系统常见故障

汽车通风与配气系统的故障主要表现为：出风口不出风、风量不足或不按控制模式配风等。一般在检修上述故障时首先考虑电气系统可能存在问题，然后再考虑通风与配气系统的机械故障。

任务实施

（一）实施方案

1. 质量要求

参照厂家的质量标准要求。

2. 组织方式

每四位同学一组，按照工作页要求对桑塔纳 3000 轿车手动空调热交换器、通风拉锁及通风管路进行拆卸、安装及调节，按照企业岗位操作规范进行作业。每组作业时间为 45 min。

3. 作业准备

（1）技术要求与标准

以桑塔纳 3000 手动空调轿车为例：

① 只有发动机温度在操作允许的范围内，方可拆卸热交换器。

② 维修暖风系统前必须断开蓄电池负极电缆线。

（2）设备器材

本任务实施过程中需要用到的设备器材如图 3-67 所示。

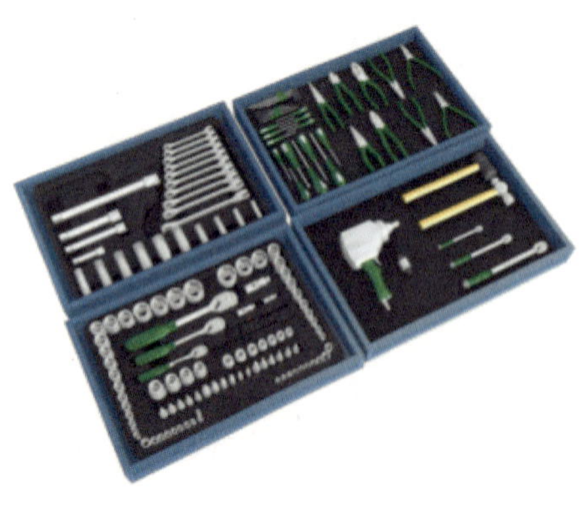

常用工具（一套）

图 3-67 设备器材

（3）场地设施

理实一体化教室、废气排放装置、消防设施等。

（4）设备设施

桑塔纳 3000 轿车、常用工具、工具车、零件车、标保工具车、垃圾桶等。

（5）安全防护

车轮挡块、室内三件套等。

（6）耗材

干净抹布。

（二）操作步骤

1. 热交换器的拆卸

① 拆卸驾驶员一侧的储物箱。

② 拆卸仪表板。

③ 拆下左侧风道及中央风道。

④ 松开如图 3-68 所示的两处胶管喉箍，拔下胶管。

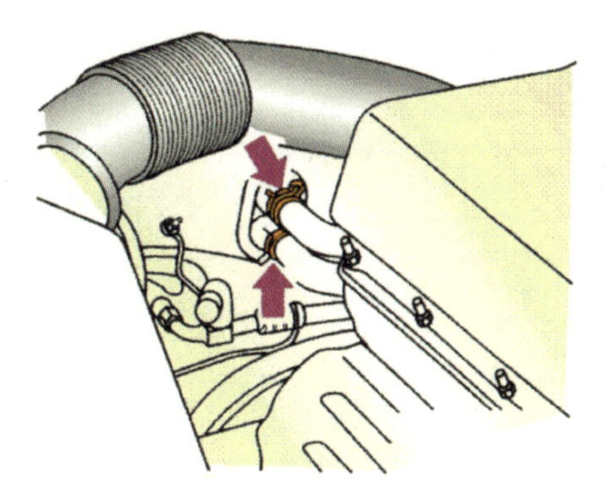

图 3-68 松开胶管喉箍

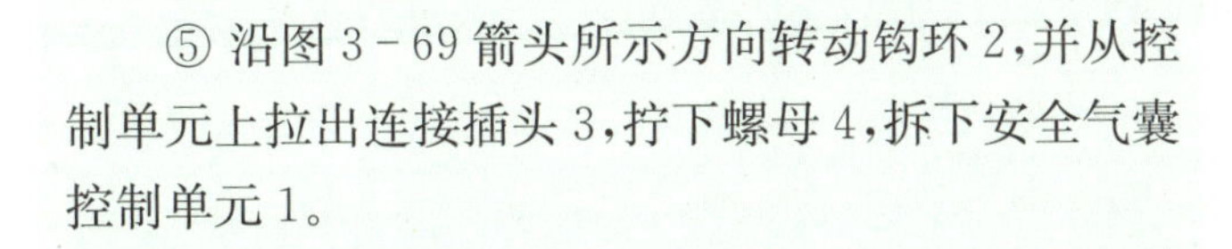

⑤ 沿图 3-69 箭头所示方向转动钩环 2，并从控制单元上拉出连接插头 3，拧下螺母 4，拆下安全气囊控制单元 1。

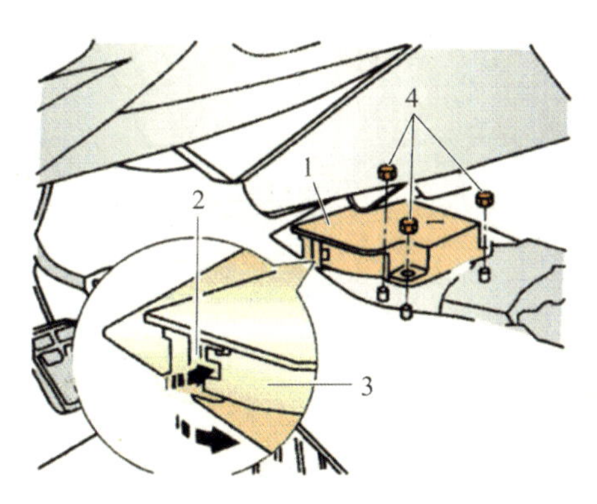

1—安全气囊控制单元 2—钩环 3—连接插头 4—螺母

图 3-69 拆卸安全气囊控制单元

⑥ 松开图 3-70 所示的固定夹扣(箭头 A)，沿箭头 B 所示方向水平的拆下暖风箱。

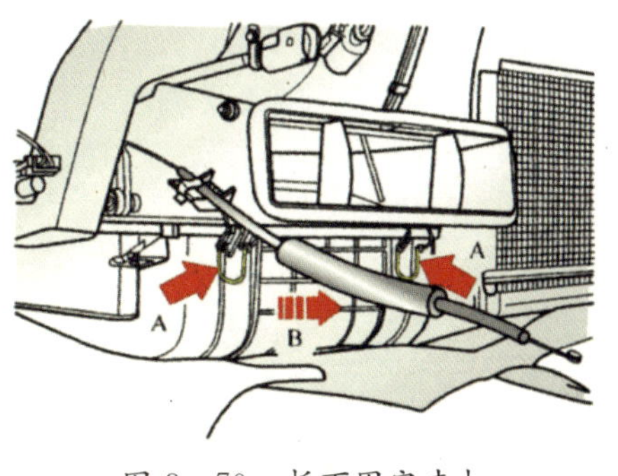

图 3-70 拆下固定夹扣

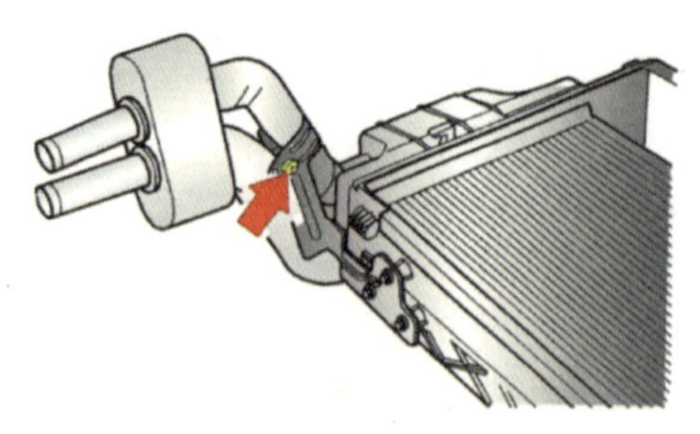
图 3-71 拆卸螺栓

⑦ 旋出图 3-71 所示的螺栓(箭头所指),松开冷却液管固定支架。

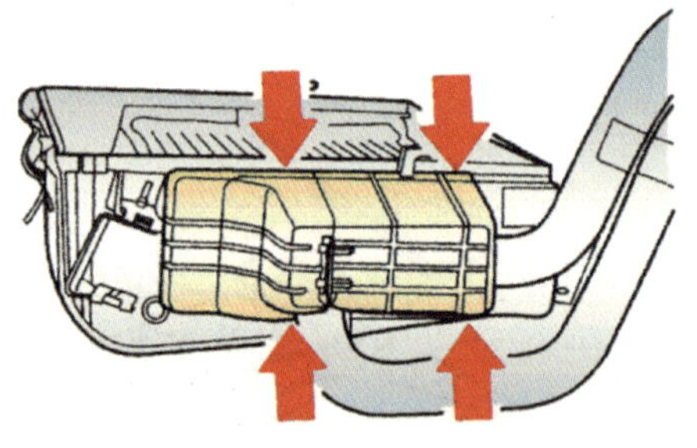
图 3-72 拆卸冷却液罩盖

⑧ 小心地用螺钉旋具撬开图 3-72 所示的冷却液管罩盖(箭头所指)。

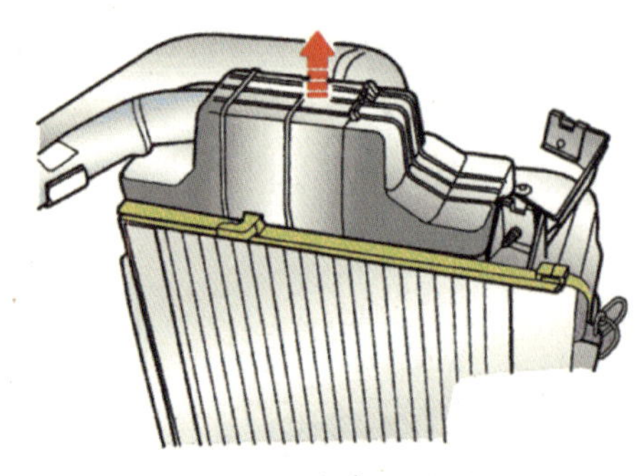
图 3-73 拆卸热交换器

⑨ 按图 3-73 中箭头所示方向从暖风箱中拆卸热交换器。

2. 热交换器的安装

安装顺序与拆卸顺序相反,安装时应注意补充发动机冷却液,更换热交换器时应注意将其嵌条密封好。

3. 通风拉索的拆卸

① 拆卸通风拉索时，应将温度选择旋钮旋至图 3－74 箭头所示的位置，然后拆卸暖风和空气调节装置。

图 3－74　各旋钮位置

② 拆卸固定拉索的弹簧夹片，如图 3－75 中的箭头所示。

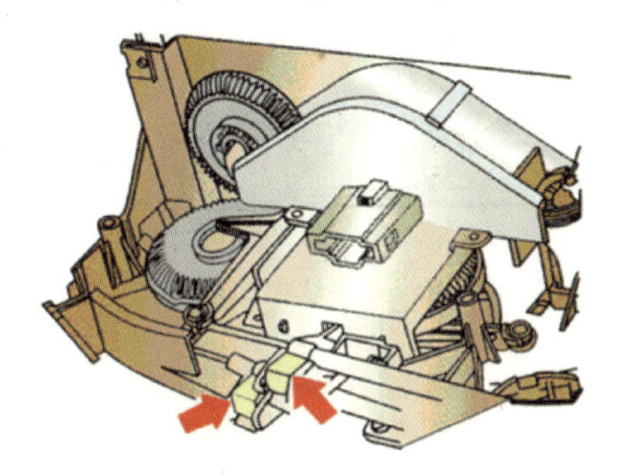

图 3－75　拆卸弹簧夹片

③ 将拉索沿图 3－76 中箭头所示方向旋转并向上拉出。

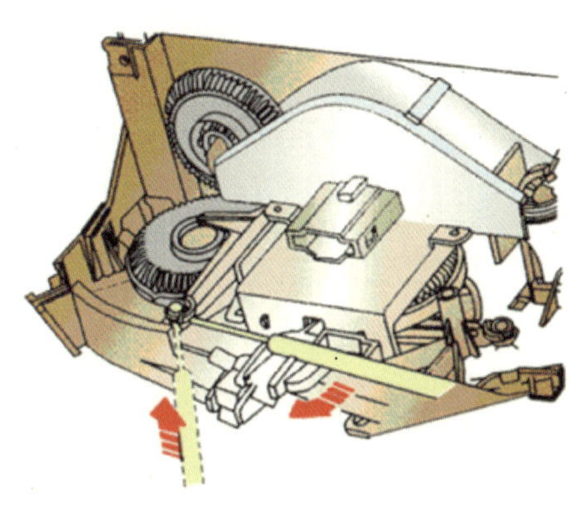

图 3－76　拆卸拉索

4. 通风拉索的安装

安装时拉索应先装配到拆卸下来的调节装置上，然后再将拉索固定到新鲜空气风箱上。

① 将三根拉索的一端分别勾在暖风和新鲜空气调节装置上，并用弹簧夹片固定。

② 安装暖风和新鲜空气调节装置。

③ 将两根拉索的另一端分别连接到新鲜空气风箱的风门上。

④ 将拉索初步固定。

5. 通风拉索的调节

拆卸驾驶人一侧的储物箱，起动发动机，将鼓风机调速旋钮至四挡。检查系统旋钮和风门的位置与各出风口情况是否一致。

① 将空气分配旋钮旋至图 3－77a 所示的除霜位置，然后检查中央出风口风门和除霜风门是否处于图 3－77a 所示的位置，再根据情况调整拉索，最后检查图 3－77a 中 2、3、12 风口处的出风情况。

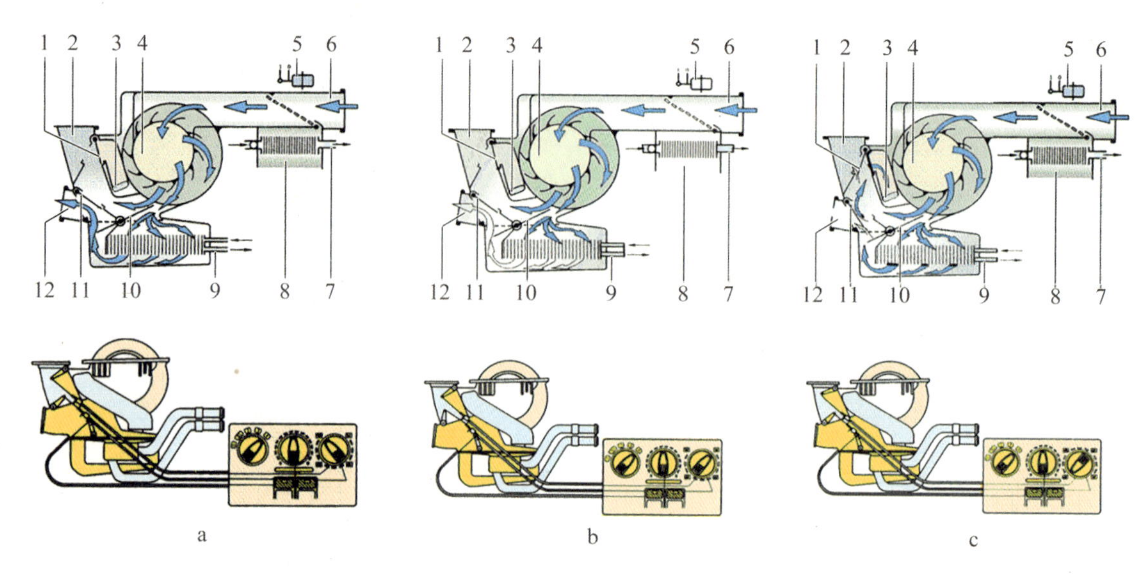

1—除霜风门　2—除霜风口　3—脚向出风口　4—鼓风机　5—真空管　6—新鲜空气进气口　7—蒸发器高低压管
8—蒸发器芯　9—热交换器水管　10—暖风风门　11—中央出风口风门　12—中央出风口

图 3-77　通风拉索调节

② 将空气分配器旋钮旋至如图 3-77b 所示的脚部通风位置，然后检查中央出风口风门和除霜风门是否处于图中所示位置，再根据情况调整拉索，最后检查图中 2、3、12 风口处的出风情况。

③ 将空气分配器旋钮旋至如图 3-77c 所示的通风位置，然后检查中央出风口风门和除霜风门是否处于图中所示位置，再根据情况调整拉索，最后检查图中 2、3、12 风口处的出风情况。

④ 经上述调整合格后，将通风拉索紧固。

⑤ 将中间的温度调节旋钮旋至最右端，此时暖风风门操纵臂应处于图 3-78 所示的全开位置，调整完毕后，将暖风拉索固定。

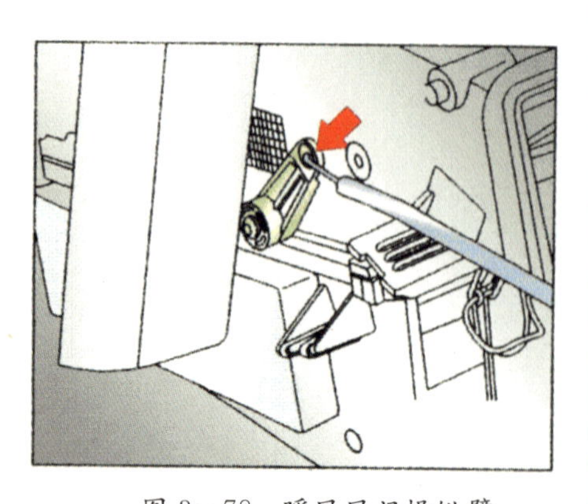

图 3-78　暖风风门操纵臂

6. 拆卸与安装通风管道

通风管道的拆卸与安装如图 3－79 所示。

(1) 左侧风道的拆卸与安装

首先拆卸驾驶人一侧的储物箱，然后拆卸左侧风道；安装顺序与拆卸顺序相反。

(2) 中央风道拆卸与安装

首先拆卸驾驶人一侧和前排乘员座位一侧的储物箱，然后再拆卸仪表板，最后拆卸中央风道；安装顺序与拆卸顺序相反。

(3) 右侧风道拆卸与安装

首先拆卸前排乘员座位一侧的储物箱，然后拆卸右侧风道；安装顺序与拆卸顺序相反。

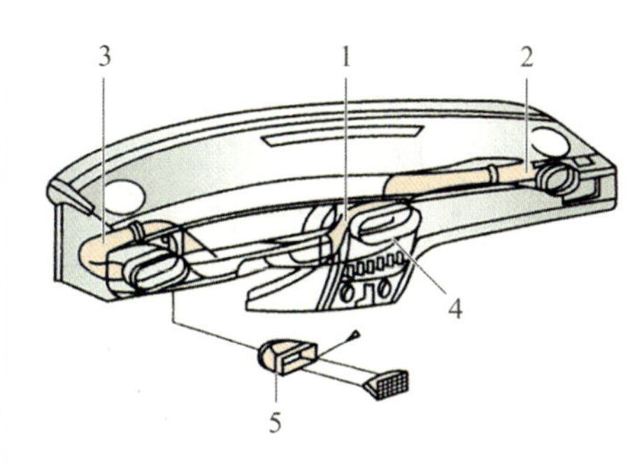

1—中央风道 2—右侧风道 3—左侧风道
4—中央出风口 5—驾驶人出风口

图 3－79 通风管道的位置

任务小结

1. 汽车空调通风系统

汽车空调通风系统可以将车外的新鲜空气引入车内，并将车内的污浊空气排出，使车内的空气保持新鲜，提高汽车的舒适性。目前汽车上的通风有两种方式：一种是利用汽车行驶中产生的动压进行通风，另一种利用车上的鼓风机进行强制通风。

2. 汽车空调配气系统

汽车空调不仅能将新鲜空气引入车厢，而且能将冷气、热风、新鲜空气有机地进行配合调节，形成冷暖适宜的气流吹出。配气系统常见的空气混合方式有：冷暖风独立式、冷暖风转换式、空气混合式。汽车空调配气系统由空气进入段、空气混合段、空气分配段三部分构成。

3. 汽车通风系统常见故障

汽车通风与配气系统常出现的故障现象为：出风口不出风、风量不足或不按控制模式配风等。一般在检修通风系统时首先检查电气系统，然后检修通风与配气系统的机械故障，检修机械故障时需要拆卸相应部件。

任务评价

(一) 课堂练习

(　　)(1) 汽车通风系统的主要功能有________。

A. 控制制冷剂流量　　B. 吸收车厢中的热量
C. 散发车厢中的热量　　D. 通风换气

(　　)(2) 桑塔纳轿车采用的配气系统属于________。
A. 冷暖风独立式　　B. 冷暖风切换式
C. 空气混合式　　D. 以上都不是

(　　)(3) 以下选项中不属于配气系统常见的空气混合方式是________。
A. 冷暖风独立式　　B. 冷暖风切换式
C. 空气混合式　　D. 全自动式

(　　)(4) 汽车空调检测合格出风口温度范围应为________℃。
A. 0～4　　B. 4～10　　C. 10～15　　D. 15～20

(二) 技能评价(表3-5)

表3-5 技能评价表

序号	内　容	分值	得分
1	拆卸热交换器	10	
2	检查热交换器	10	
3	安装热交换器	10	
4	拆卸通风拉索	10	
5	检查通风拉索	10	
6	安装通风拉索	10	
7	调节通风拉索	10	
8	拆卸通风管道	10	
9	检查通风管道	10	
10	安装通风管道	10	
总分		100	

(注:操作正确即得分,操作错误或未进行操作计0分)

学习任务 5 空调控制面板及各传感器的检修与更换

任务目标

任务目标

◎ 认识空调控制系统各传感器的功用。

◎ 描述空调控制系统各传感器的工作原理。

◎ 对空调控制系统各传感器进行检修及更换。

教学重点

◎ 空调控制系统各传感器的检修及更换。

知识准备

1. 汽车空调控制面板电路原理

汽车空调控制面板在工作时由蓄电池供电，受点火开关控制。当点火开关打开至点火挡时，IG1 继电器接通，蓄电池电压通过 ECU - IGNo. 2 熔丝向空调控制总成 IG+端子供电，GND 端子则引出接地线路，如图 3 - 80 所示。

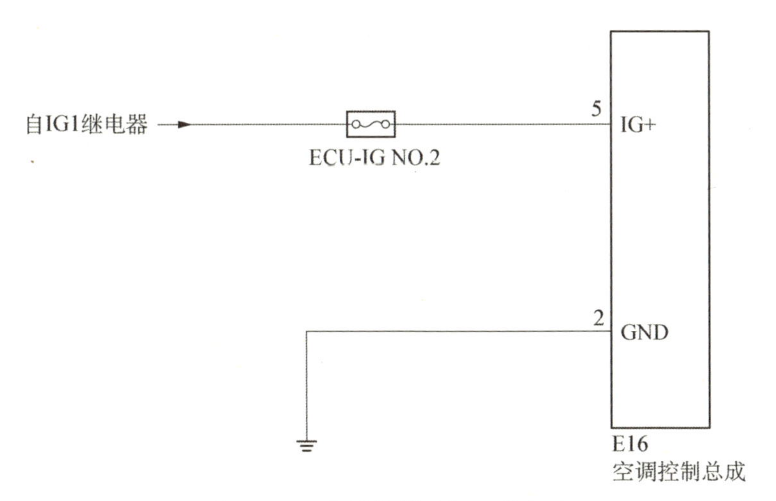

图 3 - 80 空调控制面板工作电路

2. 空调控制系统各传感器的电路原理

(1) 车内温度传感器

车内温度传感器的作用是检测车厢内部的环境温度,并发送信号至空调放大器(图3-81),它能影响到混合风门、进气风门、模式风门的位置以及出风口的温度。

车内温度传感器一般采用热敏电阻材料,具有负温度系数特性。

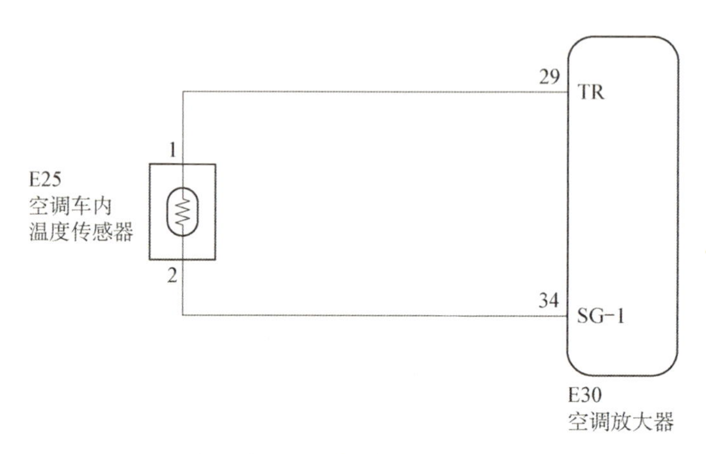

图3-81 E25空调车内温度传感器与E30空调放大器之间的线路关系

(2) 环境温度传感器

环境温度传感器的作用是检测车辆外部的环境温度,并发送信号至空调放大器(图3-82),与车内温度传感器等共同决定混合风门、进气风门、模式风门的位置以及鼓风机的转速。

环境温度传感器一般采用热敏电阻材料,具有负温度系数特性。

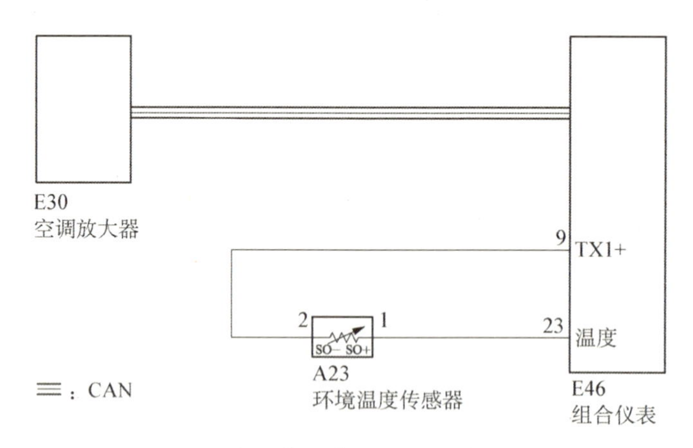

图3-82 A23环境温度传感器与E30空调放大器之间的线路关系

(3) 蒸发器温度传感器

蒸发器温度传感器(也叫空调热敏电阻)通常安装在空调装置的蒸发器上。该传感器检测流过蒸发器的冷却空气的温度，其信号用来控制空调。它向空调放大器发送信号(图 3-83)，如果温度低于−1.5℃，压缩机会停止运行，以防蒸发器表面结冰。

蒸发器温度传感器的工作原理是：电阻随着流过蒸发器的冷却空气温度的变化而变化。当温度下降时，电阻增大。当温度上升时，电阻减小。空调放大器将电压(5 V)施加到蒸发器温度传感器上，并且在蒸发器温度传感器的电阻改变时读取它的电压变化值。

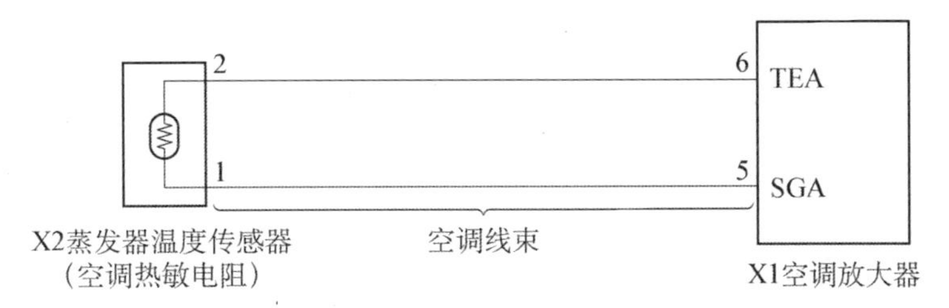

图 3-83 X2 蒸发器温度传感器与 X1 空调放大器之间的线路关系

(4) 空调压力传感器

空调压力传感器安装在高压侧管上检测制冷剂压力，并将制冷剂压力信号输出至空调放大器(图 3-84)。空调放大器根据传感器特性将该信号转换为压力，以控制压缩机的运行。

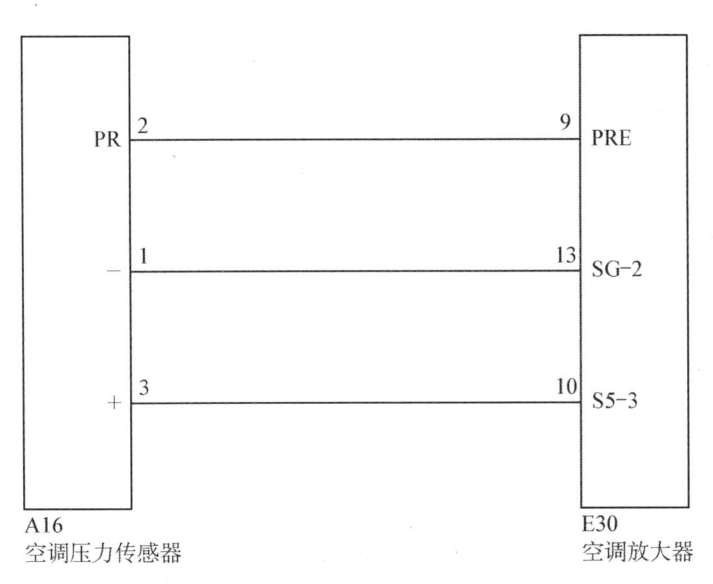

图 3-84 A16 空调压力传感器与 E30 空调放大器之间的线路关系

空调放大器将电压(5 V)施加到压力传感器上，并且在制冷剂压力改变时读取它的电压变化值。

（一）实施方案

1. 质量要求

参照厂家的质量标准要求。

2. 组织方式

每四位同学一组，按照工作页要求对 2007 款卡罗拉 1.6 L/AT 轿车自动空调车内温度传感器、环境温度传感器、蒸发器温度传感器、空调压力传感器进行拆卸、检查与安装，按照企业岗位操作规范进行作业。每组作业时间为 45 min。

3. 作业准备

（1）技术要求与标准

以 2007 款卡罗拉 1.6 L/AT 自动空调轿车为例：

① 车内温度传感器参考电阻见表 3－6。

表 3－6 车内温度传感器参考电阻

检测仪连接	条件	规定状态
E25－1—E25－2	10℃（50℉）	3.00～3.73 kΩ
E25－1—E25－2	15℃（59℉）	2.45～2.88 kΩ
E25－1—E25－2	20℃（68℉）	1.95～2.30 kΩ
E25－1—E25－2	25℃（77℉）	1.60～1.80 kΩ
E25－1—E25－2	30℃（86℉）	1.28～1.47 kΩ
E25－1—E25－2	35℃（95℉）	1.00～1.22 kΩ
E25－1—E25－2	40℃（104℉）	0.80～1.00 kΩ
E25－1—E25－2	45℃（113℉）	0.65～0.85 kΩ
E25－1—E25－2	50℃（122℉）	0.50～0.70 kΩ
E25－1—E25－2	55℃（131℉）	0.44～0.60 kΩ
E25－1—E25－2	60℃（140℉）	0.36～0.50 kΩ

② 环境温度传感器参考电阻见表 3－7。

表 3-7 环境温度传感器参考电阻

检测仪连接	条件	规定状态
A23-1—A23-2	10℃(50℉)	3.00～3.73 kΩ
A23-1—A23-2	15℃(59℉)	2.45～2.88 kΩ
A23-1—A23-2	20℃(68℉)	1.95～2.30 kΩ
A23-1—A23-2	25℃(77℉)	1.60～1.80 kΩ
A23-1—A23-2	30℃(86℉)	1.28～1.47 kΩ
A23-1—A23-2	35℃(95℉)	1.00～1.22 kΩ
A23-1—A23-2	40℃(104℉)	0.80～1.00 kΩ
A23-1—A23-2	45℃(113℉)	0.65～0.85 kΩ
A23-1—A23-2	50℃(122℉)	0.50～0.70 kΩ
A23-1—A23-2	55℃(131℉)	0.44～0.60 kΩ
A23-1—A23-2	60℃(140℉)	0.36～0.50 kΩ

③ 安装蒸发器温度传感器要求如下：

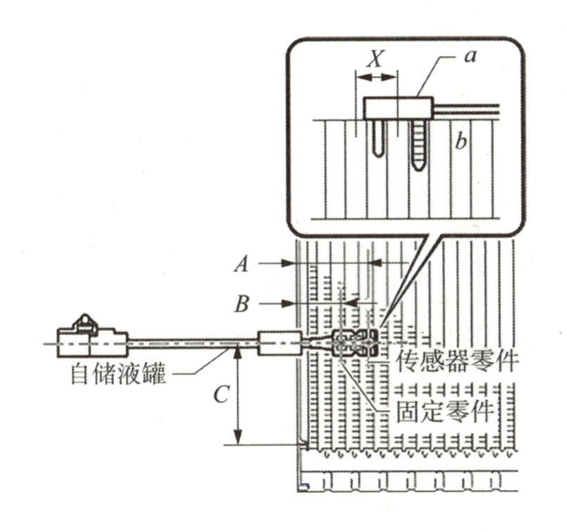

零部件	长度	
A	34.3 mm	1.35 in
B	20.9 mm	0.82 in
C	50 mm	1.96 in

图 3-85 安装蒸发器温度传感器要求

a. 确保仅插入传感器一次，因为重新插入传感器不能将其牢固固定。

b. 如果重新使用蒸发器时，将传感器插入到以前使用过的传感器的下一排，如图 3-85 所示。

c. 插入传感器后，不要对线束过度用力。

d. 直接插入传感器，直到塑料壳“*a*”的边缘接触到蒸发器“*b*”。

④ 蒸发器温度传感器参考电阻见表 3-8。

表 3-8　蒸发器温度传感器参考电阻

检测仪连接	条件	规定状态
X2-1—X2-2	-10℃(14℉)	7.30～9.10 kΩ
X2-1—X2-2	-5℃(23℉)	5.65～6.95 kΩ
X2-1—X2-2	0℃(32℉)	4.40～5.35 kΩ
X2-1—X2-2	5℃(41℉)	3.40～4.15 kΩ
X2-1—X2-2	10℃(50℉)	2.70～3.25 kΩ
X2-1—X2-2	15℃(59℉)	2.14～2.58 kΩ
X2-1—X2-2	20℃(68℉)	1.71～2.05 kΩ
X2-1—X2-2	25℃(77℉)	1.38～1.64 kΩ
X2-1—X2-2	30℃(86℉)	1.11～1.32 kΩ

(2) 设备器材

本任务实施需要用到的设备器材如图 3-86 所示。

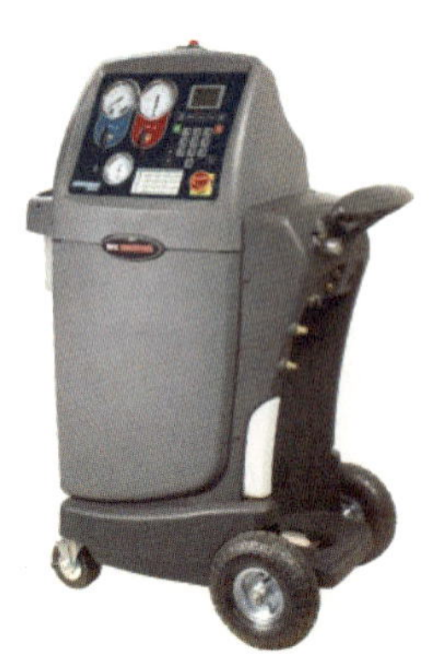
制冷剂回收加注机

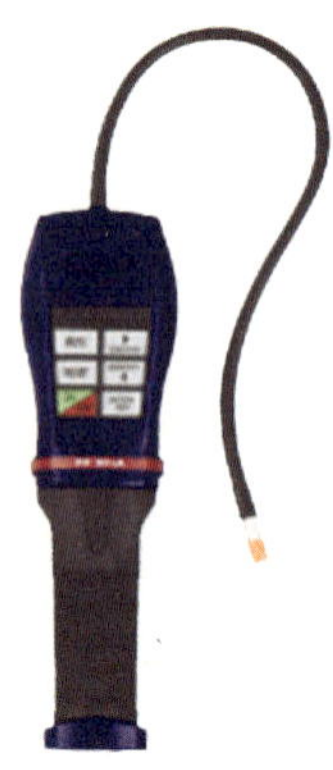
电子式卤素检漏仪

汽车专业万用表

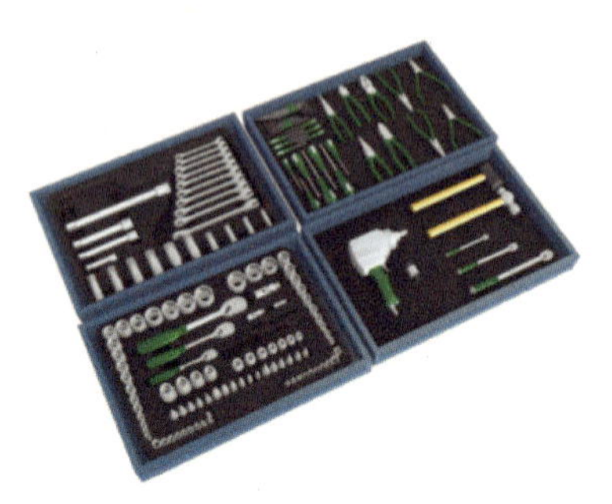
常用工具(一套)

图 3-86　设备器材

(3) 场地设施

理实一体化教室、废气排放装置、消防设施等。

(4) 设备设施

2007 款卡罗拉 1.6 L/AT 轿车、常用工具、工具车、零件车、标保工具车、垃圾桶等。

(5) 安全防护

车轮挡块、室内三件套等。

(6) 耗材

干净抹布。

（二）操作步骤

1. 空调控制面板电路的检修

① 检查线束和连接器(IG+-车身搭铁)：

◇ 断开端子后等待 90 s,以防止气囊展开。

第一,将连接器从空调控制总成上断开。

第二,根据下表中的值测量电压。

检测仪连接	条件	规定状态
E16－5(IG＋)－车身搭铁	点火开关：置于 ON (IG)位置	11～14 V
E16－5(IG＋)－车身搭铁	点火开关：置于 OFF 位置	低于 1 V

如果测量结果不在规定范围内,则需要维修或更换线束或连接器。

② 检查线束和连接器(GND－车身搭铁)：

根据下表中的值测量电压。

检测仪连接	条件	规定状态
E16－2(GND)－车身搭铁	始终	小于 1 Ω

如果测量结果不在规定范围内,则需要维修或更换线束或连接器。

2. 热交换器的拆卸

① 从蓄电池负极端子断开电缆。

② 拆卸仪表板 1 号底罩分总成(图 3－87)：

第一,拆下 2 个螺钉。

第二,脱开卡爪。

第三,脱开导销,并拆下仪表板 1 号底罩分总成。

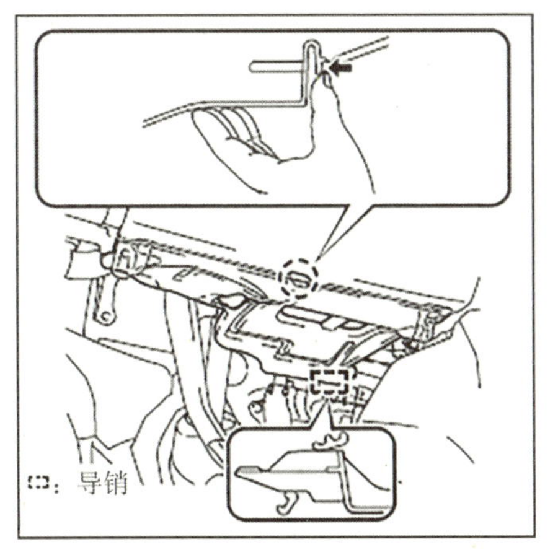

图 3－87 拆下仪表板 1 号底罩分总成

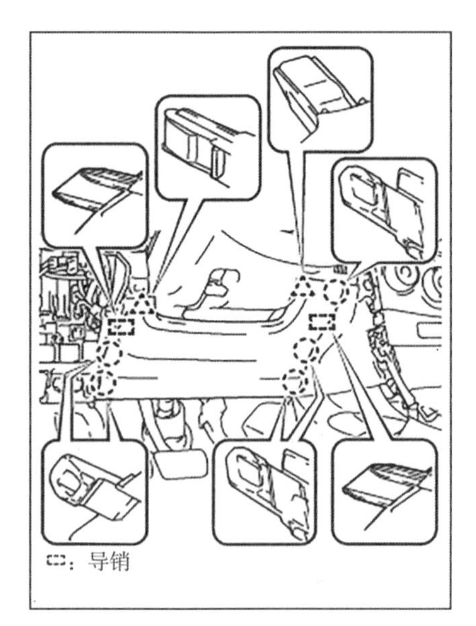

图3－88　拆卸仪表板下装饰板分总成

③ 拆卸仪表板下装饰板分总成(图 3－88)。

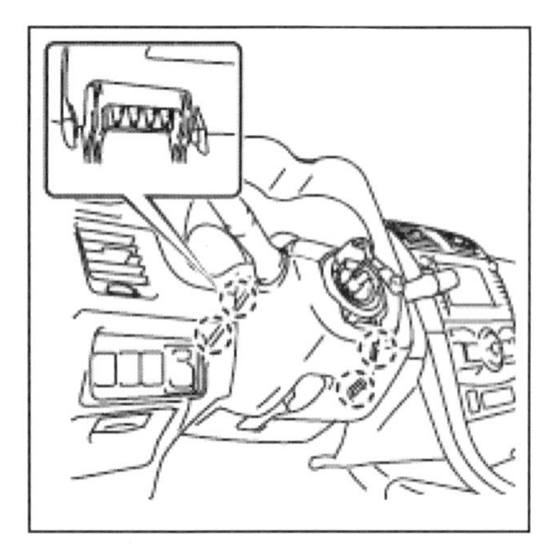

图 3－89　拆卸下转向柱罩

④ 拆卸转向盘 3 号下盖。

⑤ 拆卸转向盘 2 号下盖。

⑥ 拆卸转向盘装饰盖。

⑦ 拆卸转向盘总成。

⑧ 拆卸下转向柱罩(图 3－89)。

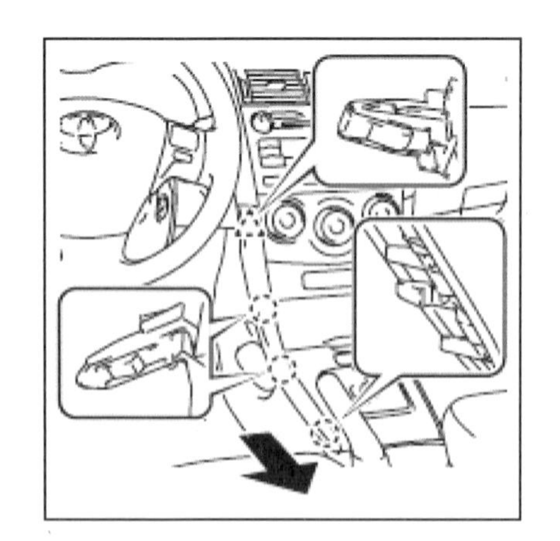

图 3－90　拆卸仪表板左下装饰板

⑨ 拆卸上转向柱罩。

⑩ 拆卸仪表板左下装饰板(图 3－90)。

⑪ 拆卸仪表板左端装饰板。

⑫ 拆卸仪表组装饰板总成。

⑬ 拆卸 1 号开关孔座。

⑭ 拆卸车内温度传感器(图 3-91):

第一,断开连接器。

第二,脱开空气软管。

第三,脱开 2 个卡爪,并拆下车内温度传感器。

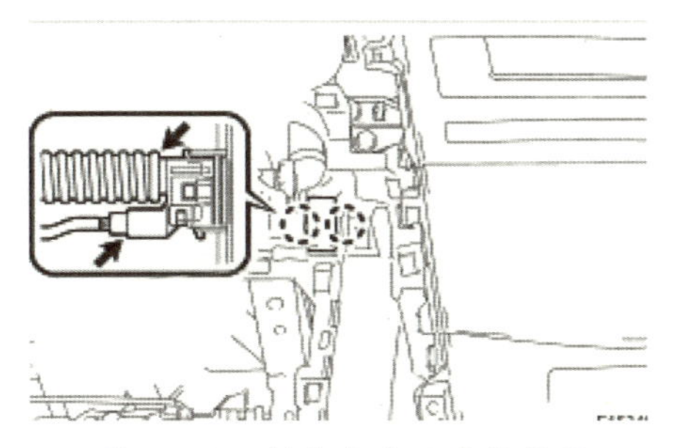

图 3-91 拆卸车内温度传感器

3. 检查车内温度传感器

使用万用表电阻挡测量传感器本身阻值,测量结果的参考标准见本任务相关技术要求与标准,如果电阻不符合规定,更换车内温度传感器。

4. 安装车内温度传感器

① 安装车内温度传感器:

第一,接合 2 个卡爪,并安装车内温度传感器。

第二,接合空气软管。

第三,连接连接器。

② 安装 1 号开关孔座。

③ 安装仪表组装饰板总成。

④ 安装仪表板左端装饰板(图 3-92)。

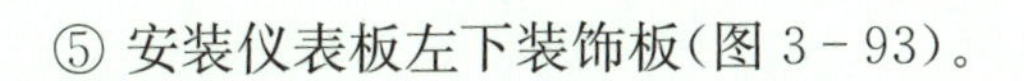

图 3-92 安装仪表板左端装饰板

⑤ 安装仪表板左下装饰板(图 3-93)。

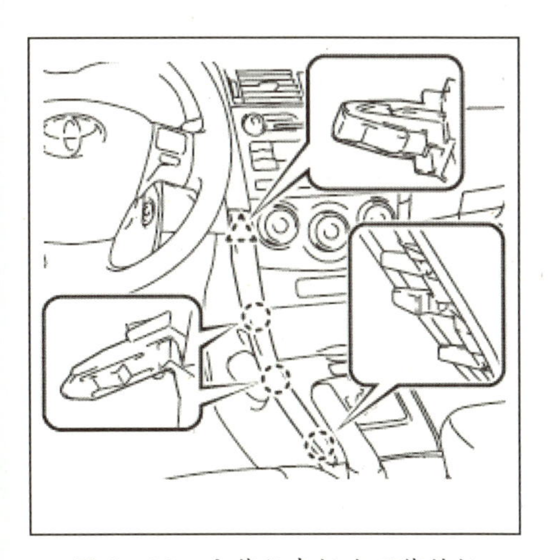

图 3-93 安装仪表板左下装饰板

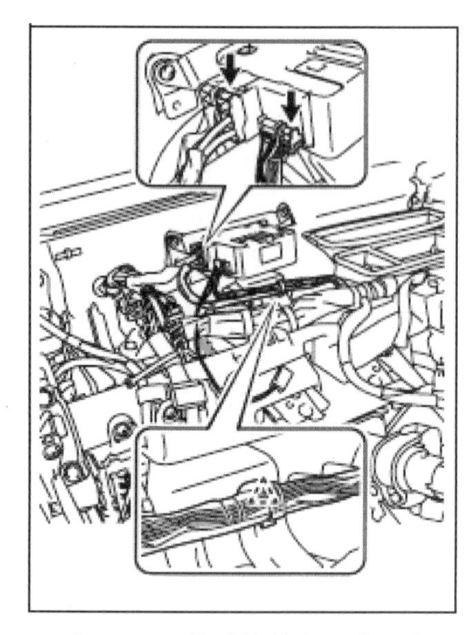
图 3-94 将前轮转向正前位置

⑥ 安装上转向柱罩。

⑦ 安装下转向柱罩。

⑧ 将前轮转向正前位置(图 3-94)。

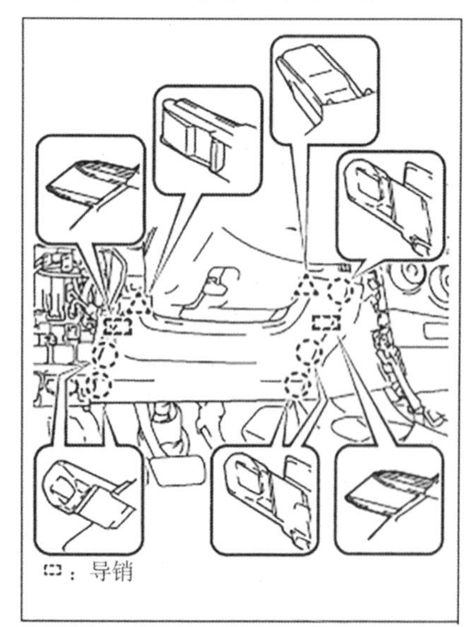

图 3-95 安装仪表板下装饰板分总成

⑨ 调整螺旋电缆。

⑩ 安装转向盘总成。

⑪ 安装转向盘装饰盖。

⑫ 安装转向盘 3 号下盖。

⑬ 安装转向盘 2 号下盖。

⑭ 检查转向盘中心点。

⑮ 安装仪表板下装饰板分总成(图 3-95)。

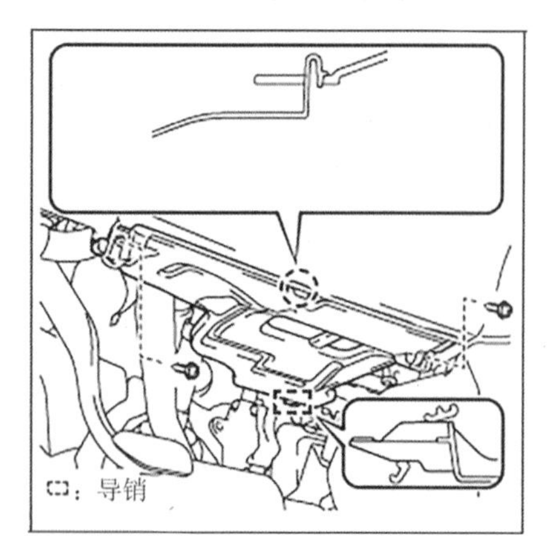

图3-96 安装仪表板 1 号底罩分总成

⑯ 安装仪表板 1 号底罩分总成(图 3-96)。

⑰ 将电缆连接到蓄电池负极端子。

⑱ 检查转向盘装饰盖。

⑲ 检查 SRS 警告灯。

5. 拆卸环境温度传感器

① 拆卸散热器上空气导流板。

② 拆下散热器格栅防护罩。

③ 拆卸前保险杠总成。

④ 拆卸环境温度传感器(图 3-97)。

第一,断开连接器。

第二,脱开卡夹和环境温度传感器。

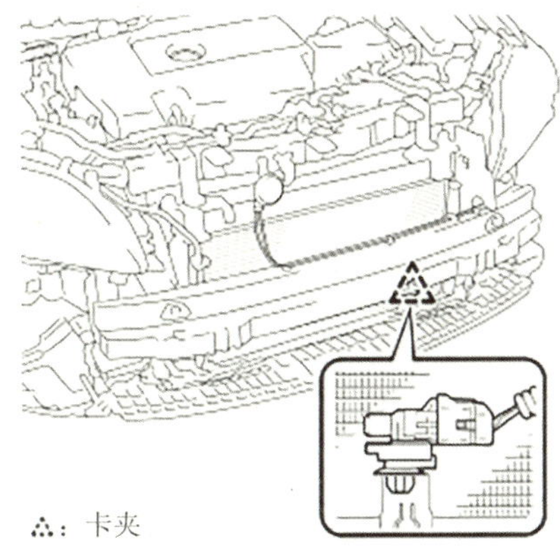

图 3-97 拆卸环境温度传感器

6. 检查环境温度传感器

使用万用表电阻挡测量传感器本身阻值,测量结果的参考标准见本任务相关技术要求与标准,如果电阻不符合规定,应更换环境温度传感器(图 3-98)。

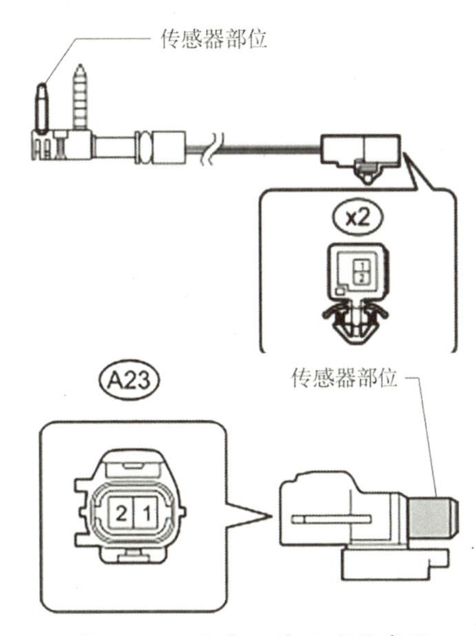

图 3-98 检查环境温度传感器

7. 安装环境温度传感器

① 安装环境温度传感器(图 3-99)。

第一,接合卡夹并安装环境温度传感器。

第二,连接连接器。

② 安装前保险杠总成。

③ 安装散热器格栅防护罩。

④ 安装散热器上空气导流板。

⑤ 雾灯对光调整。

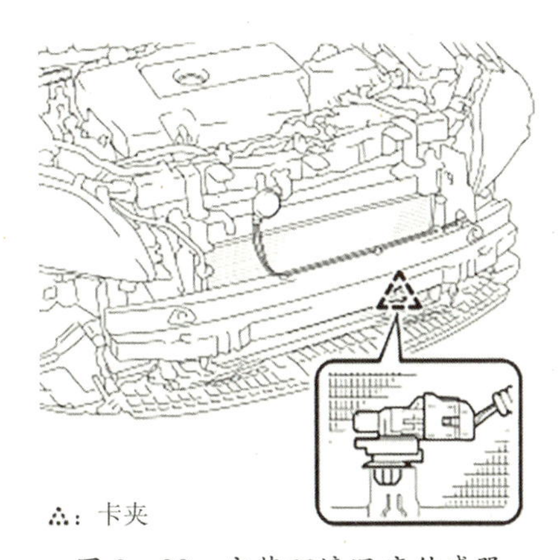

图 3-99 安装环境温度传感器

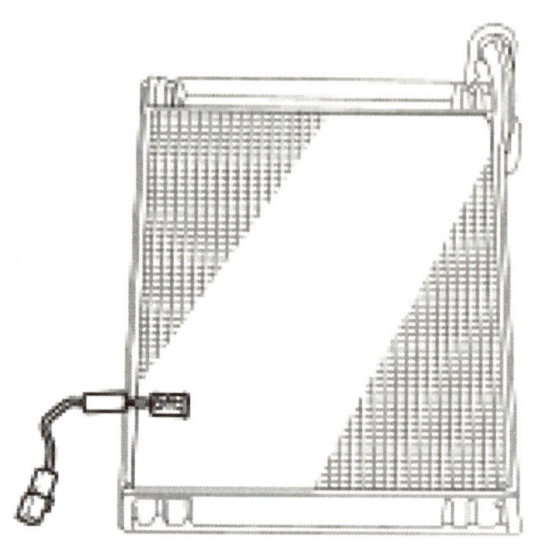

图 3-100 拆卸蒸发器温度传感器

8. 拆卸蒸发器温度传感器

① 拆卸蒸发器总成(操作步骤见项目三学习任务 3 空调鼓风机/蒸发器的检修及更换)。

② 拆卸蒸发器温度传感器(图 3-100)。

◇ 将蒸发器温度传感器从蒸发器分总成上拆下。

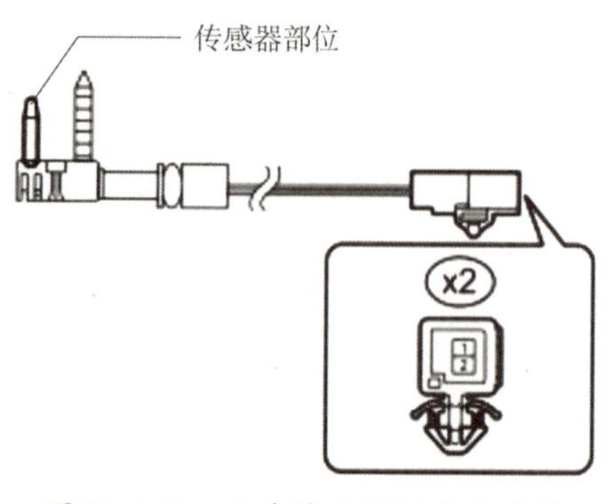

图 3-101 检查蒸发器温度传感器

9. 检查蒸发器温度传感器

使用万用表电阻挡测量传感器本身阻值,测量结果的参考标准见本任务相关技术要求与标准,如果电阻不符合规定,应更换蒸发器温度传感器(图 3-101)。

10. 安装蒸发器温度传感器

① 将蒸发器温度传感器安装到蒸发器内。

② 安装蒸发器总成(操作步骤见项目三学习任务 3 空调鼓风机/蒸发器的检修及更换)。

◇ 参见本任务相关技术标准与要求。

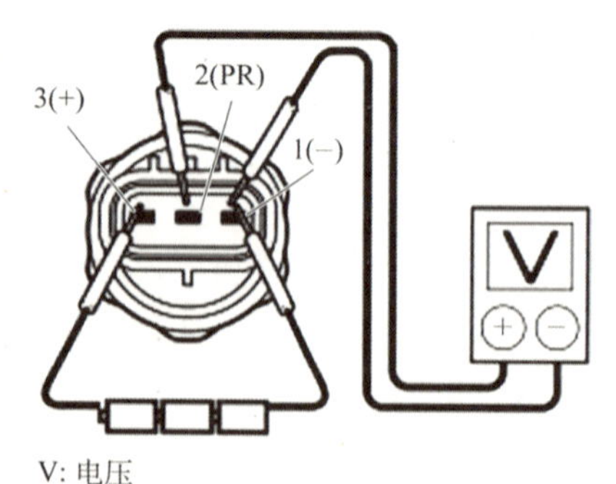

图 3-102 检查空调压力传感器

11. 检查空调压力传感器

① 安装歧管压力表组件。

② 将连接器从空调压力传感器上断开。

③ 将 3 节 1.5 V 干电池的正极(+)引线连接到端子 3,并将负极(−)引线连接到端子 1。

④ 将蓄电池正极(+)引线连接到端子 2 上,负极(−)引线连接到端子 1 上(图 3-102)。

⑤ 根据下表中的值测量电压,如果结果不符合

规定，则更换空调压力传感器。

检测仪连接	条件	规定状态
2-1	制冷剂压力： 0. 39～3. 187 MPa (57～463 psi)	1.0～4.8 V

任务小结

1. 汽车空调控制面板电路原理

汽车空调控制面板工作电路的电源和控制装置是蓄电池和点火开关。当点火开关打开至点火挡时，蓄电池通过熔丝向空调控制总成供电。

2. 空调控制系统的传感器

空调控制系统的传感器可以检测自动空调的相关信息送给空调的控制装置，用以实现压缩机等的工作控制。空调控制系统中用的传感器主要有车内温度传感器、环境温度传感器、蒸发器温度传感器和空调压力传感器。各温度传感器采用的是有负温度系数特性的热敏电阻，可以用万用表电阻挡测量传感器本身阻值判定传感器的故障；空调压力传感器安装在高压侧管上，可以通过模拟工作，检测传感器状况。

任务评价

(一) 课堂练习

(　　)(1) 下述哪项不是提供输入信号给自动空调控制系统的传感器？

A. 阳光传感器　　B. 车外温度传感器

C. 氧传感器　　D. 车内温度传感器

(　　)(2) ________是向自动空调 ECU 提供温度控制信号的传感器。

A. 发光二极管　　B. 光敏二极管

C. 蒸发器热敏电阻　　D. A/C 开关

(　　)(3) 汽车空调控制器能在车内温度降至规定值时，自动切断压缩机电磁离合器使之不能工作，压缩机电磁离合器工作会受________的影响。

A. 蒸发器温度传感器　　B. 制冷剂多少

C. 制冷剂流量　　D. 温度调节开关

(　　)(4) 汽车空调自动控制系统中使用了很多不同类型的传感器，下列各传感器中不同于其他类型的是________。

A. 车内温度传感器　　B. 环境温度传感器

C. 蒸发器温度传感器　　D. 日光传感器

(二) 技能评价(表 3－9)

表 3－9　技能评价表

序号	内　　容	分值	得分
1	拆卸车内温度传感器	10	
2	检测车内温度传感器	10	
3	安装车内温度传感器	10	
4	拆卸环境温度传感器	10	
5	检测环境温度传感器	10	
6	安装环境温度传感器	10	
7	拆卸蒸发器温度传感器	10	
8	检测蒸发器温度传感器	10	
9	安装蒸发器温度传感器	10	
10	检测制冷剂压力传感器	10	
总分		100	

(注：操作正确即得分，操作错误或未进行操作计 0 分)

学习拓展

1. 其他几种常见压缩机的结构和应用

(1) 曲柄连杆式压缩机

① 曲柄连杆式压缩机的结构：

曲柄连杆式压缩机由气缸垫、气缸套、活塞、连杆、轴承、曲轴、放油螺塞等组成(图 3－103)。

② 曲柄连杆式压缩机的应用：

由于曲柄连杆式压缩机无法实现较高转速，机器大而重，不易实现轻量化。排气不连

图 3-103　曲柄连杆式压缩机结构

续，气流容易出现波动，而且工作时有较大的振动。所以已经很少有小排量压缩机采用这种结构形式，曲轴连杆式压缩机目前大多是应用在客车和货车的大排量空调系统中。

(2) 旋叶式压缩机

① 旋叶式压缩机的结构：

旋叶式压缩机由压板、带轮、电磁线圈、轴承、转子、叶片、阀片组、定子、密封圈、过滤板座等组成(图 3-104)。

② 旋叶式压缩机的应用：

作为第三代压缩机，由于旋转叶片式压缩机的体积和重量可以做到很小，易于在狭小的发动机舱内进行布置，加之噪声和振动小以及容积效率高等优点，在汽车空调系统中也得到了一定的应用。但是旋转叶片式压缩机对加工精度要求很高，因而制造成本较高。

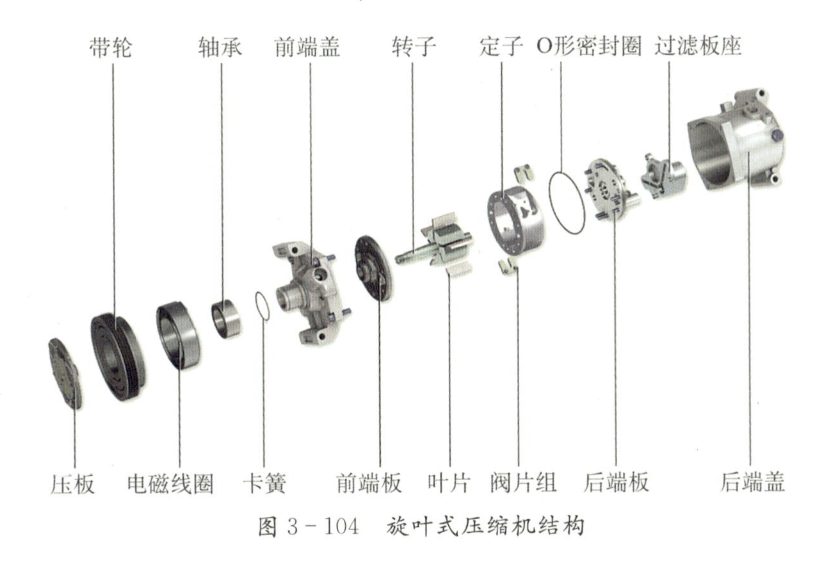

图 3-104　旋叶式压缩机结构

(3) 涡旋式压缩机

① 涡旋式压缩机的结构：

涡旋式压缩机由带轮、钢球、进气口、排气口、排气阀、动涡旋体、静涡旋体、缸体等组成(图 3 - 105)。

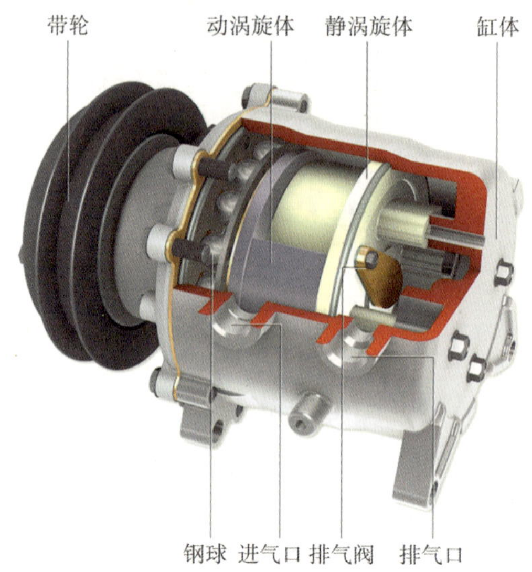

图 3 - 105 涡旋式压缩机结构

② 涡旋式压缩机的应用：

涡旋式压缩机可以称为第 4 代压缩机。涡旋式压缩机以其结构紧凑、高效节能、微振低噪以及工作可靠性等优点，在小型制冷领域获得越来越广泛的应用，也因此成为压缩机技术发展的主要方向之一。

2. 汽车空调压缩机的主要生产厂家

汽车空调压缩机的生产主要集中在日本、美国以及德国等几大公司中，例如日本电装、松下、东芝、三菱重工以及美国德尔福等公司，其中以日系厂家产量最大，这些公司在中国大都有合资或独资工厂。另外，重庆建设车用空调器、空调机厂等企业也占有一定的压缩机市场份额。

3. 膨胀阀的作用

膨胀阀一般安装在蒸发器入口，主要作用有两个：

一是节流作用。高温高压的液态制冷剂经过膨胀阀的节流孔节流后，成为低温低压的雾状液压制冷剂，为制冷剂的蒸发创造条件。

二是控制制冷剂的流量。进入蒸发器的液态制冷剂，经过蒸发作用后，制冷剂由液态蒸发为气态，吸收热量，降低车内的温度。膨胀阀控制制冷剂的流量，保证蒸发器的出口完全为气态制冷剂，若流量过大，出口混有液态制冷剂，可能进入压缩机产生液击现象；若制冷剂流量过小，提前蒸发完毕，则会造成制冷不足。

4. 膨胀阀的分类

膨胀阀按照平衡方式不同，分内平衡式和外平衡式；外平衡式膨胀阀分 F 型和 H 型两种结构。

（1）内平衡式膨胀阀结构和工作原理

内平衡式膨胀阀的结构主要由球阀、推杆、膜片、毛细管、压力弹簧、感温包等组成，如图3－106所示。其感温包内充注制冷剂，放置在蒸发器出口管道上，热敏管和膜片上部通过毛细管相连，感受蒸发器出口制冷剂温度，膜片下面可感受到蒸发器入口压力。如果空调负荷增加，液压制冷剂在蒸发器提前蒸发完毕，则蒸发器出口制冷剂温度将升高，膜片上压力增大，推动阀杆使膨胀阀开度增大，进入到蒸发器中的制冷剂流量增加，制冷量增大；如果空调负荷减小，则蒸发器出口制冷剂温度减小，以同样的作用原理使得阀开度减小，从而控制制冷剂的流量（图3－107）。

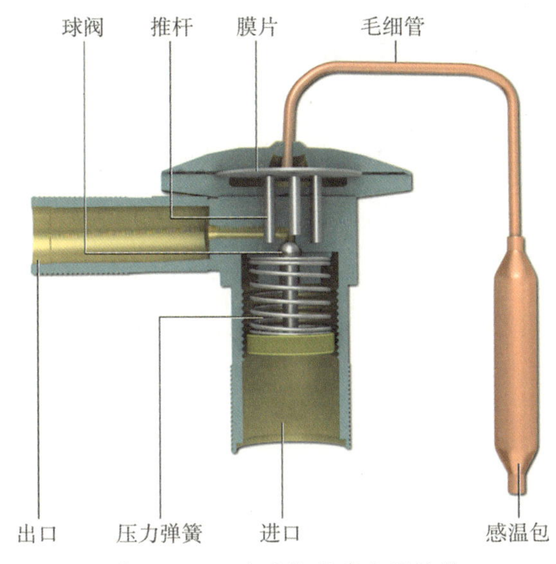

图3－106　内平衡式膨胀阀结构

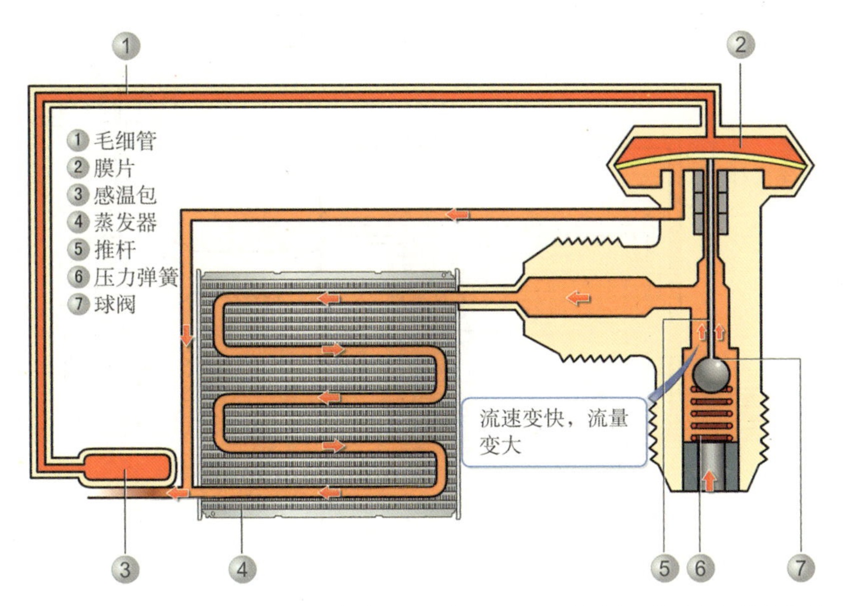

蒸发器出口温度过高，蒸发器热度增加，使膜片上下压力差增大，推动阀杆使膨胀阀开度增大。

图3－107　内平衡式膨胀阀工作原理

(2) 外平衡式膨胀阀结构和工作原理

外平衡式膨胀阀的结构主要由球阀、推杆、膜片、毛细管、压力弹簧、外平衡管、感温包等组成，如图 3-108 所示。外平衡式膨胀阀与内平衡式膨胀阀原理基本相同，区别是内平衡式膨胀阀膜片下面感受到的是蒸发器入口压力；而外平衡式膨胀阀膜片下面感受到的是蒸发器出口压力(图 3-109)。

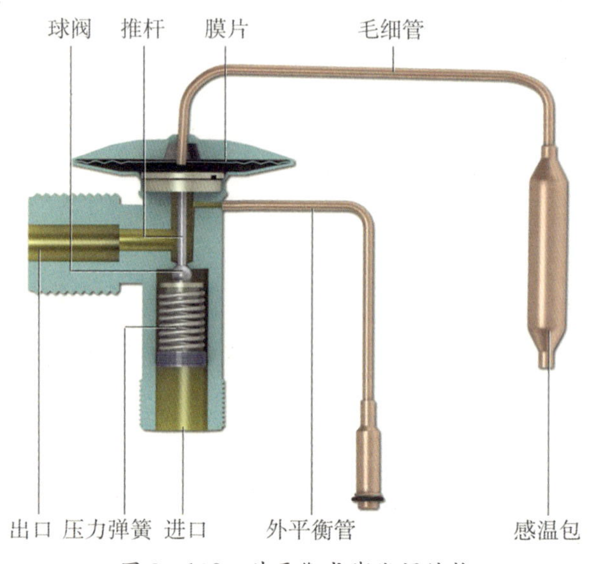

图 3-108 外平衡式膨胀阀结构

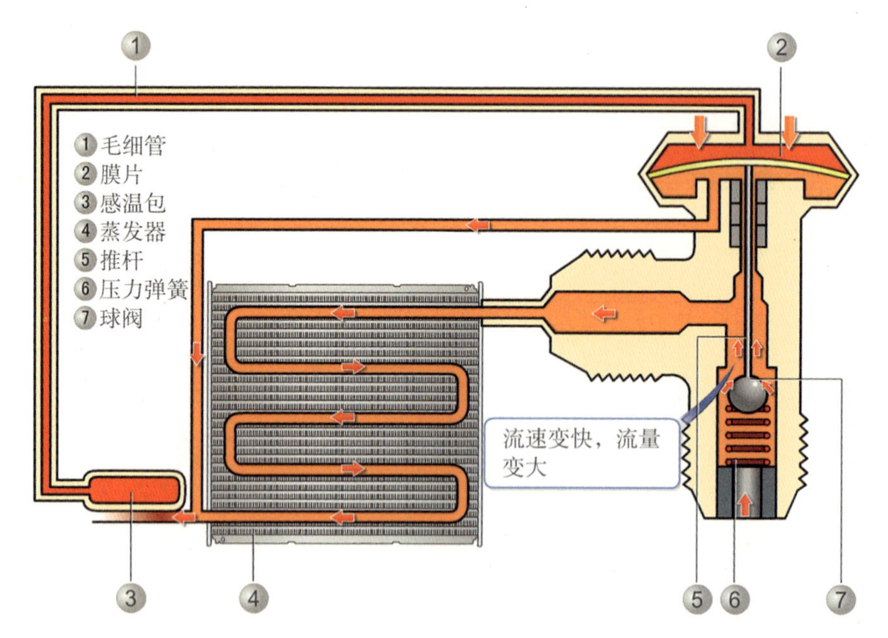

图 3-109 外平衡式膨胀阀工作原理

(3) H 型膨胀阀

H 型热力膨胀阀(图 3-110)有四个接口与制冷系统连接,其中两个接口与普通热力膨胀阀相同,一个连接储液干燥器,一个连接蒸发器进口;另外两个接口,一个连接蒸发器出口,一个连接压缩机进口。感温包直接处在蒸发器出口的制冷剂气流中(图 3-111)。该膨胀阀由于取消了 F 型热力膨胀阀中的感温包、毛细管和外平衡接管,提高了调节灵敏度,结构紧凑,抗振可靠。

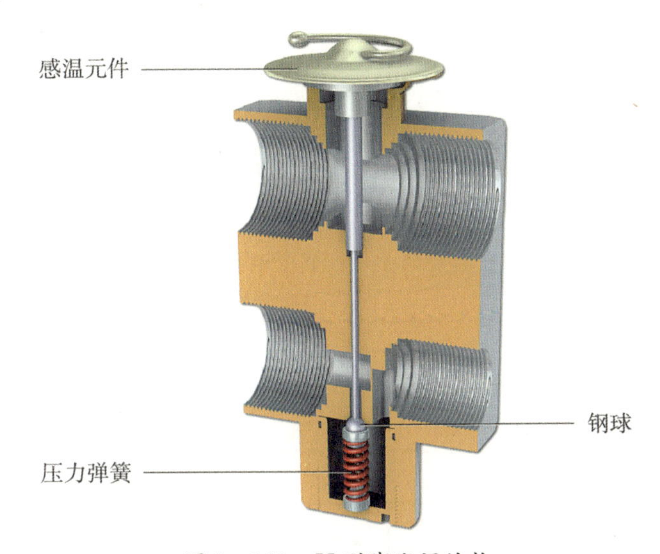

图 3-110 H 型膨胀阀结构

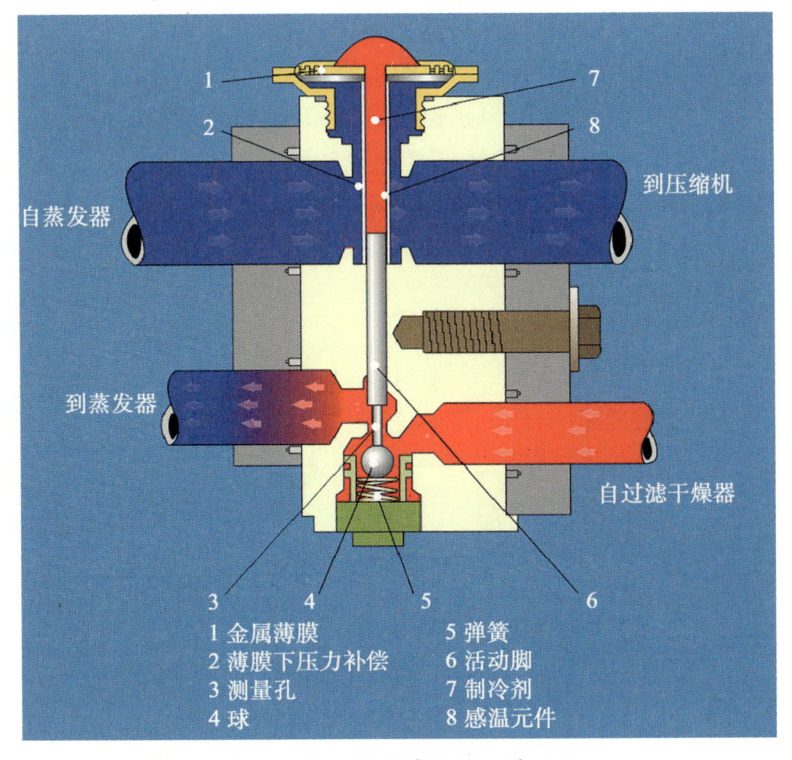

图 3-111 H 型膨胀阀工作原理

5. 汽车空调的空气调节系统

空调的调节系统有手动调节和自动调节之分。手动空调(图 3－112)需要驾驶人通过旋钮或拨杆对控制对象进行调节、改变温度等。自动空调(图 3－113)只需驾驶人输入目标温度,空调系统便可按照驾驶人的设定自动进行调节。

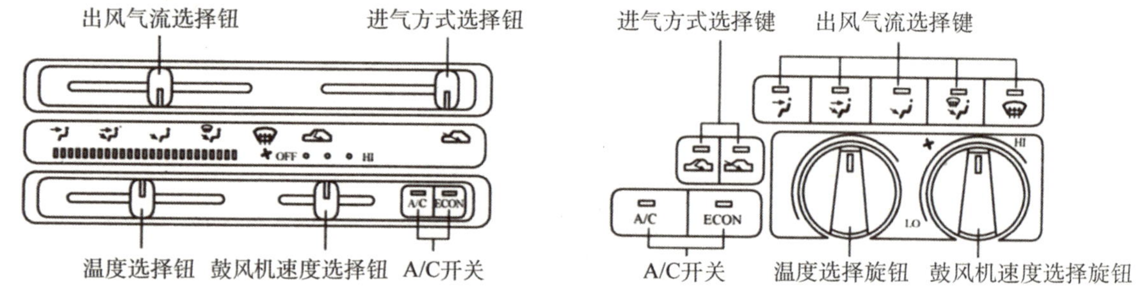

图 3－112 典型的手动控制空调系统的控制面板

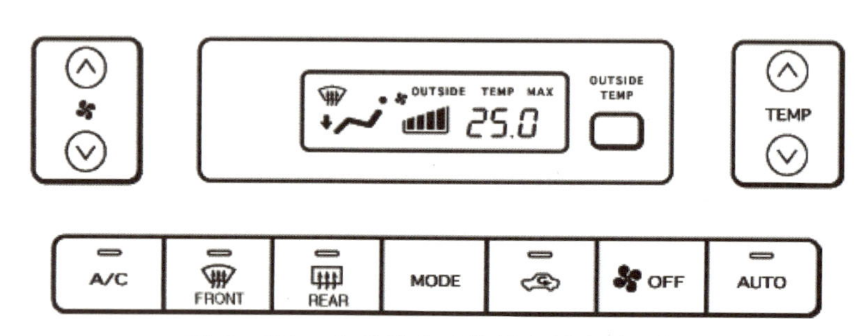

图 3－113 典型的自动控制空调控制面板

现以手动调节为例来说明空调调节系统的工作情况。空调控制面板上有空气进气选择(内/外循环)、温度调节、气流选择、鼓风机速度、空调开关(A/C)和运行模式选择模式开关。其中,温度调节、气流选择、空气进气选择是通过气道中的调节风门实现的;空调开关和运行模式选择开关、鼓风机速度选择是通过电路控制来实现的。空调控制面板到调节风门的控制方式有拉线式和电动式。

(1) 空气进气选择调节(图 3－114)

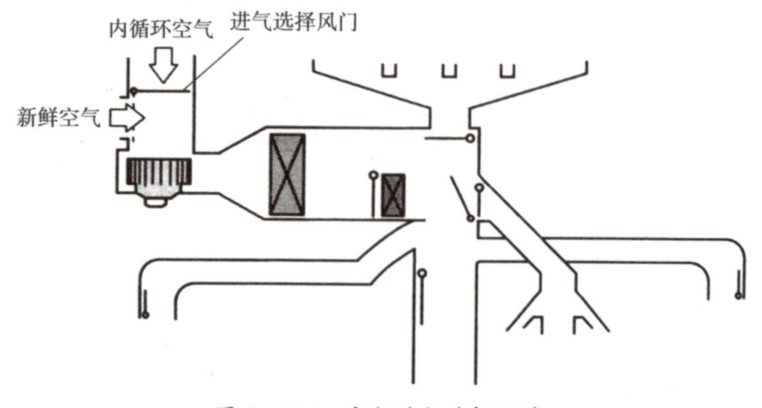

图 3－114 空气进气选择调节

空气调节系统可以选择进入车内的空气式外部的新鲜空气还是车内的空气，即是内循环还是外循环。这种选择是通过控制面板上的内外循环选择按钮或拨杆控制进气口处的调节风门实现。

（2）温度调节

温度调节（图 3－115）可以通过移动温度调节拨杆或转动温度选择选择旋钮，改变空气混合风门的位置从而改变冷、热风的比例来实现温度的改变。

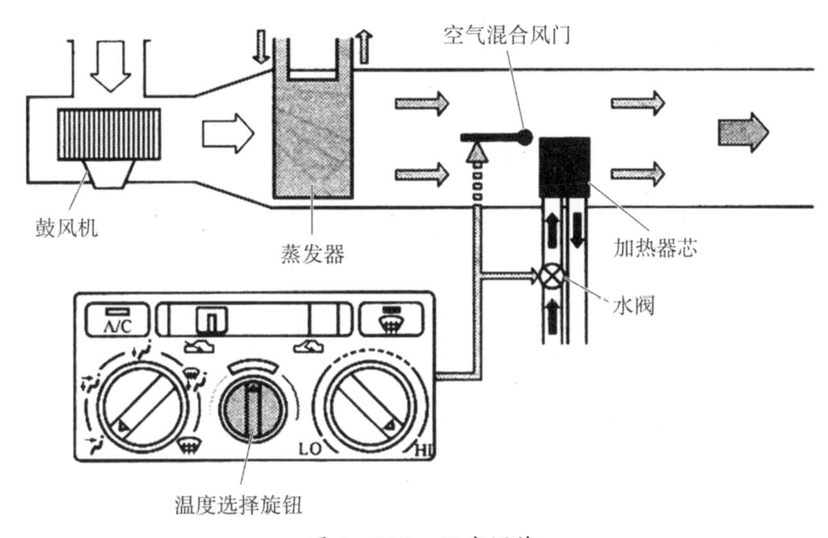

图 3－115 温度调节

（3）气流选择调节

现代轿车空调系统的出风口分别设置了中央出风口、侧出风口、脚下出风口和风窗玻璃除霜等，其空调系统可以根据需要，选择不同的出风口出风，这种功能是通过控制面板上的气流选择调节拨杆或旋钮进行调节，一般有面部、面部和脚部（图 3－116）、脚部、除霜、除霜和脚部五种吹风模式。

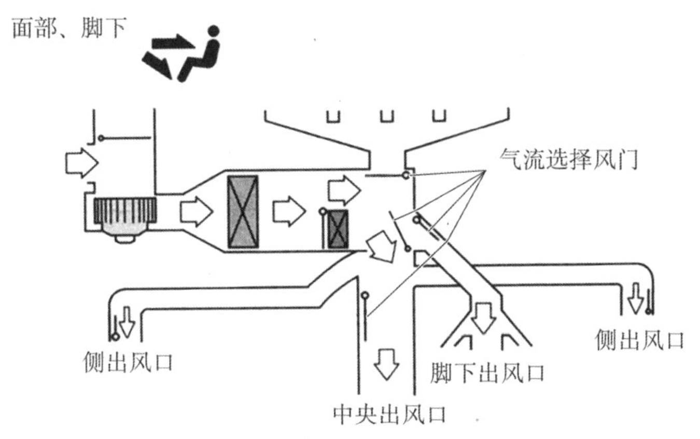

图 3－116 面部和脚下出风位置

(4) 鼓风机转速的调节(图 3-117)

鼓风机转速的调节主要是通过改变串联在鼓风机电路中的外电阻来实现的。在鼓风机电路中串入了 3 个电阻,通过鼓风机开关控制,实现 4 个不同的转速挡(空调控制面板上的 LO、2、3、HI)。如果将电阻改为电子控制,则可以实现无级控制。

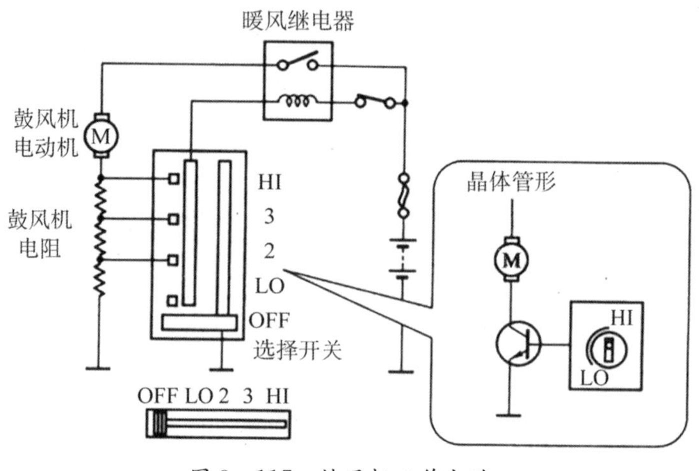

图 3-117 鼓风机工作电路

项目四 汽车空调系统常见故障诊断与排除

项目导入

诊断与排除汽车空调系统故障，首先要了解该车型空调系统的结构特点，不可随意拆卸，不然不仅会损坏机件，而且空调系统的高压制冷剂还会对人体造成伤害。因此，当遇到空调故障时，要向驾驶人详细询问故障的有关情况，有助于做出正确判断。判断故障要按照先全局后局部、先易后难、综合分析的原则进行。

本任务主要是使学生通过对汽车空调系统典型故障的分析，认识汽车空调故障的一般规律，掌握汽车空调故障的分析思路。

学习目标

素养目标

- 了解安全操作要求，养成安全文明操作的习惯。
- 养成组员之间互相协作的习惯。
- 操作结束后，主动清洁工具，并将工具设备归位，清洁场地。

技能目标

- 按照标准流程诊断汽车空调系统的常见故障。

知识目标

- 准确描述汽车空调系统常见故障的主要现象。
- 分析汽车空调系统常见故障的可能原因。

学习任务

◇ **汽车空调系统常见故障诊断与排除**

学习任务 汽车空调系统常见故障诊断与排除

任务目标

任务目标

◎ 准确描述汽车空调系统常见故障的现象。

◎ 分析汽车空调系统常见故障的可能原因。

◎ 按照标准流程诊断汽车空调系统的常见故障。

教学重点

◎ 按照标准流程诊断汽车空调系统的常见故障。

知识准备

汽车空调系统的常见故障可分为制冷系统故障、采暖系统故障、电气系统故障、机械故障等。要迅速排除这些故障，可根据不同的故障特点，采取不同的排除方法。

1. 空调无冷风故障的原因分析

以2007款卡罗拉1.6 L/AT轿车手动空调为例，空调无冷风故障的可能原因如表4－1所示。

表4－1 空调无冷风故障的原因分析

故障现象	可能原因
空调无冷风	制冷剂量
	制冷剂压力
	压力传感器电路
	压缩机电磁阀电路
	蒸发器温度传感器电路
	环境温度传感器电路
	加热器控制开关电路
	空气混合风门控制拉索

续 表

故障现象	可能原因
	膨胀阀
	空调放大器

2. 空调无暖风故障的原因分析

以2007款卡罗拉1.6 L/AT轿车手动空调为例，空调无暖风故障的可能原因如表4-2所示。

表4-2 空调无暖风故障的原因分析

故障现象	可能原因
空调无暖风	蒸发器温度传感器电路
	环境温度传感器电路
	发电机信号电路
	前照灯信号电路
	PTC加热器电路
	发动机冷却液温度传感器电路(1ZR-FE)
	CAN通信系统
	空气混合风门控制拉索
	空调放大器
	ECM(1ZR-FE)

3. 空调温度控制故障的原因分析

(1) 出风温度比设置温度高或低或者响应慢

以2007款卡罗拉1.6 L/AT轿车手动空调为例，空调出风温度比设置温度高或低或者响应慢的可能原因如表4-3所示。

表4-3 空调温度控制故障的原因分析

故障现象	可能原因
出风温度比设置温度高或低，或是响应慢	制冷剂量
	制冷剂压力

续 表

故障现象	可能原因
	环境温度传感器电路
	发电机信号电路
	前照灯信号电路
	PTC 加热器电路
	发动机冷却液温度传感器电路(1ZR－FE)
	CAN 通信系统
	空气混合风门控制拉索
	散热器单元分总成
	膨胀阀
	空调放大器
	ECM(1ZR－FE)

(2) 无温度控制(只有最冷或最热)

以 2007 款卡罗拉 1.6 L/AT 轿车手动空调为例,空调无温度控制(只有最冷或最热)的可能原因如表 4－4 所示。

表 4－4 空调无温度控制的可能原因

故障现象	可能原因
无温度控制(只有最冷或最热)	环境温度传感器电路
	蒸发器温度传感器电路
	加热器控制开关电路
	发电机信号电路
	前照灯信号电路
	PTC 加热器电路
	发动机冷却液温度传感器电路(1ZR－FE)
	CAN 通信系统
	空气混合风门控制拉索
	膨胀阀

续　表

故障现象	可能原因
	空调放大器
	ECM(1ZR-FE)

4. 空调电控系统故障诊断与排除

汽车空调电控系统出现故障时,通常表现为空调故障指示灯报警,以2007款卡罗拉1.6 L/AT轿车手动空调为例,其电控系统常见故障如表4-5所示。

表4-5　空调电控系统常见故障

故障代码	检查项目	故障部位
B1412	环境温度传感器电路	1. 环境温度传感器 2. 环境温度传感器和组合仪表之间的线束或连接器 3. 组合仪表 4. 空调放大器 5. CAN通信系统
B1413	蒸发器温度传感器电路	1. 蒸发器温度传感器 2. 蒸发器温度传感器与空调放大器之间的线束或连接器 3. 空调放大器
B1423	压力传感器电路	1. 压力传感器 2. 压力传感器和空调放大器之间的线束或连接器 3. 空调放大器 4. 膨胀阀(堵塞、卡滞) 5. 冷凝器(由于污垢而引起的制冷组件堵塞、失效) 6. 冷却器干燥器(制冷剂循环的水分无法吸收) 7. 冷却风扇系统(冷凝器无法冷却) 8. 空调系统(泄漏、堵塞)
B1451	压缩机电磁阀电路	1. 空调压缩机(压缩机电磁阀) 2. 空调压缩机(压缩机电磁阀)和空调放大器或车身搭铁之间的线束或连接器 3. 空调放大器
B1499	多路通信电路	CAN通信系统

任务实施

（一）实施方案

1. 质量要求

参照厂家的质量标准要求。

2. 组织方式

每四位同学一组，按照工作页要求对 2007 款卡罗拉 1.6 L/AT 轿车手动空调典型故障进行诊断与排除，按照企业岗位操作规范进行作业。每组作业时间为 30 min。

3. 作业准备

（1）技术要求与标准

① 作业时，维修人员应配备必要的安全防护设施，如防护手套和防护眼镜等，避免接触或吸入制冷剂和冷冻机油的蒸气及气雾。

② 养成工具、零部件、油液"三不落地"的职业习惯，工具及拆下的零部件等都应整齐地放置在工具车及零件盘中。

（2）设备器材

本任务实施需用到的设备器材具体如图 4－1 所示。

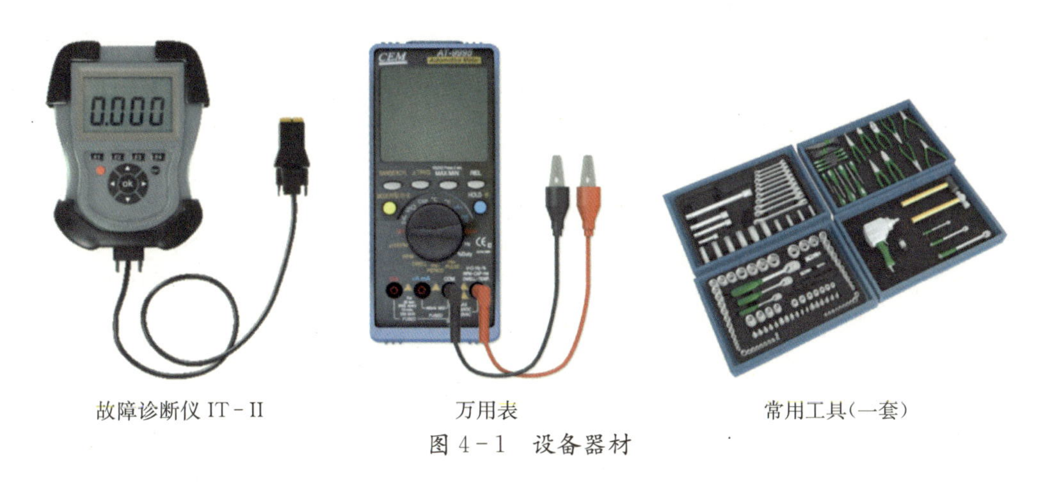

图 4－1 设备器材

（3）场地设施

理实一体化教室、废气排放装置、消防设施等。

（4）设备设施

2007 款卡罗拉 1.6 L/AT 轿车、常用工具、工具车、零件车、标保工具车、垃圾桶等。

（5）安全防护

车轮挡块、室内三件套等。

（6）耗材

干净抹布。

（二）操作步骤

1. “空调完全不制冷”故障的诊断流程（图 4－2）

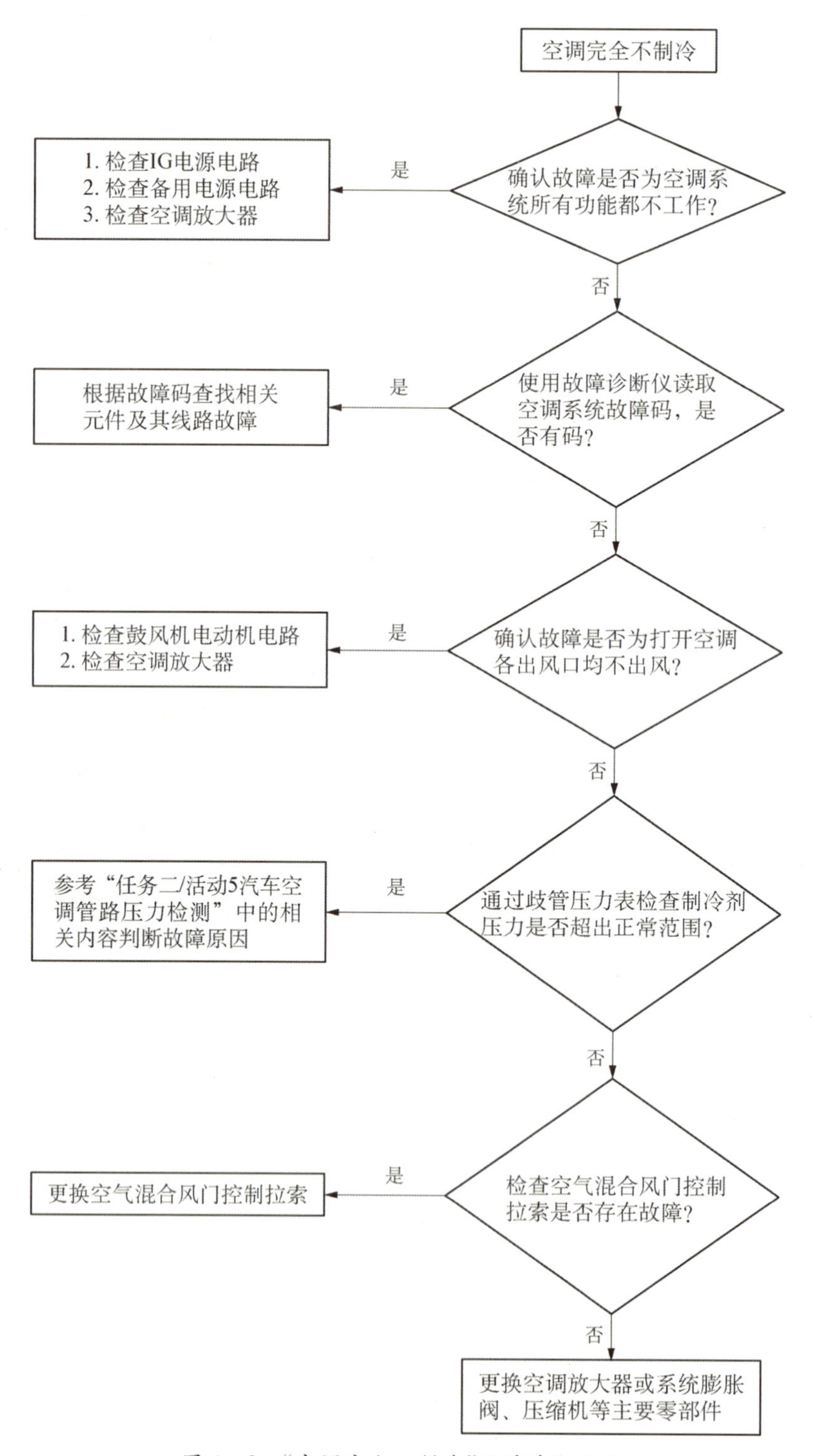

图 4－2 “空调完全不制冷”故障诊断流程

2. “空调无暖风”故障的诊断流程(图 4-3)

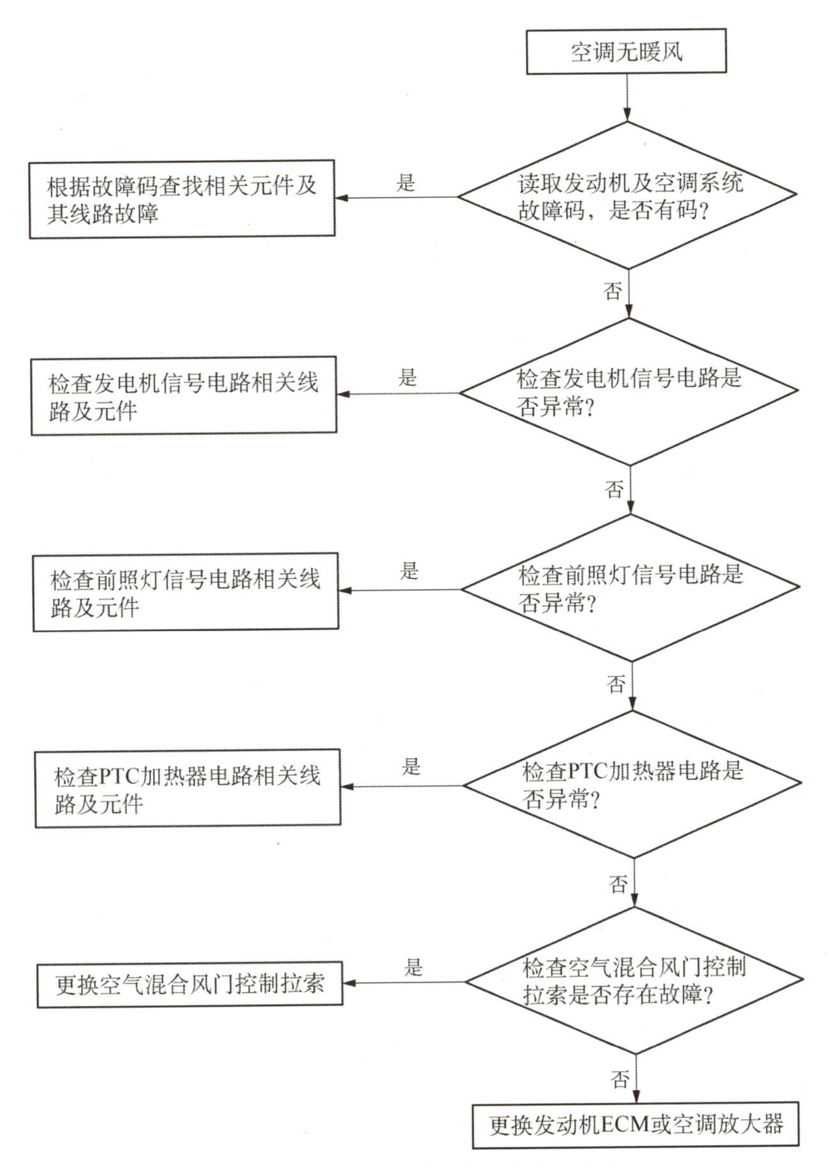

图 4-3 “空调无暖风”故障诊断流程

3. “空调故障指示灯报警”故障的诊断流程(以环境温度传感器故障为例)(图4-4)

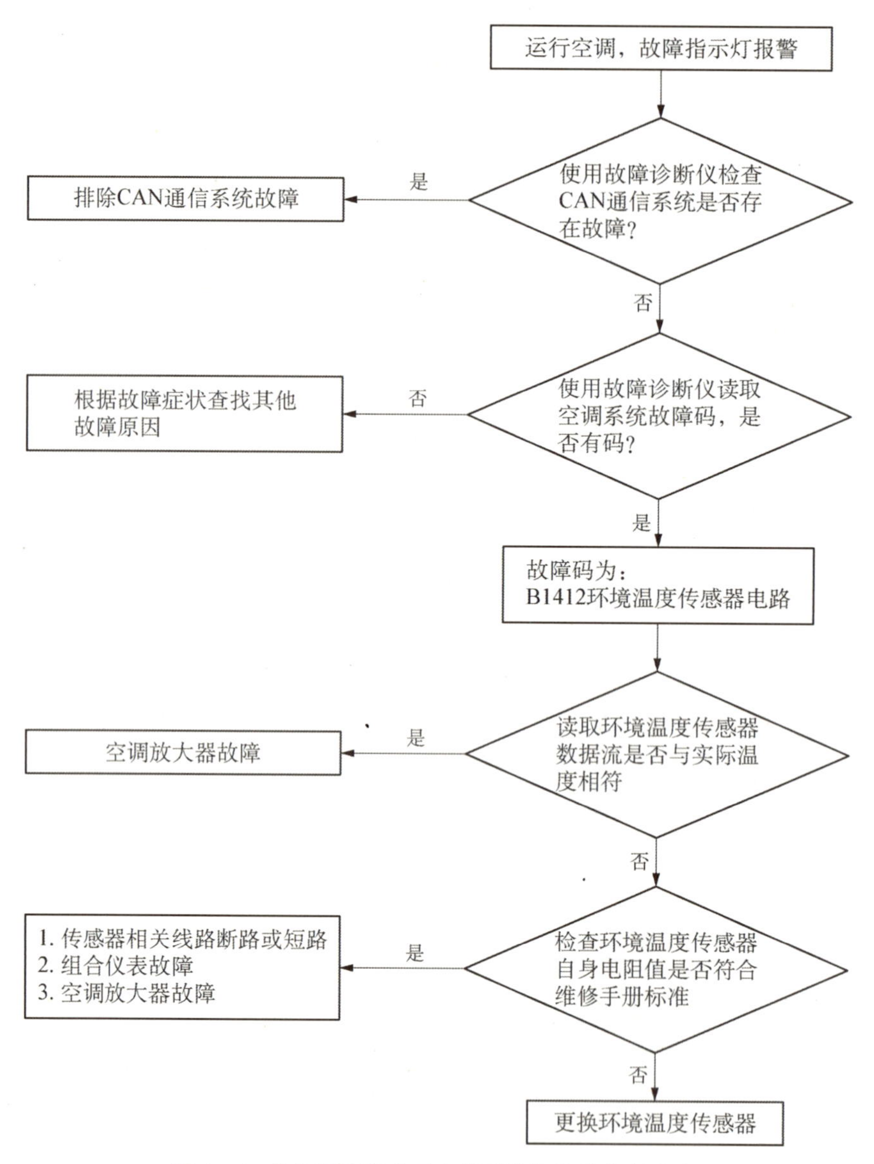

图4-4 “空调故障指示灯报警”故障的诊断流程

任务小结

汽车空调系统的常见故障可分为制冷系统故障、采暖系统故障、电气系统故障、机械故障等。空调系统故障诊断，一般是首先分析故障原因，其次制定诊断流程，之后借助检测设备和工具进行检测确定故障点，最后进行故障排除。

任务评价

（一）课堂练习

(　　)(1) 在检修时，技师甲说，如出现时冷时热，则制冷管道可能有水；技师乙说，储液干燥瓶进出管处温度一样，应该是堵塞了。你认为________。

A. 甲正确　　B. 乙正确

C. 甲乙都正确　　D. 甲乙都不正确

(　　)(2) 在讨论汽车空调性能测试时，甲说：温度控制旋钮应处于全冷位置；乙说：鼓风机控制开关就处于低速位置。你认为________。

A. 甲正确　　B. 乙正确

C. 甲乙都正确　　D. 甲乙都不正确

(　　)(3) 在检修汽车空调时，技师甲说，如果发现有油渍，则有油渍处可能渗漏；技师乙说，储液干燥瓶进出管处温度一样，应该是堵塞了。你认为________。

A. 甲正确　　B. 乙正确

C. 甲乙都正确　　D. 甲乙都不正确

(　　)(4) 关闭空调开关后，如视液镜出现气泡，则制冷剂量是________。

A. 过多的　　B. 过少的　　C. 合适的　　D. 以上都不对

(　　)(5) 汽车空调制冷系统完全没有冷气的故障原因可能有________。

A. 压缩机的传动带断裂　　B. 离合器的电磁线圈烧损

C. 制冷剂完全泄漏　　D. 以上都是

（二）技能评价（表 4-6）

表 4-6　技能评价表

序号	内　　容	分值	得分
1	故障诊断与排除过程遵守安全操作规程	10	
2	能够准确描述空调常见故障的现象	10	
3	分析空调系统常见故障的可能原因	10	
4	熟练使用各种汽车故障诊断仪器	10	
5	对“空调完全不制冷”故障的检测过程规范	10	
6	对“空调完全不制冷”故障的结果判断准确	10	
7	对“空调无暖风”故障的检测过程规范	10	
8	对“空调无暖风”故障的结果判断准确	10	

续 表

序号	内　　容	分值	得分
9	对“空调故障指示灯报警”故障的检测过程规范	10	
10	对“空调故障指示灯报警”故障的结果判断准确	10	
总分		100	

（注：操作正确即得分，操作错误或未进行操作计 0 分）

学习拓展

空调典型故障案例分析：

1. 故障现象

一辆 2007 款一汽丰田卡罗拉 GL 轿车，配备手动变速器和自动空调系统，累计行驶 6.5 万 km，车主反映，天热开空调时制冷效果不佳。

2. 故障诊断

对空调系统进行检查。首先同时按空调面板上的“AUTO”开关和“RECIRC”（循环）开关，接通点火开关，读取故障码，空调控制面板指示灯和显示屏闪 4 次闪出“00”，表明系统内无故障码；接着按下“RECIEL”键，逐个检查执行器工作情况，正常；打开发动机室盖，检查空调传动带的张紧度，正常；起动发动机，接通空调（A/C）开关，检查鼓风机在各挡下各出风口的出风量，正常，说明通风系统和鼓风机工作正常；检查空调压缩机，能正常吸合；用万用表检查空调压缩机电磁离合器电阻，为 4 Ω，正常。

分析造成空调制冷不佳的可能原因有：制冷剂量不足；空调压缩机磨损过大；环境温度传感器或其电路故障；车内温度传感器或其电路故障；膨胀阀故障；CAN 系统故障；空调放大器或其线路故障；空气混合伺服电动机或其线路故障；发电机或充电线路故障；前照灯或其线路故障。

查阅该车的维修手册得知，该款轿车所配备的自动空调系统会根据用电量和蓄电池的电量情况，以及前照灯信号，自动调整空调压缩机的排量，如果用电量过大或蓄电池电压过低，ECU 和空调放大器会自动调节空调压缩机减小排量，以保证发动机有足够的输出功率，保证正常行驶需求。另一方面，用电量和蓄电池的电量情况也是 PTC 加热器电路的影响因素。检查蓄电池电压、发电机的输出电压，用万用表测量蓄电池电压，为 12.6 V，正常，发电机的输出电压为 13.9 V，正常。

连接空调歧管压力表组，检查空调系统压力。安装好车轮挡块，起动发动机并暖机 5 min 左右，接通 A/C 开关，将温度设定到最低，将鼓风机风速设定至最大，打开车门，降下门窗，踩加速踏板把发动机转速维持在 2 000 r/min 左右运行 2 min，读取高低压表读数，高压表读数为 1 500 kPa，正常；低压表读数为 250 kPa，正常。

用汽车专用温度计、湿度计检查膨胀阀进出口的温度，从而检查膨胀阀（该款轿车采用H形膨胀阀系统）工作状态是否良好，测量膨胀阀进口温度为 40℃，膨胀阀出口温度为 5℃，均正常，说明膨胀阀节流降压作用正常。检查 CAN 通信线路，经过测量 CAN 通信线路也正常。

检查车内温度传感器、环境温度传感器信号和空气混合伺服电动机。将故障检测仪连接到诊断连接器上，进入空调系统，起动发动机，接通 A/C 开关，温度调到 21℃，调节鼓风机风速，关上车门、车窗，5 min 后读取数据流，蒸发器表面温度为 3℃、车内温度为 26℃、环境温度 29℃，显然空调制冷效果不佳。于是分别调节温度、调节内外循环开关和模式控制开关，并读取数据流，空调压缩机信号、进气控制伺服电动机信号、模式控制伺服电动机信号、空气混合伺服电动机信号、鼓风机控制信号、压力开关信号，均正常，但调节过程中发现空气混合伺服电动机齿轮不动。

初步怀疑空气混合伺服电动机损坏。将发动机熄火后，检测空气混合伺服电动机电阻，测得值为无穷大，说明该电动机确实损坏。

3. 故障排除

更换空气混合伺服电动机后，一边调节温度一边观察空气混合伺服电动机齿轮，发现仍然不动作，检测空气混合伺服电动机上来自空调放大器的控制信号，正常；将空气混合伺服电动机拆下，发现风门连杆卡死，怀疑是连杆卡死导致风门不动作，从而导致温度不可调。将风门连杆修复后试车，上述故障排除。